JAPANFOUNDATION

独立行政法人 国際交流基金 編著

시사일본어

마루고토

MARUGOTO

まるごと

일본어와 일본 문화 중급1

시사일본어사

はじめに

皆さんにとって、日本語を学ぶ、あるいは教える目的とは何でしょうか。

インターネットの発達によって、世界中の人が「日本」に触れられるようになり、日本語を学ぶ人の目的も多様になりました。留学や仕事などの実用目的だけではなく、日本のものや文化が好きだから、日本語そのものに興味があるからといった理由で学び始める人が増えています。さまざまな学習者のために、日本語教育の現場は柔軟に対応しようとしています。また、グローバル化が進む今、たくさんの人々が国や地域を越えて行き来し、やりとりをして、結びつきを強くしています。このような社会では、多様な教育のよりどころとして、皆が共有できる枠組みが必要です。

日本語教育にかかわる方々が、さまざまなニーズを持つ学習者に向き合うために参照したり、それを使って対話したりすることを願って、私たち国際交流基金は「JF日本語教育スタンダード」を開発してきました。「JF日本語教育スタンダード」は、「相互理解のための日本語」を理念とした言語教育の枠組みです。相互理解のためには、ことばによるコミュニケーションを通じて目的を達成する能力と、自分と異なる文化を理解し尊重する姿勢が重要です。また、この枠組みでは、学習者自身が学習を管理し、自分で考えながら学びを進めていくことの大切さを提唱しています。

『まるごと 日本のことばと文化』は、「JF日本語教育スタンダード」の考え方を具体化した教材の一つです。成人学習者を主な対象として、日本語と日本文化を学ぶことの楽しさを感じてもらえるように工夫してあります。日本語を使ったさまざまな活動の中で、相手の思いがわかった、自分の思いが伝わったという達成感が得られるようデザインしました。この教材を使って、学習者は「日本語を使ってできること」を少しずつ増やしていくことができます。

『まるごと』という名前には、日本のことばと文化を「まるごと」、人と人とのリアルなコミュニケーションを「まるごと」、その背景にある生活や文化を「まるごと」伝えたいというメッセージが込められています。世界の人と人とが出会い、交流し、お互いの理解を深めるきっかけとして、この教材が役に立てば、私たちにとってこれ以上の喜びはありません。

2016年9月
独立行政法人国際交流基金

머리말

일본어를 배우거나 가르치는 목적은 무엇일까요?

인터넷의 발달로 세상 어디에서든 일본이라는 나라를 알게 되는 기회가 많아지고 일본어를 배우는 목적도 다양해졌습니다. 유학이나 업무 등 실용적인 목적뿐만 아니라, 일본의 상품과 문화가 좋아서, 일본어 자체에 흥미가 생겨서 배우기 시작하는 사람이 늘고 있습니다. 이처럼 다양한 학습자를 위해서 일본어의 교육 현장은 유연하게 대처해야 하겠습니다. 또 글로벌화된 지금은 많은 사람들이 국가와 지역을 넘나들며 교류하고 유대를 강화하고 있습니다. 이런 사회에서는 다양한 교육의 버팀목으로서 모두가 공유할 수 있는 어떤 틀이 필요합니다.

국제교류기금에서는 일본어 교육에 종사하는 분들이 학습자의 다양한 요구를 충족시키기 위한 자료로 활용하거나 대화의 재료로 쓰기를 바라는 마음에서 〈JF 日本語教育スタンダード〉를 개발해 왔습니다. 〈JF 日本語教育スタンダード〉는 '상호 이해를 위한 일본어'를 기본 이념으로 표방하는 언어 교육의 장치입니다. 상호 이해를 위해서는 언어에 의한 커뮤니케이션으로 목적을 달성하는 능력 및 자기가 속한 문화와는 다른 문화를 이해하고 존중하는 자세가 중요합니다. 또한 이 장치에서는 학습자가 직접 학습을 관리하고 스스로 생각하면서 익혀 나가는 것의 중요성에 주안점을 두었습니다.

≪마루고토 일본어와 일본 문화(まるごと 日本のことばと文化)≫는 이상과 같은 〈JF 日本語教育スタンダード〉의 기본 이념을 구체화한 교재입니다. 주요 대상자는 성인 학습자로서, 일본어와 일본 문화 학습의 즐거움을 느낄 수 있도록 고안되었습니다. 일본어를 사용한 다양한 활동 중에서도 상대방의 생각을 이해하고 자신의 생각이 제대로 전달되었다는 성취감을 얻을 수 있도록 기획했습니다. 이 교재를 학습함으로써 학습자는 '일본어로 할 수 있는 일'이 조금씩 늘어가게 될 것입니다.

まるごと라는 이름에는 일본의 언어와 문화를 통째로(まるごと), 사람과 사람 사이의 리얼한 커뮤니케이션을 고스란히(まるごと), 그 배경에 있는 생활이나 문화를 온전히(まるごと) 전하고 싶다는 뜻이 함축되어 있습니다. 이 교재가 전 세계인과의 만남, 교류, 이해를 깊게 하는 계기로서 도움이 된다면 우리로서는 그지없는 기쁨이겠습니다.

2016년 9월
독립행정법인 일본국제교류기금

이 교재의 특징

● 실제 커뮤니케이션 장면에서 '할 수 있는 말'을 늘린다.

이 교재의 목표는 일본어로 레벨 B1의 커뮤니케이션이 가능하게 만드는 일입니다. 레벨 B1이란 정리가 잘 된 이야기를 하거나, 익숙한 화제의 문장에서 중요한 점을 이해하거나, 일본에 갔을 때 스스로 여러 가지 일에 대응할 수 있는 수준을 뜻합니다.

마루고토를 이용한 수업 또는 코스의 목표는 실제 일본어를 사용하는 장면에서 '할 수 있는 말'을 늘리는 일입니다.

예를 들면 '내가 좋아하는 음악에 관해서 그 이유나 매력을 설명할 수 있다', '식사나 방 등에 관해서 호텔 또는 여관에서 문제점을 밝히고 변경을 요청할 수 있다'처럼 어떤 상황에서 무슨 일을 할 수 있는지 그 구체적인 예를 Can-do 형태로 나타냅니다.

마루고토에서의 문법 또는 문형은 그 지식의 습득 자체를 목표로 하지 않습니다. Can-do의 달성에 필요한 것을 구체적인 문맥이나 장면과 연동시켜 학습합니다.

그 밖에도 담화 구성을 생각하면서 이야기하거나 장면 또는 인간관계에 맞춰서 말을 가려 쓰는 등 커뮤니케이션을 지탱하는 다양한 연습도 준비했습니다.

이 교재는 레벨 B1에서 실제로 사용 가능한 일본어를 몸에 익힐 수 있도록 연습이나 활동이 디자인되어 있습니다.

* 마루고토는 〈JF 日本語教育スタンダード〉의 6단계(A1~C2)로 레벨을 나타냅니다. 기준은 유럽 연합 평의회인 CEFR과 공통입니다.

레벨 B1

- 업무, 학교, 놀이 등 평소 익숙한 화제와 관련해 표준적인 말이라면 요점을 이해할 수 있다.
- 일본어가 쓰이는 지역을 여행할 때 일어날 수 있는 대부분의 상황에 대응할 수 있다.
- 익숙하면서 개인적으로도 관심이 있는 화제에 관해서, 단순한 방법으로 연결된 맥락이 있는 텍스트를 만들 수 있다.
  경험, 꿈, 희망, 야심 등을 설명하고 의견 또는 계획의 이유나 사정을 짧게 말할 수 있다.

JF 日本語教育スタンダード
きょういく
利用者のためのガイドブック
りようしゃ

C2

C1

B2

B1

A2

A1

| 基礎段階の言語使用者 Basic User | 自立した言語使用者 Independent User | 熟達した言語使用者 Proficient User |

● 날것의 일본어에 대처하는 태도를 기른다

이 교재에 쓰인 일본어는 학습자에게 배우기 쉬운 말로 바꾸지 않았습니다. 실제 회화에서 자주 들을 수 있는 구어적 표현도 적극적으로 도입했습니다. 회화의 음성도 일반적인 속도와 가깝게 녹음했습니다. 어쩌면 중급에 오니 갑자기 모르는 단어나 표현이 많이 나와서 어려워졌다고 느끼는 사람도 있을 수 있습니다.

실제로 문장을 읽고, 영화나 TV를 보며, 일본인과 대화할 때 접하는 일본어에는 모르는 말도 많이 섞여 있습니다. 그런데 중요한 것은 그런 와중에도 자신에게 필요한 정보를 얻거나 이야기의 요점을 이해하고 회화를 이어나갈 수 있게 된다는 점입니다. 이 교재에서는 학습자가 접하는 모든 일본어를 다 몰라도 된다는 생각을 전제로 합니다. 모르는 것이 있어도 포기하지 않고 커뮤니케이션하는 태도를 키우는 것이 목적이기 때문입니다.

● '전략'이 중요하다

중급 레벨에서는 아직 이해할 수 있는 일본어, 사용할 수 있는 일본어에 한계가 있기 때문에, 실제 상황에서 일본어로 대화하려면 전략으로 보완하는 기술도 필요합니다. 따라서 이 교재에서는 모르는 단어를 추측하고 다른 단어로 바꾸며 상대에게 질문하고 확인하면서 회화를 이끌어나가는 등의 전략을 도입했습니다. 전략을 이용함으로써 한정된 일본어 능력으로도 커뮤니케이션이 진행되도록 하는 것을 목표로 삼았습니다.

● 해외 학습자 중심의 토픽과 장면

이 교재는 해외에서 일본어를 배우는 성인 학습자가 주요 대상입니다. 토픽은 일본의 전통문화에 관한 것부터 현재의 일본 사회와 문화를 다룬 것까지 다양성이 풍부합니다. 이러한 토픽들은 해외 일본어 학습자 앙케트 조사 결과를 토대로 선별되었기 때문에, 학습자는 관심이 높은 토픽을 통해서 다양한 일본 문화를 접하면서 일본어를 학습할 수 있고 다른 문화의 이해로 이어지는 힌트도 얻을 수 있습니다.

이 교재에서 다루는 일본어 사용 장면은 일본 친구와 스카이프(Skype)로 대화하고 일본인 동료에게 추천 요리집을 물으며, 인터넷으로 일본어 사이트를 검색하고 SNS에 일본어로 코멘트를 다는 등 해외에서 실제로 있을 법한 것들입니다. 최근에 점점 늘고 있는 컴퓨터나 스마트폰을 사용한 커뮤니케이션 장면을 채택한 것도 특징 중 하나입니다.

● 교실 밖으로 이어지는 학습

まるごと를 이용한 학습은 교실 안에서만 끝나는 것이 아닙니다. 학습 성과를 교실 밖 실제 커뮤니케이션 장면으로 넓혀가는 것이 중요하다고 생각합니다. 학습한 일본어를 그 지역 일본어 커뮤니티나 SNS상에서 실제로 사용해 보기 위한 아이디어나 교실에서 알게 된 일본 문화에 관해서 더 자세하게 스스로 조사하기 위한 아이디어 등도 소개합니다. 이 교재를 발판 삼아 '일본어와 일본 문화'의 세계를 넓혀 가시기 바랍니다.

이 교재의 구성

이 책에 있는 내용

| 이 교재의 특징 | 이 교재의 구성 | 이 교재의 이용법 | 이 교재에 대한 평가 |

내용 일람

본문
TOPIC 1 - TOPIC 9
(準備／ PART1 ／ PART2 ／ PART3 ／ PART4 ／ PART5 ／教室の外へ)

| 음성 스크립트 | 해답 | 학습 기록 시트 |

웹사이트(https://www.marugoto.org/)에서 다운로드 가능한 목록

음성 파일
본문의 🔊 🔊CHECK 부분에는 음성이 있습니다. 파일을 다운로드할 수도 있고, 사이트상에서 스트리밍 재생이 가능합니다.

어휘표 (PDF)
본문에 나온 단어를 각 토픽의 PART별로 정리한 표입니다. 각국의 언어로 해석이 딸려 있습니다.

스크립트 및 텍스트 번역 (PDF)
청해 스크립트, 회화문 텍스트, 길게 말하기 텍스트, 독해 텍스트, 작문 모델 텍스트가 각국의 언어로 번역되어 있습니다.

「書く」 시트 (PDF)
각 토픽의 PART5에서 사용할 쓰기용 PDF 시트가 있습니다.

학습 기록 시트 (PDF)
각국의 언어로 된 PDF 시트가 있습니다.

교사용 자료
まるごと(중급)로 교육하는 교사를 위한 자료입니다.

교수법 안내 (PDF)
토픽, PART마다 가르칠 때 필요한 주의 사항이나 참고 정보 등이 담겨 있습니다.

어휘표 (Word / Excel 파일)
교사가 직접 어휘표를 편집하거나 다른 언어로 바꾸는 작업을 할 수 있도록 하기 위한 파일입니다.

기타 자료
まるごと(중급)로 교육하는 데 필요한 다양한 자료들이 있습니다.

이 교재의 사용법

1 토픽의 구성

まるごと(중급1)에는 모두 9개의 토픽이 있습니다. 각 토픽은 다음과 같은 내용으로 구성되어 있습니다.
PART1부터 PART5는 기능별로 되어 있고, 각각에 하나의 'Can-do 목표'가 있습니다.

準備 じゅんび	PART1 聞いてわかる	PART2 会話する	PART3 長く話す	PART4 読んでわかる	PART5 書く	教室の外へ きょうしつ そと
	120~180 분	150~240 분	120~180 분	120~180 분		수업 시간 외

2 이 교재를 사용한 코스

이 교재는 지금까지의 まるごと 시리즈와 마찬가지로 앞에서부터 순서대로 가르칠 수 있도록 구성되어 있습니다. 표준적인 코스에서는 하나의 토픽을 4회로 나누어 학습합니다. 수업 시간의 기준은 위의 표와 같습니다.
〈PART2. 会話する〉를 2회로 나누어, 모두 5회의 수업으로 배분해도 좋습니다.

몇 개의 토픽 학습이 끝난 다음에 '테스트'와 '다시 보기'를 합니다. '테스트'와 '다시 보기'를 어느 시점에서 할지는 코스의 길이에 따릅니다. 아래 그림은 세 개 토픽마다 하는 예입니다.

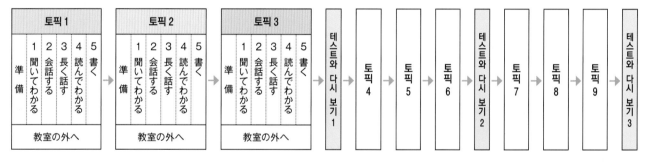

(120-180 분) × (4-5 회) × 3 토픽

중급 레벨이 되면 학습자의 요구가 다양해지므로, まるごと(중급)에서는 각 PART를 독립적으로 학습할 수 있도록 했습니다. 예를 들면「聞く · 話す」를 중심으로 한 코스라면 PART1, 2, 3을 사용할 수 있고,「読む · 書く」를 중심으로 한 코스라면 PART 4, 5를 위주로 사용할 수 있습니다.
또 토픽별로 되어 있기 때문에, '여행'을 테마로 한 단기 코스로 〈토픽4. 温泉に行こう〉를 사용하는 등 요구에 따라 사용법을 여러 가지로 변형할 수도 있습니다.

3 각 파트의 목표와 흐름

準備(준비)

앞으로 공부할 토픽에 흥미를 돋우고, 이 토픽 학습을 통해 익히고 싶은 이미지를 확장하는 것이 목표입니다. 사진이나 포스터, 웹사이트 등을 보면서 자유롭게 대화를 나눕니다.

❶ 토픽에 관한 질문

사진을 보면서 자신의 경험을 되돌아보고, 학급에서 대화를 나눕니다.

❷ 사진이나 실물을 본다 (→ 1)

콘서트 포스터, 레스토랑 안내, 만화 표지 등을 보고 느낀 것을 학급에서 대화합니다.

❸ 문화에 관해서 생각한다

일본과 자기 나라를 비교해 보고, 같은 점이나 다른 점은 무엇이며, 왜 그런지 등의 배경을 생각해 봅니다.

❹ 어휘나 표현의 확인 (→ 2)

이 토픽과 관련된 어휘나 표현을 확인합니다. 다양한 사람이 인터뷰에 응하고 있다는 설정입니다.

❺ 그 밖의 활동 (→ 3)

대화 장면이 담긴 사진을 보거나 실제로 음악을 듣고 만화의 일부를 읽는 등, 토픽에 맞춰서 다양한 활동을 합니다.

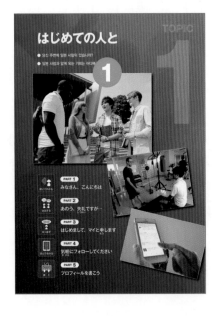

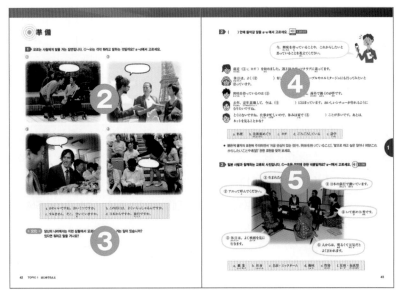

PART1 聞いてわかる(듣고 이해하기)

직장 동료에게 일본 음식점을 소개받거나 인터넷으로 온천 소개 프로그램을 보는 등 토픽과 관련된 여러 가지 이야기를 듣습니다. 이를 통해 대강의 내용을 이해하거나 알고 싶은 정보를 알아들을 수 있도록 하는 것이 목표입니다. 실제로 듣는 사람의 입장에서 목적이 있는 청취를 합니다.

❶ Can-do 목표 확인하기

❷ 장면 및 설정 확인하기

　일러스트를 보고 어떤 장면에서, 누구의 입장에서, 무엇을 위해서 들으면 좋은지를 확인합니다.

❸ 듣기 전에

　자신의 경험을 떠올리거나 앞으로 들을 내용을 상상해 봅니다.

❹ 내용을 단계적으로 이해하기 (→ 1)

　모르는 것이 포함된 텍스트를 목적을 설정하여 듣고, 중요한 내용을 이해합니다. 정해진 정보만을 가려 듣거나 키워드를 단서로 듣는 등 토픽이나 소재에 따라 여러 가지 연습을 합니다.

❺ 듣기를 위한 전략 (→ 2)

　이해되지 않은 말이 나오면 다시 듣는다든지 모르는 단어를 추측하고 이야기의 전개를 예측하는 등의 전략을 연습합니다.

❻ 들은 다음에 (→ 3)

　들은 내용에 관해서 자신의 생각이나 감상을 서로 이야기합니다.

❼ 들은 내용 정리하기

　(　　　)에 들어갈 어휘나 표현을 확인하고, 활용 가능한 단어 수를 늘립니다.

❽ Can-do 목표의 달성 여부 체크하기

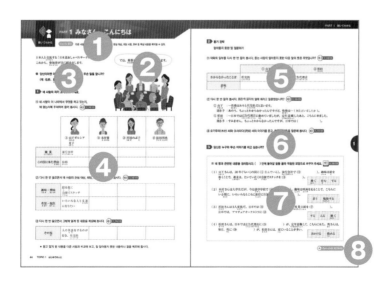

PART2 会話する(대화하기)

거리에서 만나는 일본인에게 말을 걸고, 해외 친구와 스카이프(Skype)로 서로의 근황을 주고받는 등, 두 사람 이상이 일본어로 주고받는 회화 연습입니다. 정보를 교환하고 생각 또는 코멘트를 서로 이야기하거나 경험, 감상 등을 공유합니다. 이 파트의 최종 목표는 상대와 대화하면서 실제 장면에서 어느 정도 짜임새가 갖춰진 대화를 구성할 수 있게 되는 것입니다.

❶ **Can-do 목표 확인하기**

❷ **말하기 전에**

대화 연습 전에 자신의 경험이나 체험을 떠올립니다.

❸ **대화 내용 이해하기 (→ 1)**

스크립트를 안 보고 모델 대화를 들은 후 그 대강의 내용을 이해합니다.

❹ **말의 형식에 주목하기 (→ 2)**

스크립트를 보면서 대화를 듣고 해당 토픽에서 연습할 문법이나 문형에 주목합니다. 정중체나 보통체 등 말투에 주목하는 경우도 있습니다.

❺ **대화에 도움이 되는 문법 · 문형 (→ 3)**

대화 장면에서 Can-do를 달성하는 데 도움이 되는 문법이나 문형을 추려내어 연습합니다. 토픽과도 관련이 있으면서 유의미한 문맥을 통해 연습합니다.

❻ **말하기 위한 전략 (→ 4)**

모르는 표현이 있어도 대화가 끊어지지 않고 계속될 수 있도록 표현을 바꾸어 말하거나 질문하고, 대화의 원활한 진행을 위해 맞장구, 확인, 전제 설정 등의 전략을 연습합니다.

❼ **발음 연습**

커뮤니케이션이 더 원활해질 수 있도록 가급적 자연스럽고 듣기 편한 발음을 목표로 합니다. 문장 전체의 인토네이션이나 리듬 등 음률을 중심으로 연습합니다.

❽ **롤 플레이 (→ 5)**

이 파트의 최종 목표를 위한 연습입니다. 먼저 대화의 구성이나 표현을 확인합니다. 그 다음에 몇몇 장면에서 롤 플레이를 한 후, 실제 장면에서 대화의 Can-do를 달성할 수 있도록 합니다.

❾ **Can-do 목표의 달성 여부 체크하기**

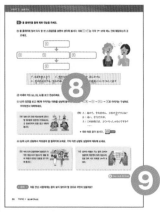

PART3 長く話す(길게 이야기하기)

좋아하는 음악, 여행 계획, 자기 나라의 음식 및 행사 등에 관한 정보를 제공하는 등, 좀 더 자세하게 이야기를 전개할 수 있는 것이 목표입니다. 길게 이야기한다(長く話す)고 해서 스피치나 프레젠테이션처럼 대단한 수준을 뜻하는 것이 아니라, 대화할 때 처음부터 마무리까지 짜임새가 잘 갖춰진 대화를 할 수 있도록 하는 것입니다.

❶ Can-do 목표 확인하기

❷ 말하기 전에

질문에 대답할 때 무슨 말을 하고 싶은지, 또 할 수 있게 되면 좋겠다 싶은 것을 연상합니다.

❸ 모델 대화 듣기 (→ ▶1)

목표로 하는 대화의 예를 듣고, 어떤 내용이 어떤 순서로 전개되는지를 정리합니다.

❹ 표현의 확인 (→ ▶2)

대화의 예에서 사용된 표현 중 Can-do 달성을 위해 필요한 표현을 확인합니다.

❺ 모델 대화의 확인과 따라 말하기 (→ ▶3)

스크립트를 보면서 대화의 예를 듣고 그 내용과 쓰인 표현을 확인합니다. 매끄럽게 말할 수 있게 되도록 스크립트의 일부를 따라 말해 봅니다.

❻ 재현해 보기 (→ ▶4)

메모를 보고 대화 예의 내용을 떠올리면서 재현해 봅니다. 담화 구성이나 표현에 주의하면서 짜임새 있게 말할 수 있도록 하는 연습입니다.

❼ 자기 이야기 하기 (→ ▶5)

목표 달성을 위한 연습입니다. 자기 또는 자기 나라에 관해 짜임새 있게 이야기합니다. 하고 싶은 말의 내용과 흐름을 메모해 말하되, 매끄럽게 말할 수 있게 될 때까지 수차례 연습합니다.

❽ Can-do 목표의 달성 여부 체크하기

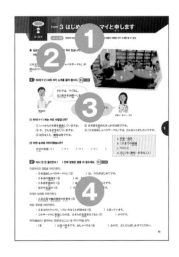

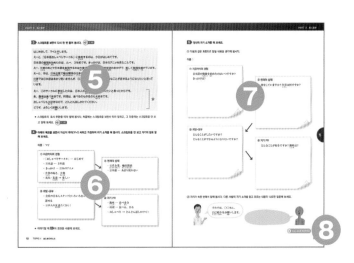

PART4 読んでわかる(읽고 이해하기)

SNS에 올라온 글, 인터넷상의 입소문, 상담 사이트, 블로그 기사 등 해외에서도 접할 법한 소재를 읽고 대강의 내용을 이해하거나 필요한 정보를 찾아내는 능력을 갖추는 것이 목표입니다. 실제로 보게 되는 텍스트에는 루비가 없기 때문에 독해 텍스트에도 루비를 달지 않았습니다. 모르는 단어나 읽는 법을 모르는 한자가 있어도 가능한 전략을 이용해 이해할 수 있도록 합니다.

① Can-do 목표 확인하기

② 읽기 전에

자신의 체험을 떠올리거나 제목만 보고 앞으로 읽게 될 내용을 예측합니다.

③ 내용 이해하기

소재의 종류에 맞춰서 주요한 내용을 이해하고 중요 정보를 간파해냅니다. 먼저 전체를 이해한 다음에 더 세세한 내용에도 주의를 기울입니다.

④ 읽기 위한 전략

제목이나 리드문을 읽고 전체 내용을 예측하거나 한자 또는 문맥 등으로 단어의 뜻을 추측하고 텍스트 구성에 주목하는 등의 전략을 연습합니다.

⑤ 읽은 후에

읽은 내용과 관련해 자신의 체험이나 생각을 서로 이야기하며 이해를 깊게 합니다.

⑥ 읽기에 도움이 되는 문법 · 문형

텍스트 내용을 이해한 다음, 문법이나 표현에 주목하고 의미, 형태, 사용법 등을 확인합니다.

⑦ 한자 정리

텍스트에 있는 한자어의 읽기와 그 뜻을 확인합니다. 또한 한자를 참고하여 어휘력을 늘리거나 정리합니다.

⑧ Can-do 목표의 달성 여부 체크하기

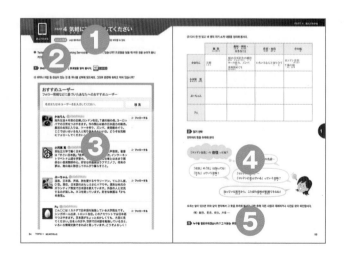

PART5　書く(쓰기)

SNS나 메일 등의 다양한 장면에서 짜임새 있는 문장을 쓸 수 있게 되는 것이 목표입니다. 해외 학습자가 일본어를 이용해 작성할 가능성이 있는 장면이나 그에 따른 목적을 구체적으로 설정했습니다. 지금은 손으로 직접 글을 쓰는 일이 거의 없기 때문에 컴퓨터나 스마트폰 등을 이용한 입력 환경을 상정했습니다.

① Can-do 목표 확인하기

② 쓰기 위한 준비

　작성할 내용을 정리하거나 모델을 보고 참고합니다.

③ 쓰기

　목적과 장면에 어울리는 문장을 직접 써 봅니다. 작성할 양식을 컴퓨터에서
　입력할 수 있는 PDF 파일 형태로 사이트에서 내려 받을 수 있습니다.
　작성한 파일은 포트폴리오에 넣어 둡니다.

④ 작성한 다음에

　다른 사람이 작성한 글을 읽고 느낀 점 또는 전달할 만한 내용의 답장을
　생각해 봅니다.

⑤ Can-do 목표의 달성 여부 체크하기

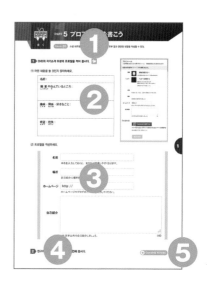

教室の外へ(교실 밖으로)
きょうしつ　そと

SNS나 메일 등의 다양한 장면에서 짜임새 있는 문장을 쓸 수 있게 되는 것이 목표입니다. 해외 학습자가 일본어를 이용해 작성할 가능성이 있는 장면이나 목적을 구체적으로 설정했습니다. 지금은 손으로 직접 글을 쓰는 일이 거의 없기 때문에 컴퓨터나 스마트폰 등을 이용한 입력 환경을 상정했습니다.

① 私だけのフレーズ(나만의 표현)

　자신만의 표현을 정리해 메모합니다. 교재에 나오지는 않았어도
　꼭 하고 싶은 말을 할 수 있게 되는 데 필요한 표현을 보충합니다.

② 교실 밖 활동 아이디어

　토픽과 관련이 있는 내용을 인터넷으로 조사하거나 SNS나 지역 일본어
　커뮤니티에서 일본어를 사용해 보고 일본과 관련된 이벤트 등에서 실제로
　일본 문화를 체험하거나 합니다.

③ 일본어 · 일본 문화 체험 기록 작성하기

이 교재의 평가

1 토픽의 구성

まるごと를 활용한 수업이나 코스에서는 실제 커뮤니케이션 장면에서 일본어를 사용해 할 수 있는 것(Can-do) 늘리기를 목표로 하고, Can-do를 달성하는 데 필요한 연습이나 활동을 합니다. '평가'에서도 Can-do를 얼마나 할 수 있게 되었는지를 평가합니다.

또한 まるごと에서는 말과 문화를 통째로 배우고 문화 관련 이해를 깊게 하는 것도 목표로 합니다. 문화도 어떤 체험을 했고 어떤 것을 깨달았는지 되새겨 보도록 합니다.

평가에는 다음과 같은 방법이 있습니다.

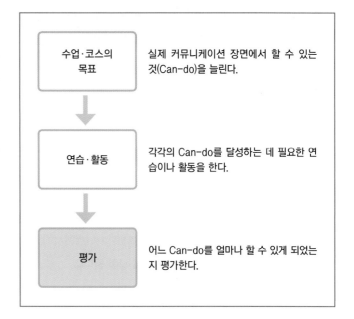

● 자기 평가

수업 후에 Can-do를 얼마나 할 수 있게 되었는지 스스로 체크합니다. 또한 교실 안팎에서 어떤 일본 문화를 체험했는지 기록합니다.

● 테스트

Can-do를 얼마나 할 수 있게 되었는지 객관적으로 측정합니다.

● 되돌아보기

몇몇 토픽이 끝났을 때 지금까지 진행한 자신의 학습을 되돌아보고 어떤 것을 얼마나 할 수 있게 되었는지 생각합니다. 또 교실 안팎에서 체험한 일본 문화에 관해 생각하거나 학급 친구와 공유하는 등 지금까지 자신이 배운 것을 되돌아봅니다.

위와 같은 평가와 더불어 학습을 스스로 진행해 가기 위해, 이 교재를 활용한 코스에서는 포트폴리오(16쪽)를 사용합니다. 포트폴리오를 사용하면 학습을 진행할 때 무엇을 하고 어떻게 생각하는지를 기록하고, 또 나중에 되돌아볼 수 있습니다. 포트폴리오를 작성함으로써 자율 학습 능력을 기를 수도 있습니다.

2 평가 방법

(1) 자기 평가

언어 학습을 지속하기 위해서는 자신의 학습을 스스로 관리하는 것이 중요합니다. 그러려면 수업 후에 얼마나 일본어를 구사할 수 있게 되었는지 스스로 체크합니다. 또 일본이나 일본 문화에 관해 어떤 것을 경험했는지, 거기에서 무엇을 느꼈고 어떤 생각이 들었는지를 기록합니다. 자기 평가는 책 뒷부분의 '학습 기록 시트'를 사용합니다.

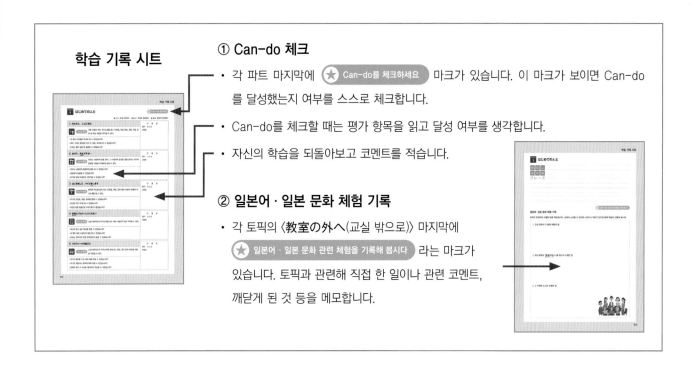

학습 기록 시트

① Can-do 체크
- 각 파트 마지막에 ⭐ Can-do를 체크하세요 마크가 있습니다. 이 마크가 보이면 Can-do를 달성했는지 여부를 스스로 체크합니다.
- Can-do를 체크할 때는 평가 항목을 읽고 달성 여부를 생각합니다.
- 자신의 학습을 되돌아보고 코멘트를 적습니다.

② 일본어 · 일본 문화 체험 기록
- 각 토픽의 〈教室の外へ(교실 밖으로)〉 마지막에 ⭐ 일본어 · 일본 문화 관련 체험을 기록해 봅시다 라는 마크가 있습니다. 토픽과 관련해 직접 한 일이나 관련 코멘트, 깨닫게 된 것 등을 메모합니다.

(2) 테스트

테스트는 몇몇 토픽이 끝났을 때 실시합니다. 수업이나 코스에서 실시한 Can-do를 혼자서 어느 정도 달성했는지 측정하거나 '자기 평가'만으로는 알 수 없는 점을 파악하는 것이 목적입니다. 이 교재의 Can-do 달성을 측정하기 위해서는 다음과 같은 시험을 생각해 볼 수 있습니다. 어느 시험을 어떻게 구성할지는 코스의 목적이나 내용에 따라 다릅니다.

① 청해 테스트
학습한 토픽과 관련해 일정한 짜임새를 갖춘 내용(친구나 지인의 이야기, 텔레비전 프로그램 음성 등)을 듣고 대강의 내용을 이해할 수 있는지, 필요한 정보를 얻을 수 있는지 테스트합니다.

② 필기 테스트
필기 테스트에는 문장 이해를 확인하는 테스트와 Can-do 달성에 필요한 문법, 어휘, 한자 등의 지식을 측정하는 테스트(언어 지식)가 있습니다. 독해 테스트에서는 짜임새가 갖춰진 문장(블로그, 입소문, 메일, 편지 등)을 읽고 대강의 내용을 이해할 수 있는지, 필요한 정보를 얻을 수 있는지 테스트합니다. 언어 지식 테스트에서는 의미 있는 문맥 중에서 문법, 어휘, 한자 등을 이해하고 운용할 수 있는지를 테스트합니다.

③ 구두 테스트
구두 테스트에는 두 사람 이상이 주고받으면서 대화를 구성해 가는 능력을 측정하는 테스트(회화)와 혼자서 길게 이야기하는 능력을 측정하는 테스트(長く話す)가 있습니다. 둘이서 이야기하는 구두 테스트에서는 카드를 읽고 선생님과 롤 플레이를 합니다. 지금까지의 토픽과 관련이 깊은 사항을 준비 없이 대화할 수 있는지 테스트합니다. 길게 이야기하는 테스트에서는 토픽과 관련된 일상적인 테마를 설명하거나 자신의 경험을 이야기하는 등 간단하게 생각이나 감상을 말할 수 있는지 테스트합니다.

④ 작문 테스트
메일이나 편지, SNS 투고 등 짜임새 있는 문장을 쓸 수 있는지 여부를 테스트합니다. 사전이나 인터넷상의 도구 등을 이용해도 좋습니다.

테스트의 구체적인 예는 마루고토 홈페이지(http://www.marugoto.org)에서 내려 받을 수 있습니다.

(3) 되돌아보기

되돌아보기는 몇몇 토픽이 끝났을 때에 정기적으로 실시합니다. 자신뿐만 아니라 학급 친구와 서로의 경험 및 생각을 함께 되돌아보고, 일본어나 일본 문화의 학습에 관한 생각을 넓히고 깊게 하는 것이 목적입니다. 포트폴리오를 보면서 다음과 같은 것을 합니다.

① '학습 기록 시트'를 보면서 지금까지 학습한 Can-do를 확인합니다. 무엇을 할 수 있게 되었는지, 이전에 체크했을 때와 비교해서 무슨 변화가 있었는지, 자기에게 중요한 Can-do는 무엇인지, 앞으로 어떤 일을 하고 싶은지 등을 생각합니다.

② 일본어 및 일본 문화 체험과 관련해 자기에게 도움이 된 학습 방법, 인상에 남은 체험, 그것에 관한 감상 또는 생각 등을 학급 친구와 이야기합니다.

③ 학급 친구와 이야기한 후 알게 된 내용을 메모합니다.

'테스트'와 '되돌아보기'의 실시 방법은 코스나 학급 상황에 따릅니다. 아래 그림은 120분 수업 중에서 '테스트'와 '되돌아보기' 모두를 하는 예입니다. 학급 전체에서 '필기 테스트'를 하는 동안에, 한 사람씩 선생님께 가서 '구두 시험'을 봅니다. '작문 테스트'는 과제로 내어 시간 외에 실시합니다. 제시된 시간은 어림잡은 목표치입니다.

(예)

10 분	80 분	30 분
청해 테스트	필기 테스트	학습 되돌아보기
	구두 테스트	

＊ 작문 테스트(테스트 시간 외의 숙제로 내어 작성 후 제출 받음)

포트폴리오

포트폴리오라고 하는 것은 자신의 학습 성과나 기록을 넣어 두는 파일과 같은 것입니다. 포트폴리오에는 다음과 같은 것을 넣습니다.

① 학습 기록 시트

- Can-do 체크
- 私だけのフレーズ(나만의 표현)
- 일본어·일본 문화 체험 기록

② 수업 성과물

- '書く' 활동에서 작성한 내용 등,
  수업에서 진행한 것 중에서 자기에게 중요한 것
- 테스트

② 수업 외에 모은 것

- '학습 기록 시트'에 작성한 일본어·일본 문화의 체험 기록에 관련된 것 등
  (예: 사진, 포스터 팸플릿, 읽은 사이트의 기사 등)

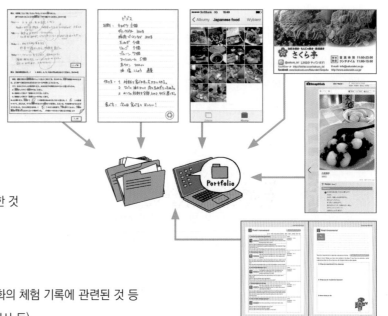

이 책에서는 포트폴리오에 넣어 두면 좋은 것에 📁 마크를 붙여 두었습니다. 또한, 전자 데이터의 경우에는 컴퓨터에 폴더를 만들어 그 안에 넣어도 좋습니다.

이 교재의 루비(후리가나)에 관해

이 교재에서는 기본적으로 모든 한자에 루비를 달았습니다. 중급 레벨에서는 다양한 배경을 가진 학습자가 있기 때문에, 한자를 읽는 것 자체가 목적인 부분 이외에는 한자 관련 부담을 줄이려고 배려했습니다. 다만, 극히 기본적인 어휘 또는 몇 번이나 반복해서 나오는 어휘의 한자에는 루비를 생략하는 경우도 있습니다.

또한 '読んでわかる'의 독해 텍스트는 실제 상황에서 읽게 될 텍스트와 최대한 비슷한 상황을 설정하고자 루비를 달지 않았습니다.

내용 일람

전략	문법·문형		발음/한자
わからないことばを質問する 모르는 말을 질문한다			
はじめての人に話しかける 처음 만나는 사람에게 말을 건다 お願いをする 부탁을 한다	1. 존경어1 : 특별한 형태의 동사 2. 존경어2 : お V になります 3. V はじめる	このヨガクラスに、よくいらっしゃっていますね。 さっき携帯で日本語をお話しになっていたので。 3年前からまた習いはじめました。	의문문의 악센트와 인토네이션
漢字のことばの意味を推測する 한자어의 뜻을 추측한다	1. 명사로 끝나는 표현 2. ~ばと思っている 3. ~といいな	海外生活4年目の主婦。 いろいろ情報交換できればと思っています。 ここではいろいろな人と知り合えるといいな。	主婦、在住、~歳（7歳）、娘、教師、専門、音声、食堂、出身、情報交換 ・직업 관련 단어
わからないことばをくり返して、聞き返す 모르는 말을 반복해서 되묻는다			
思い出せない単語を質問する 기억나지 않는 단어를 질문한다	1. ~みたいだ 2. ~でしょうか 3. 의문사 ＋ V ばいい	うーん、ないみたいですね。 どれがいいでしょうか。 これは、どうやって使えばいいんですか？	명사의 악센트
知っていることばから文全体の意味を推測する 아는 단어를 이용해 문장 전체의 의미를 추측한다	1. 연용 중지 2. V たあと 3. V ておく 4. 자동사·타동사 5. V てくる	じゃがいもの皮をむき、適当な大きさに切り、やわらかくなるまでゆでる。 少し冷ましたあと、よくつぶす。 キャベツは千切りにしておく。 よく混ざったら、さらに②のキャベツを入れて混ぜる。 おもて面も固まってきたら、裏返してさらに焼く。	~個（1個）、適量、皮、鉄板、面、固まる、裏返す、焼く、簡単 ・요리의 재료를 세는 말
ことばの一部をくり返して、聞き返す 말의 일부를 반복해서 되묻는다			
あいづちを打つ 맞장구를 친다	1. V（さ）せてください 2. V さ（せ）れる : 사역수동형 3. V（さ）せる : 사역형 4. V こと（が）ある	ぜひ参加させてください。 いつも無理に歌わされるから。 歌いたくない人に歌わせるなんて。 ときどきネットで見ることがあります。	의문문의 인토네이션
カタカナのことばの意味を推測する カタカナ 단어의 의미를 추측한다	1. N をはじめ 2. V と、~ 3. まるで~ようだ 4. ~かな（あ）	ライブの前半は「恋しくて」をはじめ、じっくり聞かせる曲が中心でした。 会場に行くと、お客さんの幅が広くてびっくりしました。 まるで沖縄に来ているような気になりました！ これもBEGINの特徴なのかな？ でも、チケット取れるかなあ。	友達、誘う、~県（埼玉県）、曲、感じ、泣く、笑う、許す、開く、取る ・기분을 나타내는 동사

19

전략	문법·문형		발음/한자
映像や写真からことばの意味を考える 영상이나 사진으로 단어의 의미를 생각한다			
考えながら話しているということを相手に伝える 생각하면서 이야기하고 있음을 상대에게 전달한다	1. 겸양어1: 特別한 형태의 동사 2. 겸양어2: お・ご〜します / いたします 3. V ていただけますか / いただけませんか 4. 〜になります	ヨギ・シャルマと申します。 お調べいたします。 代わりに湯豆腐をお出ししましょうか？ ご案内いたします。 食事は牛肉と豚肉を使わないで作っていただけますか？ プライベートのお風呂がついた部屋にしていただけませんか？ お食事は、お刺身と、すき焼きと、天ぷらなどになります。	동사의 악센트(사전형, て형)
使われていることばから、書いた人の気持ちを理解する 사용된 말로부터 작성한 사람의 기분을 이해한다	1. 〜にもかかわらず 2. お・ご〜いただく 3. お〜・ご〜 4. 〜ております 　〜でございます	客がたくさんいたにもかかわらず、フロントには二人しかいなかった。 三修館をお選びいただき、まことにありがとうございました。 お客様にはご宿泊の際、ご不快な思いをおかけいたしました。 お客様のまたのお越しをお待ちしております。 おほめのことばをいただきまして、うれしいかぎりでございます。	温泉、過ごす、お湯、風呂、接客、泊まる、値段、宿泊、申し上げます ・삼수 변(氵)이 있는 한자
話の展開を予測する 이야기의 전개를 예측한다			
知らないことばを知っている簡単なことばで言う 모르는 말을 알고 있는 간단한 말로 말한다	1. 〜らしい 2. 〜って 3. V ことになる 　V ことにする 4. 〜だっけ	ジャカルタは大変だったらしいよ。 車が水に浸かっちゃったって。 来年子どもが小学校入学だって。 シンガポールに行くことになった。 また働くことにした。 赤ちゃんは何歳になるんだっけ？	박자와 리듬
新しい情報がある部分に注目して読む 새로운 정보가 있는 부분에 주목해서 읽는다	1. 〜ようだ 2. N ばかり 3. V たがる 4. お・ご V ください	今いろいろ準備しているようです。 テレビばかり見ています。 いろいろ誘うのですが、行きたがりません。 お体に気をつけてお過ごしください。 ぜひご連絡ください。	暮らす、洗濯 (する)、準備 (する)、退職 (する)、自由、美術展、次、連絡 (する) ・する를 붙여 동사가 되는 말
ことばの意味を確認しながら聞く 단어의 의미를 확인하면서 듣는다			
相手の言うことをみとめてから、自分の考えを言う 상대방이 한 말을 인정한 다음에 자신의 생각을 말한다	1. V つもりだ 2. 文章 + N: 명사 수식 3. 〜はずだ	これをかぶって行くつもりです。 海賊が仲間といっしょに世界を冒険する話です。 きっと感動するはずです。	文章의 포커스와 인토네이션의 고점(1)
最初の一文から内容を予測する 처음 한 문장에서 내용을 예측한다	1. V てすませる 2. N に劣らぬ / に劣らない 3. V ずに 4. V たらどうでしょうか	マンガ版を読んですませたようです。 手塚治虫の『火の鳥』など、文学作品に劣らぬ深い内容だと思いますが。 （マンガを）読まずに娘さんを批判するのはよくないですね。 すすめてみたらどうでしょうか。	比べる、内容、浅い、想像力、文章、実際、深い、違う、対象 ・い형용사의 한자

戦略	문법·문형		발음/한자
わかったことを確認しながら聞く 알게 된 것을 확인하면서 듣는다			
知らないことばを、説明して言う 모르는 말을 설명하여 말한다	1. ～（さ）せていただく 2. V ことになっている 3. ～んでしょうか	今日は見学させていただきます。 道着は、みなさんに買ってもらうことになっています。 何か違いがあるんでしょうか？	복합어의 악센트
段落の構成に注目する 단락 구성에 주목한다	1. V ていく 2. V べきだ 3. ～である	武道が日本から離れ、世界に広まっていく中で、……武道の本来の精神が失われていく。 良いことであると考えるべきなのだろうか。 難しい問題である。	武道、柔道、～倍（4倍）、伝える、進出（する）、失う、尊敬（する）、礼、精神 ・뒤에 道가 붙는 말
話に参加していることを示す 이야기에 참가하고 있음을 나타낸다			
質問したりものを頼んだりするまえに、前置きをする 질문 또는 부탁하기 전에 들어가는 말을 한다	1. V（ら）れる：尊敬形 2. ～ようだ 3. ～の 　～やつ	辞書、買われるんですか？ いいのが出てるようですけど。 日本語学習者用の辞書が入ってるのって、ないですかねえ？ 単語の読み方がわかるやつ。	악센트로 의미를 구별하는 단어
説明の文の位置に注目する 설명하는 문장의 위치에 주목한다	1. ～だろう 2. N もあれば、N も 3. ～たら～のに 4. もしも～たら	人気の理由の一つは、夢をかなえるひみつ道具だろう。 夢のある理由もあれば、現実的な理由も（ある）。 昔の自分に会えたら、いろいろアドバイスできるのに… 「もしも世界が～だったら」	未来、夢、移動（する）、昔、建設、時代、番号、第～位（第1位）、 向かう、日記 ・口가 들어간 한자
文脈からことばの意味を推測する 문맥을 통해 단어의 의미를 추측한다			
強調する 강조한다	1. V たところだ 2. V ていた 3. V ているうちに	昨日帰ってきたところなんです。 すごい祭りって聞いていました。 踊っているうちに、みんなが仲間って感じになりました。	강조에 따른 음의 변화
役割語に注目する 역할을 나타내는 말에 주목한다	1. ～わけだ 2. というわけで、～ 3. ～たとしたら 4. ～のでした	これがずっと続くので、なかなか終わらないわけです。 ……。というわけで、この「プレゼント交換マラソン」は果てしなく続いたのでした。 親戚が10人集まって、みんながそれぞれにプレゼントしたとしたら…。……。というわけで、この「プレゼント交換マラソン」は果てしなく続いたのでした。	～州（ケンタッキー州）、伝統的、～湖（山中湖）、風景、根元、順番、君、親戚、解散、果てしない ・장소의 이름을 나타내는 말

はじめての人と

● 당신 주변에 일본 사람이 있습니까?

● 일본 사람과 알게 되는 기회는 어디에서 얻습니까?

◎ 準 備

1 모르는 사람에게 말을 거는 장면입니다. ①～④는 각각 뭐라고 말하는 것일까요? a~d에서 고르세요.

①

②

③

④

> a. かわいいですね。おいくつですか。　　b. この店には、よくいらっしゃるんですか。
>
> c. すみません、そこ、空いていますか。　　d. 日本からですか。旅行ですか。
> 　　　　　　　　　　　あ　　　　　　　　　　　　　　　　　にほん　　りょこう

문화 당신의 나라에서는 이런 상황에서 모르는 사람에게 말을 거는 일이 있습니까?
있다면 뭐라고 말을 거나요?

2 ( ) 안에 들어갈 말을 a~e에서 고르세요. 1_03-07

> 今、興味を持っていることや、これからしたいと思っていることを教えてください。

 最近（① c. ヨガ ）を始めました。週3回スポーツクラブに通ってます。

 休日は、よく（② ） をしています。いつかルーブルやエルミタージュにも行ってみたいと思っています。

 興味を持っているのは（③ ） です。将来は、海外で働くのが夢です。

 去年、定年退職して、今は、（④ ） にはまっています。おいしいシチューが作れるようになりたいですね。

とくにないですね。仕事が忙しいので、休みは家で（⑤ ） ことが多いです。あとは、ネットを見ることかな？

> a. 料理　　b. 美術館めぐり　　c. ヨガ　　d. ごろごろしている　　e. 語学

◆ 붉은색 글자의 표현에 주의하면서 (A) '지금 관심이 있는 것', (B) '앞으로 하고 싶은 일이나 희망'과 관련된 표현을 찾아보세요.

1

3 일본 사람과 함께하는 교류회 사진입니다. ①~⑥은 무엇에 관한 내용일까요? a~f에서 고르세요. 1_08

① 生まれたのは、沖縄です。

④ 日本の銀行で働いています。

② アユって呼んでください。

⑤ いて座のB型です。

③ 休日は、よく映画を見に行きます。

⑥ 人からは、明るくて元気だとよく言われます。

> a. 職業　　b. 出身　　c. 名前・ニックネーム　　d. 趣味　　e. 性格　　f. 星座・血液型

27

聞いてわかる

Can-do 01　다른 사람이 하는 자기소개를 듣고 프로필, 관심 대상, 희망 사항, 포부 등 핵심 내용을 파악할 수 있다.

日本人と交流する「日本語おしゃべりサークル」です。
これから、参加者が自己紹介をします。

では、順番に自己紹介をお願いします。

● 당신이라면 이런 자리의 자기소개에서 무슨 말을 합니까?

（例：名前、趣味…）

1 네 사람의 자기소개를 들으세요.

(1) 네 사람이 이 나라에서 무엇을 하고 있는지,
왜 왔는지에 주의하며 들어 봅시다. 🔊 1_10-13

	① 山下ガルシア 友子	② 木村健	③ 沢田のぶ子	④ 松田利典
職業	旅行会社			
この国に来た理由	結婚			

(2) 다시 한 번 들으면서 네 사람의 관심 대상, 희망, 포부 등을 메모해 봅시다. 🔊 1_10-13

趣味・興味	絵を描く 公園でスケッチ			
希望・抱負	いろいろな人と友達 になりたい			

(3) 다시 한 번 들으면서 그 밖에 알게 된 내용을 메모해 봅시다. 🔊 1_10-13

その他	人の世話をするのが 好き、社交的			

◆ 듣고 알게 된 내용을 다른 사람과 비교해 보고, 잘 알아듣지 못한 내용이나 말을 메모해 둡시다.

2 듣기 전략

알아듣지 못한 말을 질문한다.

(1) 대화의 일부를 다시 한 번 들어 봅시다. 듣는 사람이 알아듣지 못한 다음 말의 뜻은 무엇입니까? 🔊 1_14-15

	① 山下 やました	④ 松田 まつだ
わからなかったことば	社交的 しゃこうてき	広告代理店 こうこくだいりてん
意味 いみ		

(2) 다시 한 번 들어 봅시다. 붉은색 글자의 말에 뭐라고 질문했습니까? 🔊 1_14-15

① 山下　：…性格はわりと社交的だと思います。
やました　　　　　　せいかく　　しゃこうてき
聞き手　：あのう、ちょっとわからなかったんですけど、性格は…（何と言いましたか）。
　　　　　　　　　　　　　　　　　　　　　　せいかく

④ 松田　：…日本では広告代理店に勤めていましたが、定年退職したあと、こちらに来ました。
まつだ　　　　　こうこくだいりてん　つと　　　　　　ていねんたいしょく
聞き手　：すみません。ちょっとわからなかったんですが、日本では（　　　　　　　　）。

(3) ②木村 씨와 ③沢田 씨의 이야기를 듣고, 모르는 내용을 질문해 봅시다. 🔊 1_11-12
　きむら　　　さわだ

3 당신은 누구와 무슨 이야기를 하고 싶습니까?

■ 네 명과 관련된 내용을 정리합시다. (　) 안에 들어갈 말을 골라 적절한 모양으로 바꾸어 주세요.

（1）山下さんは、30年ぐらいこの国に（① 住んでいる）。旅行会社で（②　　　　　　）。趣味は絵を
　　やました　　　　　　　　　　　　　　　　　　　　　りょうがいしゃ　　　　　　　　　　　しゅみ　え
　　描くことで、週末は、たいてい近くの公園でスケッチを（③　　　　　　）。
　　か　　　　しゅうまつ　　　　　ちか　こうえん

働く はたら	住む す	する

（2）木村さんは大学生だが、今は語学学校で（④　　　　　　）。趣味は映画を見ることで、こちらに
　　きむら　　　　　　　　　　ごがく　　　　　　　　　　　しゅみ　えいが
　　いる間に、いろいろなところに旅行に行きたいと（⑤　　　　　　）。
　　あいだ　　　　　　　　　　　りょこう

思う	勉強する べんきょう

（3）沢田さんは3人家族だ。日本では（⑥　　　　　　）が、今は専業主婦を（⑦　　　　　　）。
　　さわだ　　　　かぞく　　　　　　　　　　　　　　　　　　　せんぎょうしゅふ
　　日本では、アマチュアオーケストラに（⑧　　　　　　）。

する	入る	働く はたら

（4）松田さんは、日本では広告代理店に（⑨　　　　　　）が、定年退職して、こちらに来た。奥さんは、
　　まつだ　　　　　こうこくだいりてん　　　　　　　ていねんたいしょく　　　　　　おく
　　毎日、外に（⑩　　　　　　）が、松田さんは、家にいることが多い。
　　　　そと　　　　　　　　　　まつだ　　　　いえ

出かける	勤める つと

⭐ Can-do를 체크하세요

会話する

Can-do 02 　모르는 사람에게 말을 걸어, 그 사람에게 궁금한 점을 묻거나 자기와 관련된 사항을 자세하게 말할 수 있다.

● 모르는 일본인에게 말을 건 적이 있습니까?
　그때 무슨 이야기를 했습니까?

キャシー（オーストラリア）
シドニー日本文化センターで日本語を
ぶんか
勉強している。
べんきょう

キャシーさんは、シドニーのスポーツクラブで日本人に会いました。

西山（日本）
にしやま
シドニーに住んでいる主婦。
す　　　　しゅふ

1 두 사람의 대화를 들어 봅시다. 스크립트를 안 보고

다음 두 가지에 주의하면서 들읍시다. 🔊 1_21

　① 西山さんは、どうしてシドニーに住んでいますか。
　　にしやま　　　　　　　　　　　　　　す
　② キャシーさんは、いつから日本語を勉強していますか。
　　　　　　　　　　　　　　　　　　べんきょう

2 스크립트를 보면서 들읍시다. 🔊 1_21

(1) (　　) 안에 들어갈 말을 써 넣으세요.

　◆ 괄호 속 말의 뜻과 문장에서의 역할은 무엇일까요?

(2) ①②③④는 각각 누가 누구에게 한 말입니까?

キャシー：あのう、失礼ですが…日本の方ですか？ 　　　　　　　　　しつれい　　　　　　　かた 西山　　：あ、はい、そうですけど。 キャシー：やっぱり。さっき携帯で日本語を（①　　　　　　　）いたので。 　　　　　　　　　　　　けいたい	A
西山　　：日本語、できるんですか？ キャシー：はい、今、日本語を習っています。私はキャシーと言います。 　　　　　　　　　　　　　なら 西山　　：へー、こんなところで日本語、びっくりですね。あ、私は西山です。 　　　　　　　　　　　　　　　　　　　　　　　　　　　　にしやま	B
キャシー：西山さんは、このヨガクラスに、よく（②　　　　　　）いますね。お宅は近いんですか？ 　　　　　にしやま　　　　　　　　　　　　　　　　　　　　　　　　たく　ちか 西山　　：はい、すぐそこのマンションに住んでいます。キャシーさんは？ 　　　　　　　　　　　　　　　　　　す キャシー：私もすぐ近くに住んでいます。失礼ですが、西山さんは、オーストラリアで何を 　　　　　　　　ちか　す　　　　　　しつれい　　　にしやま 　　　　　（③　　　　　　　　）いるんですか？ 西山　　：主婦です。去年の夏に、夫がこっちに転勤になったので、家族で東京から引っ越して来た 　　　　　しゅふ　きょねん　なつ　おっと　　　　　　　てんきん　　　　　　　かぞく　とうきょう　ひ　こ 　　　　　んです。キャシーさん、それにしても日本語がお上手ですね。どこで勉強 　　　　　　　　　　　　　　　　　　　　　　　　じょうず　　　　　　べんきょう 　　　　　（④　　　　　　　）いるんですか？	C

キャシー ： いえ、まだ下手です。今は、シドニーの日本文化センターで勉強しています。昔、高校で

少し勉強しましたが、すぐ忘れてしまいました。それで、３年前からまた習い

（⑤　　　　　　　　　）。日本の文化にも興味がありますので。日本料理も好きですし、週に

１回、和太鼓も習っているんです。

西山 ： へー、和太鼓ですか。すごいですね。

D

キャシー ： 西山さん、あのう、もしよろしければ、ときどき日本語で話し相手になってくださいません

か？ 日本語を勉強していても、日本人と話すチャンスがあまりないので…。

西山 ： もちろんですよー。私もこっちであまり友達がいなかったので、すごいうれしいです。

キャシー ： よかった。じゃあ、あとでメールアドレス、教えてくださいね。

E

3 대화에 도움이 되는 문법·문형

처음 만난 사람에게는 정중한 말투를 사용한다.

このヨガクラスに、よくいらっしゃっていますね。 → **①**

オーストラリアで何をなさっているんですか? → **①**　　　　どこで勉強なさっているんですか? → **①**

さっき携帯で日本語をお話しになっていたので。 → **②**

자기의 취미 또는 지금 배우는 것을 말한다.

３年前からまた習いはじめました。 → **③**

상대방에게 궁금한 점을 묻고 대답을 듣는다.

お宅は近いんですか? → 初級 **1** 17 課

① 존경어1 : 특별한 모양의 동사

このヨガクラスに、よくいらっしゃっていますね。

オーストラリアで何をなさっているんですか?

どこで勉強なさっているんですか?

します（する）	なさいます（なさる）
います（いる） 行きます（行く） 来ます（来る）	いらっしゃいます（いらっしゃる）
食べます（食べる）	めしあがります（めしあがる）
見ます（見る）	ごらんになります（ごらんになる）
言います（言う）	おっしゃいます（おっしゃる）
くれます（くれる）	くださいます（くださる）

（　）안에 들어갈 말을 a~e에서 고르세요. 🔊 CHECK! 1_22-26

① キャシー　：このジムにはよく（ a. いらっしゃる ）んですか?

西山　　　：一週間に2回ぐらいは来ますね。
（にしやま）　　　　　　　　　　　（かい）

② キャシー　：6時のヨガクラス、参加（　　）か?
　　　　　　　　　　　　　　　　（さんか）

西山　　　：いえ、今日は参加しないで帰ります。
　　　　　　　　　　　　（さんか）　　（かえ）

③ キャシー　：西山さんは、お子さんは（　　）か?
（にしやま）

西山　　　：はい、娘が一人います。
　　　　　　　　（むすめ）（ひとり）

④ キャシー　：お子さんの名前は何と（　　）んですか?

西山　　　：エリンといいます。

⑤ キャシー　：これ、家で焼いたクッキーですけど、（　　）ませんか?
　　　　　　　　　　（いえ）（や）

西山　　　：ありがとうございます。いただきます。

> 　　a. いらっしゃる　　　b. おっしゃる　　　c. めしあがり　　　d. なさいます　　　e. いらっしゃいます

❷ | 尊敬語2：お V になります |　さっき携帯で日本語をお話しになっていたので。
　　　　　　　　　　　　　　　　（けいたい）

お＋ V ま~す~＋になります（になる）

尊敬어 표현으로 바꾸세요. 🔊 CHECK! 1_27

キャシー：西山さん、もう（① 帰ります → お帰りになります ）か?
（にしやま）　　　　　　　（かえ）

西山　　：ええ。今日はもうたくさん運動したので、サウナに入って、シャワーを浴びてから帰ります。
（にしやま）　　　　　　　　　　　（うんどう）　　　　　　　　　　　　　　（あ）　　（かえ）

キャシー：あ、このシャンプー、サンプルをもらったんですが、（使いません → ②　　　　　　　）か?

西山　　：へー、ありがとうございます。それにしてもキャシーさん、本当にいつも丁寧なことばを
　　　　　　　　　　　　　　　　　　　　　　　　　　　　　（ほんとう）　　　（ていねい）

　　　　（話す → ③　　　　　　　）んですね。

❸ | V はじめる |　3年前からまた習いはじめました。
　　　　　　　　　　　　　　　（なら）

V ま~す~＋はじめる

(1) 네 사람이 왜 일본어 공부를 시작했는지 대화를 듣고 a~d에서 고르세요. 🔊 1_28-31

① ズン（ d ）　　② ナターリヤ（　　）　　③ ジョージ（　　）　　④ アニス（　　）

> a. 　　b. 　　c. 　　d.

(2) 「～はじめる（はじめました）」를 사용해 말해 봅시다. 🔊 **CHECK!** 1_32-35

① ズンさんは、大学を卒業してすぐ、日本の会社で（働きました → 働きはじめました ）。

② ナターリヤさんは、中学生のころ、日本のアニメを（見ました →　　　　　　　　 ）。

③ ジョージさんは、1年前から和太鼓を（習いました →　　　　　　　　 ）。

④ アニスさんは、友達といっしょに日本語クラスに（通いました →　　　　　　　　 ）。

4 ▶ 말하기 전략

처음 만난 사람에게 말 걸기

(1) 30쪽의 대화 스크립트를 보세요. キャシー 씨는 西山 씨에게 말을 걸 때 첫 마디를 뭐라고 했습니까?

(2) 다른 표현도 들어 봅시다. 🔊 1_36

あのう、すみません、以前どこかで会いませんでしたか？

부탁하기

(1) キャシー 씨는 西山 씨에게 무엇을 부탁했습니까? 그때 첫 마디를 뭐라고 했습니까?

(2) 다른 표현도 들어 봅시다. 🔊 1_37

さしつかえなければ、メールアドレスを交換しませんか？
もしできれば、また会ったときに日本語で話してください。

발 음

의문문의 악센트와 인토네이션

(1) 악센트와 인토네이션에 주의하면서 들으세요. 🔊 1_38-41

의문을 나타내는 말, 즉 의문사는 어떻게 발음되는지 주의 깊게 들어 봅시다.

なに　いつ　どこ　だれ　どんな　なぜ　どう　どうして　どちら

オーストラリアで なにを なさっている んですか？

どこで べんきょうなさっている んですか？

どこに すんで いらっしゃるんですか？

의문을 나타내는 말, 즉 의문사는 제일 앞 부분에 내려가는 악센트가 있습니다.

(2) 악센트와 인토네이션에 주의하면서 발음해 보세요.

5 롤 플레이를 통해 회화 연습을 하세요.

(1) 롤 플레이에 앞서 다시 한 번 스크립트를 보면서 생각해 봅시다. 대화 Ａ~Ｅ는 각각 ア~オ의 어느 것에 해당하는지 고르세요.

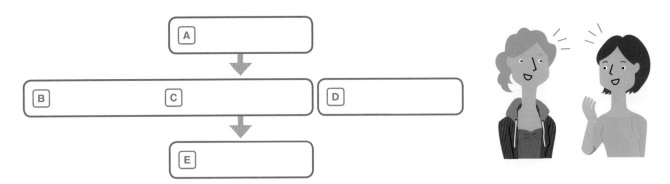

> ア. 名前を教え合う　　イ. 簡単な情報を交換する　　ウ. 話しかける
> エ. 次の約束をする／別れのあいさつをする　　オ. 日本語の勉強についてくわしく話す

(2) 아래의 카드 (a), (b), (c)를 보고 연습하세요.

① (a)의 장면을 보고 (例)에 이어지는 대화를 상상해 봅시다. (1)의 Ａ → (Ｂ → Ｃ → Ｄ) → Ｅ로 이어지는 구성에도 주의하면서 대화하세요.

(a) 日本料理のレストランに行ったら、隣のテーブルに日本人がいました。話しかけて、会話をしましょう。

(例) A：あのう、すみません、日本の方ですよね？
　　 B：はい、そうですが。
　　 A：このお店には、よくいらっしゃるんですか？
　　　　……

◆ 회화 예를 들어 봅시다.

② (b)와 (c)의 상황에서 자유롭게 롤 플레이해 보세요. 기타 다른 상황도 설정하여 대화해 보세요.

(b) あなたの国の観光地で、日本人がガイドブックを見ています。話しかけて、旅行についていくつか質問してみましょう。

(c) 長距離の電車の中で、日本人が向かいに座りました。おしゃべりしてみましょう。

⭐ Can-do를 체크하세요

🔵 문화 　 처음 만난 사람에게는 물어 보지 말아야 할 것으로 무엇이 있을까요?

PART 3 はじめまして、マイと申します
もう

● 일본어로 대화하는 모임에 참가한 적이 있습니까?
어떤 대화를 합니까?

日本文化センターで「日本語おしゃべりサークル」が
ぶんか
開かれています。
ひら

1 マイ 씨의 자기소개를 들어 봅시다. 🔊 1_44

それでは、マイさん、
自己紹介をお願いします。
じこしょうかい　　ねが

はじめまして、マイと申します。
もう
······················

司会の人
しかい

グエン・ティー・マイ

(1) マイ 씨는 어떤 사람입니까?

① いつから日本語を勉強していますか。
べんきょう
② 日本語を始めたきっかけは何ですか。
はじ
③ 今、どんな仕事をしていますか。
しごと
④「日本語おしゃべりサークル」では、どんなことがしたいですか。
⑤ 好きなこと、趣味は何ですか。
しゅみ

a. 希望・抱負
きぼう　ほうふ
b. これまでの経験
けいけん
c. 今のこと
d. 自己 PR（趣味・好きなこと）
じこ　　しゅみ

(2) 어떤 순서로 이야기했습니까?

自分の名前 → （　　　）→ （　　　　）→ （　　　）→ （　　　　）
じぶん

2 다시 한 번 들으면서 (　) 안에 알맞은 말을 써 넣으세요. 🔊 1_44

지금까지의 경험을 이야기한다.

・日本語おしゃべりサークルに（①　　　　　　）は、今日がはじめてです。
・日本語の勉強を（②　　　　　）は、3年前です。
べんきょう
・日本語を始めた（③　　　　　　）は、日本のアニメを見たことです。
はじ
・先生や友達の（④　　　　　）で、楽しく勉強を続けています。
ともだち　　　　　　　　たの　べんきょう　つづ

현재의 상태를 이야기한다.

・日系企業で輸出関係の仕事を（⑤　　　　　）。
にっけいきぎょう　ゆしゅつかんけい　しごと

희망・포부를 이야기한다.

・日本人のスタッフと、いろいろなことが話せる（⑥　　　　　　）と思っています。
・このサークルに参加したのは、日本人の友達をたくさん（⑦　　　　　）からです。
さんか　　　　　　　　ともだち

취미나 좋아하는 것 등 자기 PR을 한다.

・（⑧　　　　　）は食べ歩きです。おしゃべりも（⑨　　　　　　）なので、どんどん話しかけてください。
た　ある

3 스크립트를 보면서 다시 한 번 들어 봅시다. 1_45

はじめまして、マイと申します。

えーと、「日本語おしゃべりサークル」に参加するのは、今日がはじめてです。

日本語の勉強を始めたのは、んー、3年前です。きっかけは、日本のアニメを見たことです。

えー、仕事のあとで日本語を勉強するのは大変です。でも、先生や友達のおかげで、楽しく勉強を続けています。

えーと、今は、日系企業で輸出関係の仕事をしています。

仕事では日本語はあまり使いませんが、日本人のスタッフと、いろいろなことが話せるようになりたいと思っています。

えー、このサークルに参加したのは、日本人の友達をたくさん作りたいと思ったからです。

あ、趣味は食べ歩きです。料理は、食べるのも作るのも大好きです。

おしゃべりも大好きなので、どんどん話しかけてください。

どうぞ、よろしくお願いします。

◆ 스크립트의 ★ 표시 부분을 따라 말해 봅시다. 처음에는 스크립트를 보면서 따라 말하고, 그 다음에는 스크립트를 안 보고 말해 보세요. 1_46

4 아래의 메모를 보면서 자신이 マイ 씨라고 가정하여 자기소개를 해 봅시다. 스크립트를 안 보고 자기의 말로 말해 보세요.

이름 : マイ

① 지금까지의 경험
- 「おしゃべりサークル」… はじめて
- 日本語 … 3年前
- きっかけ … 日本のアニメ
- 仕事のあと、大変
- 先生・友達 → 楽しい

② 현재의 상태
- 日系企業、輸出関係
- 日本語 … あまり使わない

③ 희망・포부
- 会社の日本人スタッフといろいろなことが話せる
- 日本人の友達たくさん!

④ 자기 PR
- 趣味 … 食べ歩き
- 料理 … 食べる、作る
- おしゃべり → どんどん話しかけて!

◆ 이야기할 때 **2** 의 표현을 사용해 보았나요?

5 당신의 자기소개를 해 보세요.

(1) 다음과 같은 흐름으로 말할 내용을 생각해 봅시다.

이름 :

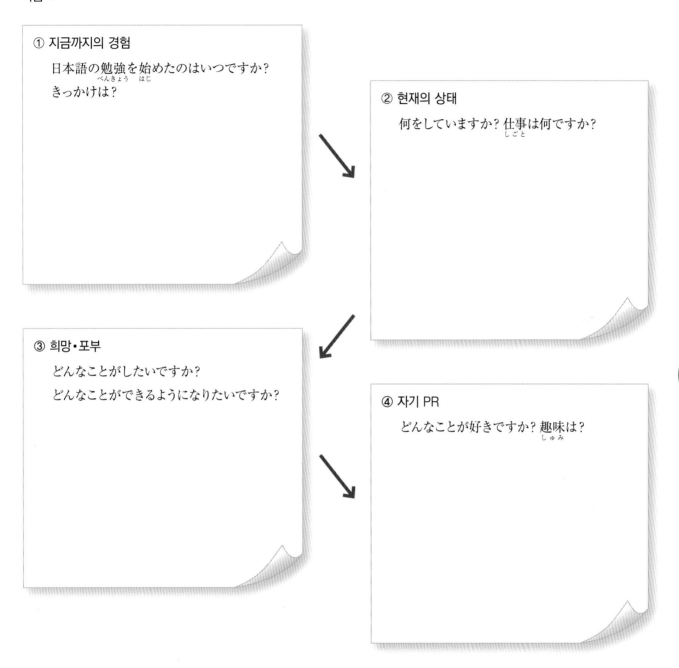

① 지금까지의 경험

日本語の勉強を始めたのはいつですか?
べんきょう はじ
きっかけは?

② 현재의 상태

何をしていますか? 仕事は何ですか?
しごと

③ 희망 • 포부

どんなことがしたいですか?
どんなことができるようになりたいですか?

④ 자기 PR

どんなことが好きですか? 趣味は?
しゅみ

(2) 자기가 속한 반에서 말해 봅시다. 다른 사람의 자기소개를 듣고 모르는 내용이 나오면 질문해 보세요.

それでは、○○さん、
自己紹介をお願いします。
じこしょうかい ねが

⭐ Can-do를 체크하세요

● Twitter 같은 SNS(Social Networking Service)를 이용해 본 적이 있습니까? 프로필을 읽을 때 어떤 점을 눈여겨 봅니까? (例 : 趣味、職業…)
しゅみ　しょくぎょう

1 SNS의 「おすすめユーザー」 프로필을 읽어 봅시다. 🔊 1_48-51

(1) 취미나 직업 등 관심이 있는 것 중 하나를 선택해 읽으세요. 그것과 관련해 뭐라고 적혀 있습니까?

おすすめユーザー
フォロー情報などに基づいたあなたへのおすすめユーザー

名前または@ユーザー名を入力してください。	検索

かおりん @▨▨▨▨▨ 　 👤⁺ フォローする
海外生活４年目の主婦。ロンドン在住。７歳の娘の母。ヨーロッパでの日常をつぶやきます。今の関心は娘の日本語力の維持。最近のお気に入りは、ケーキ作り、ズンバ、美術館めぐり。ここではいろいろな人と知り合えるといいな。どうぞお気軽にフォローしてください！

小河原 寛 @▨▨▨▨▨ 　 👤⁺ フォローする
某私立大学で働く日本語教師。専門は日本語音声教育。著書は『すごい日本語』『音声を学ぼう』など。現在、インターネットでベトナム語を学習中。つぶやく内容は仕事とはあまり関係ない音楽関係中心。好きな作曲家はラフマニノフ。将来の夢は、南の島に移住してのんびり暮らすこと。

ぶーちゃん @▨▨▨▨▨ 　 👤⁺ フォローする
温泉、日本酒、声楽、旅を愛するサラリーマン。てんびん座、Ｏ型。現在、日本語のおもしろさにハマり中。週末は地元のボランティア教室で日本語を教えています。外国の人と交流するのが楽しみ。ネコを飼っています。好きな映画は『かもめ食堂』。

Fu @▨▨▨▨▨ 　 👤⁺ フォローする
こん○○は！カナダで日本語を勉強している大学院生です。シンガポール出身、トロント在住。このアカウントでは日本語でつぶやきます。日本語がちょっとおかしくても、大目に見てください。日本人の方や、世界で日本語を勉強している方と、いろいろ情報交換できればと思っています。どうぞよろしく！

⑵ 다시 한 번 읽고 네 명의 자기소개 내용을 정리해 봅시다.

	職業 しょくぎょう	趣味・興味・ しゅみ きょうみ 好きなこと	希望・抱負 きぼう ほうふ	その他 た
かおりん	主婦 しゅふ	娘の日本語力の維持 むすめ にほんごりょく いじ ケーキ作り、ズンバ づく 美術館めぐり びじゅつかん	いろいろな人と知り合う し あ	ロンドン在住 ざいじゅう 7歳の娘 さい むすめ
小河原 寛 おがわら ひろし				
ぶーちゃん				
Fu				

2 읽기 전략

한자어의 뜻을 추측해 본다.

「ロンドン在住」의 **在住**는 무슨 뜻?

「ロンドン」은 도시 이름…

「在住」의 「住」는 알아!
「住む」라는 뜻이잖아!

「ロンドン・住む」…
「ロンドンに住んでいる」라는 뜻인가?

아는 한자를 통해 단어의 뜻을 추측할 수 있는 거구나!

모르는 말이 있으면 위와 같이 한자에서 그 뜻을 추측해 봅시다. 그런 후에 다른 사람과 대화하거나 사전을 찾아 확인합시다.

（例）維持、著書、移住、声楽 …

3 누구를 팔로우하겠습니까? 그 이유는 무엇입니까?

4 ▶ 읽기에 도움이 되는 문법·문형

문장을 짧게 정리한다.

❶ | 명사로 끝맺는 표현 | **海外生活４年目の主婦。**
かいがいせいかつ　　　　　　しゅふ

・海外生活４年目の主婦。 ＝ 海外生活４年目の主婦です。
　かいがいせいかつ　　　しゅふ　　　　かいがいせいかつ　　　　しゅふ
・ロンドン在住。 ＝ ロンドンに住んでいます。
　　　　ざいじゅう　　　　　　　　　す
・ベトナム語を学習中。 ＝ ベトナム語を学習しています。
　　　　　がくしゅうちゅう　　　　　　　　　がくしゅう

텍스트를 다시 한 번 읽고, 같은 표현에 밑줄을 치고 그 뜻을 생각해 봅시다.

희망이나 포부를 말한다.

❷ | ～ばと思っている | **いろいろ情報交換できればと思っています。**
じょうほうこうかん

・外国の人と交流することができればと思っています。
　　　　こうりゅう
・同じ趣味の友達が（①　　　　　　　）。
　おな　しゅみ　ともだち
・いつか日本に（②　　　　　　　）。
・日本語をマスターして、交流に役立つ仕事に（③　　　　　　　　）。
　　　　　　　　　　　　　こうりゅう　やくだ　しごと

> a. つければと思っています
> b. 留学できればと思っています
> 　りゅうがく
> c. できればと思っています

◆ 일본어를 잘하게 되면 무엇을 하고 싶습니까? 희망이나 포부를 자유롭게 말해 보세요.

❸ | ～といいな | **ここではいろいろな人と知り合えるといいな。**
し　あ

＊특히 혼잣말을 할 때 사용한다. 비형식적인 표현.

・たくさんの人と友達に（①　　　　　　　）。
　　　　　　ともだち
・ファッションについてたくさん話が（②　　　　　　　）。
・たくさんの人がフォローして（③　　　　　　　）。

> a. なれるといいな
> b. くれるといいな
> c. できるといいな

한자어 ▶

읽는 법이나 뜻을 확인하세요. 키보드나 스마트폰 등을 이용해 입력해 봅시다.

主婦　　在住　　～歳（７歳）　　娘　　教師　　専門　　音声　　食堂
しゅふ　　ざいじゅう　　さい　　さい　　むすめ　　きょうし　　せんもん　　おんせい　　しょくどう
出身　　情報交換
しゅっしん　　じょうほうこうかん

◆ 직업과 관련된 단어는 어느 것입니까? 위에 제시된 것 이외의 직업 관련 단어를 알아보세요.

⭐ Can-do를 체크하세요

PART 5 プロフィールを書こう

書く

소셜 네트워크의 자기소개에 관심사나 희망, 포부 등과 관련된 내용을 작성할 수 있다.

1 SNS의 자기소개 부분에 프로필을 적어 봅시다.

(1) 어떤 내용을 쓸 것인지 정리하세요.

名前：
職業や住んでいるところ： しょくぎょう　す
趣味・興味・好きなこと： しゅみ　きょうみ
希望・抱負： きぼう　ほうふ

プロフィール
この情報はあなたの公開プロフィール、検索結果などに表示されます。

写真や自己紹介をプロフィールから編集しましょう。

画像 ⬜ 画像を変更する ▼
この写真はあなたのツイートに表示されます。

ヘッダー ⬛ ヘッダーを変更する
推奨サイズは 1500 × 500 です
画像は 5MB 以下でなくてはいけません。
お困りですか？詳細はこちら。

名前 ☐
本名を入力しておくと、友だちが検索しやすくなります。

場所 ☐
自己紹介に場所をのせましょう

ホームページ http://
ホームページやブログのアドレスを入力してください。

自己紹介 ☐
160 文字以内で自己紹介しましょう。　　160

Facebook

f Facebookと連携する

ツイートを Facebook プロフィールまたは Facebook ページに投稿する
何かお困りですか？詳細はこちら。

変更を保存

(2) 프로필을 작성하세요.

名前 ☐
本名を入力しておくと、友だちが検索しやすくなります。

場所 ☐
自己紹介に場所をのせましょう

ホームページ http://
ホームページやブログのアドレスを入力してください。

自己紹介 ☐

160 文字以内で自己紹介しましょう。　　160

2 친구의 자기소개를 읽고 서로 조언해 봅시다. ⭐ Can-do를 체크하세요

教室の外へ

わたし
だけの
フレーズ

토픽(TOPIC)과 관련해 일본어로 말해 보고 싶은 것은 무엇입니까?
나에게만 필요한 일본어 표현을 메모해 봅시다.

（例）・妻が日本人で、家では妻と子どもは日本語を話しますが、私だけわかりません。
　　　・私の名前の Erin には「平和」という意味があります。

1
일본어로 작성된 프로필을 읽어 봅시다.
－ 인터넷에서 「Twitter 日本語勉強中」라고 입력해 검색해 보고 어떤 사람이 있는지 살펴봅시다.

2
자기의 '혈액형', '별자리'의 특성을 인터넷으로 알아봅시다.
● 일본에서는 자기소개 할 때 혈액형이나 별자리를 말하는 경우가 있습니다. 혈액형과 별자리는 성격과 관계가 있다고 여기는 사람이 많기 때문입니다. 당신의 나라에서는 어떻습니까?

3
교실 밖에서 실제로 일본어를 사용해 봅시다.
－ 당신의 나라에는 일본인과 교류하는 모임이 있습니까? 알아봅시다.
－ 거리에서 일본인을 만나면 말을 걸어 봅시다.

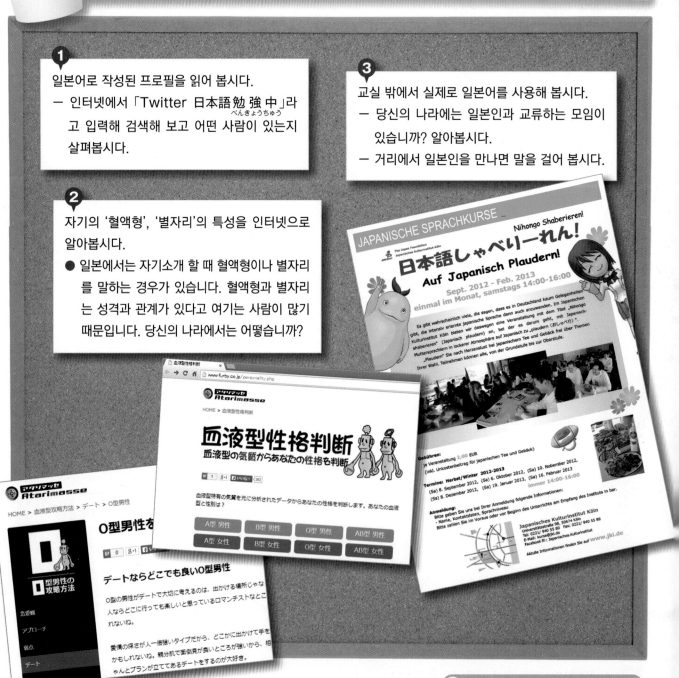

⭐ 일본어·일본 문화 관련 체험을 기록해 봅시다

おすすめの料理

● 외식을 할 때 어떤 음식점에 주로 갑니까?

● 집에서 요리를 합니까? 어떤 것을 주로 만듭니까?

 聞いてわかる **PART 1**
ここは、とくに魚がうまい

 会話する **PART 2**
お好み焼き粉は…
この や こ

 長く話す **PART 3**
ぜひ、めしあがってみてください

 読んでわかる **PART 4**
じゃがいもを入れるのがポイント！

 書く **PART 5**
「簡単すき焼き」の作り方
かんたん や

準 備

1 인터넷 '미식·레스토랑 사이트'에서 일본의 음식점을 봅시다. 당신은 누구와 언제, 어느 음식점에 가고 싶습니까?

食べナビ
レストラン検索サイト

エリア 🔍 北浦和 × キーワード 🔍 パーティー 検索

北浦和のパーティーのお店を探す
🔍「北浦和　パーティー」で検索しました
1件～4件を表示 / 216件

居酒屋ふるさと ★★★★★ 4.0
【和食居酒屋　2時間食べ放題＋ドリンク】
ほっとする味と家庭的な雰囲気。おさいふにもやさしい

料理・味	4.31
サービス	3.06
雰囲気	3.02
値段	2,000～2,999円

ラ・フェスタ ★★★★★ 3.5
【イタリアン　バル・アンド・ダイニング】
夜景の見えるテーブルでロマンチックな時間を

料理・味	3.95
サービス	3.85
雰囲気	4.75
値段	5,000～6,999円

料亭　むらかみ ★★★★★ 4.5
【本格和食】
選びぬかれた素材と最高のおもてなし

料理・味	4.95
サービス	4.80
雰囲気	4.50
値段	10,000～14,999円

がどがど ★★★★★ 3.5
【アジアン　エスニック料理】
南国ムードあふれる室内でスパイスのきいた一品を

料理・味	4.15
サービス	3.45
雰囲気	3.87
値段	3,000～3,999円

エリア
▶北浦和 5km ＞

ジャンル
▶すべて ＞
■レストラン ＞

予算
指定なし ～ 指定なし
検索

こだわり検索
☐ 個室
☐ 駐車場あり
☐ クーポンあり
☐ 飲み放題あり
- - - - - -
禁煙・喫煙
◉ 指定なし
◯ 禁煙
◯ 喫煙可
検索

特集
▶女性限定プラン
▶くつろぎの個室空間
▶接待・ビジネスプラン
▶特別の日のためのプラン
▶フリードリンク付きプラン
▶家族で楽しむプラン

● **문화** 당신의 나라에서 레스토랑을 고를 때 중요한 것은 무엇입니까?

2 ( ) 안에 들어갈 말을 a~f에서 고르세요. 2_02-06

> どんな料理が好きですか?

 んー、どちらかというと肉よりは魚かなあ。とくに（① d. 新鮮 ）な刺身はうまいですよね。

 なんでも食べますが、ハンバーガー、ピザ、餃子、ラーメンとか（② 　　 ）があって、おなかがいっぱいになるものが好きです。

 そうですね、やっぱり和食がいちばんですね。季節の（③ 　　 ）を上手に使っていて、（④ 　　 ）もきれいですし、体にもいいですから。

 なんといってもカレーです。カレーの（⑤ 　　 ）がすると、食欲がわきます。

 イタリアンが好きです。（⑥ 　　 ）のいいレストランで、おいしいワインを飲みながら食べるイタリア料理は最高ですね。

a. 見た目	b. 雰囲気	c. 素材	d. 新鮮	e. ボリューム	f. におい

◆ 붉은색 글자의 표현에 주의합시다. (A) '두 가지를 비교하는 표현'은 어느 것입니까?

　(B) '하나만 선택하는 표현'은 어느 것입니까?

3 계란을 예로 요리법을 살펴봅시다. ①~⑦에 쓰인 동사의 뜻을 확인하세요.
어떤 요리가 될지 a~h에서 고르세요.

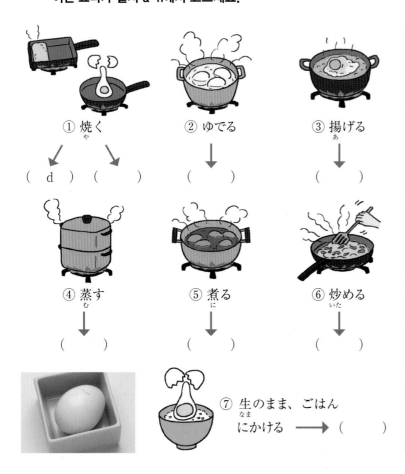

① 焼く　　　② ゆでる　　　③ 揚げる

(d) (　)　　(　)　　　(　)

④ 蒸す　　　⑤ 煮る　　　⑥ 炒める

(　)　　(　)　　(　)

⑦ 生のまま、ごはんにかける ⟶ (　)

a. 卵かけごはん　　b. 揚げ卵

c. ゆで卵　　　d. 卵焼き

e. 茶碗蒸し　　f. 卵炒め

g. 目玉焼き　　h. 煮卵

PART **1** ここは、とくに魚がうまい

聞いてわかる　**Can-do 06**　레스토랑 등의 가게 소개를 듣고 맛이나 값 등의 중요한 정보를 이해할 수 있다.

日本料理の店なら、どこがおすすめですか？

● 당신은 어떤 일본 요리를 좋아합니까?

ある国（日本以外）のレストランで、ランチを食べながら話しています。

1 일본 음식점 이야기를 듣고, 가고 싶은 음식점을 생각해 봅시다.

(1) ①~④의 가게에서는 무엇을 먹을 수 있다고 합니까? 네 명의 이야기를 듣고 a~h에서 고르세요. 🔊 2_08-11

 ① （ a, c, d ）

 ② （　　　）

③ （　　　）

 ④ （　　　）

|  a. 天ぷら |  b. ラーメン |  c. すき焼き |  d. 刺身 |
|  e. パン |  f. 巻き寿司 |  g. 団子 |  h. 卵焼き |

(2) 다시 한 번 듣고 맛, 값과 관련해 뭐라고 말하는지 비교해 봅시다. 맛은 ア~カ에서 고르세요. 🔊 2_08-11

	① 武蔵	② OISHII	③ たけみ	④ ベーカリー・マイ・ラブ
味	ア, カ			
値段	けっこう高い			

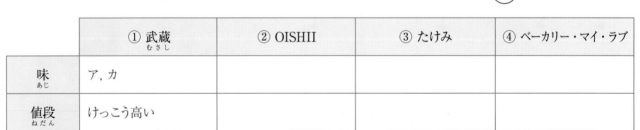

ア. 日本の日本料理と変わらない　イ. 日本の店と比べても負けない　ウ. 味は悪くない
エ. フワフワでやわらかい　オ. だしがおいしい　カ. 魚が新鮮でおいしい

(3) 다시 한 번 듣고, 그 밖에 어떤 특징이 있는지 메모합시다. 🔊 2_08-11

その他の特徴	料理人が日本人 店員のサービスがいい			

2 듣기 전략

모르는 말을 반복해서 듣는다.

(1) 대화의 일부를 다시 한 번 들어 봅시다. 다음의 말은 무슨 뜻입니까? 2_12-14

　　① うまい (おいしい)　　② バイキング方式 (　　　　)　　③ だし (　　　　)
　　　　　　　　　　　　　　　　　 ほうしき

(2) 다시 한 번 들어 봅시다. 붉은색 글자의 말이 무슨 뜻인지 어떻게 질문했습니까? 2_12-14

　　①「武蔵」：…天ぷらもすき焼きもうまいけど、ここは、とくに魚がうまい (うまい？)……
　　　　 むさし　　　　　　　　 や　　　　　　　　　　　　　　　　　 さかな
　　②「OISHII」：…安い店がいいなら、「OISHII」って名前のレストランがありますよ。
　　　　　　　　　　 バイキング方式なんです。(　　　　 ？)……
　　　　　　　　　　　　　　 ほうしき
　　③「たけみ」：…鶏や野菜から取っただしを使ってて、(　　　　 ？)……これがおいしいんですよ。
　　　　　　　　　　 とり　 やさい　 と

(3) ④「ベーカリー・マイ・ラブ」와 관련해 선생님의 설명을 듣고, 모르는 말이 있으면 되물어 봅시다.

3 네 가게 중에서 당신이라면 어느 가게에 가 보고 싶습니까?

> ■ 네 가게의 소개를 정리합시다. (　　　) 안에 들어갈 말을 고르세요. 🔊 CHECK! 2_15-18
>
> （1）「武蔵」は、料理人が日本人で、日本と（① 変わらない ）本物の日本料理が食べられる。とくに、
> 　　 むさし　　　　　　　　　　　　　　　　　 か　　　　 ほんもの
> 　　魚が新鮮でおいしい。日本で食べる（②　　　　　 ）おいしい刺身が食べられる。店員のサービスも
> 　　 しんせん　　　　　　　　　　　　　　　　　　　　　　　　 さしみ　　　　　　　 てんいん
> 　　日本と（③　　　　　 ）丁寧だ。ただ、値段が
> 　　　　　　　　　　　 ていねい　　　 ねだん
> 　　高い。
>
> | 同じぐらい | 変わらない | よりも |
> | おな | か | |
>
> （2）「OISHII」というレストランは、安いし、バイキング方式なので、（④　　　　　 ）一度にいろいろな
> 　　　　　　　　　　　　　　　　　　　　　　 ほうしき　　　　　　　　　　　 いちど
> 　　ものをたくさん食べたいときにはおすすめだ。ただ、日本の日本料理とはちょっと（⑤　　　　　 ）。
> 　　（⑥　　　　　 ）、味は悪くない。
> 　　　　　　　　　 あじ　 わる
>
> | 違う | でも | とにかく |
> | ちが | | |
>
> （3）「たけみ」のラーメンは、日本の有名な店と（⑦　　　　　 ）負けないレベルだ。スープがおいしいし、
> 　　　　　　　　　　　　　　　　 ゆうめい　　　　　　　　　　 ま
> 　　値段が（⑧　　　　　 ）高くないのもいい。
> 　　 ねだん
> 　　（⑨　　　　　 ）、いつも混んでいる。
> 　　　　　　　　　　　　 こ
>
> | そんなに | 比べても | ただ |
> | | くら | |
>
> （4）「ベーカリー・マイ・ラブ」というパン屋は、穴場だ。ここのパンは、フワフワでやわらかい。この店では、
> 　　　　　　　　　　　　　　　　　　 や　　 あなば
> 　　パン（⑩　　　　　 ）和菓子も売っている。（⑪　　　　　 ）、店の中に食べられるスペースが
> 　　　　　　　　　　　 わがし　 う
> 　　あって、ちょっとお茶するのにもいい。
> 　　　　　　　　　 ちゃ
>
> | それに | だけではなく |
> | | |

⭐ Can-do를 체크하세요

PART 2 お好み焼き粉は…

함께 쇼핑을 하면서 요리 재료와 관련해 무엇을 어디에서 사면 좋은지, 어떻게 사용하면 좋은지 등을 서로 이야기할 수 있다.

● 당신은 일본 요리를 만든 적이 있습니까?

누구와 무엇을 만들었습니까?

ユパカー（タイ）
バンコク日本文化センターで日本語を
勉強している主婦。料理が好き。

高塚（日本）
バンコク在住の主婦。ユパカーさんと
はセンターのおしゃべりサロンで知り
合った。

ユパカーさんは、知り合いの高塚さんといっしょにお好み焼きを作ることにしました。今、バンコクの日系スーパーに材料を買いに来ています。

1 두 사람의 대화를 들어 봅시다. 스크립트를 안 보고 다음의 사항에 주의하며 들어 봅시다. 2_20

① 二人は、スーパーで何を買いますか。
② 二人は、どんなお好み焼きを作りますか。

2 스크립트를 보면서 들읍시다. 2_20

（　　）안에 들어갈 말을 써 넣으세요.

◆ 괄호 속 말의 뜻과 역할은 무엇일까요?

ユパカー：えーと、お好み焼き粉は…うーん、ない（①　　　　　　）ですね。

高塚　　：いつもはあるのになあ。しょうがない、じゃあ小麦粉で作りましょう。小麦粉なら、うちにあるし。

ユパカー：え、小麦粉でもいいんですか？

高塚　　：ええ。小麦粉に、この粉末だしを混ぜれば、お好み焼きが作れますよ。

ユパカー：これですか？ これは、どうやって使え（②　　　　　）んですか？

高塚　　：小麦粉と水と卵をよく混ぜて、それからスプーン１杯のだしを入れればだいじょうぶ。

ユパカー：そうなんですか。それからあと、あれは…何でしたっけ、上にかける、茶色い、魚の…。

高塚　　：かつおぶし？ そうそう、かつおぶしも買わなくちゃね。忘れるところだった。

ユパカー：あと、ソースも買ったほうがいいですよね。ええと、とんかつソース…中濃ソース…いろいろある（③　　　　　　）ですけど、どれがいい（④　　　　　）。

高塚　　：うーんと、あった。ほら、これこれ。この「オタフクソース」。ちょっと甘くて、お好み焼き専用なんですよ。

ユパカー：へー。

高塚　　：あと、卵、キャベツ、お肉はみんなうちにあるし…。ほかに、お好み焼きの具にいい材料、何かありますか？

ユパカー：そうですねえ、貝はどうですか？ タイにはホイトートという料理があって、貝を入れたお好み焼き
みたいな料理なんです。きっと日本のお好み焼きにも合うと思います。

高塚　　：あ、それ、いいですね。貝は、どこに売ってるのかな…。

ユパカー：貝はスーパーで買うより、市場で買ったほうが安くて新鮮だと思います。

高塚　　：じゃあ、そうしましょう。でも、そのホイトートという料理も、教えてほしいな。

ユパカー：じゃあ、パクチーや
チリソースも買って
行きましょう。

3 　대화에 도움이 되는 문법·문형

자기가 본 것이나 경험한 것으로 판단하여 말한다.

うーん、ないみたいですね。　→ ❶　　　　いろいろあるみたいですけど、……　→ ❶

정중하게 질문한다.

どれがいいでしょうか。　→ ❷

방법 등을 물어 조언을 구한다.

これは、どうやって使えばいいんですか？　→ ❸

희망을 말한다.

ホイトートという料理も、教えてほしいな。　→ 初中級 トピック 7

함께 하기를 제안한다.

パクチーやチリソースも買って行きましょう。　→ 初級 1 8課

---

❶ ～みたいだ　　うーん、ないみたいですね。
いろいろあるみたいですけど、……

N
イA い
ナA な　　みたいだ
V（보통체）

그림을 보고 「～みたいだ（みたいです）」를 이용해 말해 봅시다. 🔊 2_21-24

① 高塚　　：チリソースはありましたか？
　　ユパカー：あ、あっちに（あります → あるみたいです）ね。

② 高塚　　：このラーメン、どこのラーメンでしょうかね?

ユパカー：（日本製です →　　　　　　　　　）ね。ほら、ここにひらがなが書いてあるし。

③ 高塚　　：お店の人が掃除を始めましたね。

ユパカー：このお店、もうすぐ（閉まります →　　　　　　　　　　　）ね。急ぎましょう。

④ 高塚　　：たくさん買いましたね。袋に全部入りますか?

ユパカー：ちょっと（無理です →　　　　　　　　）ね。

❷　～でしょうか　　どれが<u>いいでしょうか</u>。

N	
イA い	でしょうか
ナA な	
V（보통체）	

「～でしょうか」 형태로 말해 봅시다.　🔊 2_25-28

① ソースは（どれがいいですか → どれがいいでしょうか）。

② 牛肉と豚肉は（どちらがいいですか →　　　　　　　　　　　）。

③ しょうゆも（いりますか →　　　　　　　　　　　）。

④ これで（足りますか →　　　　　　　　　）。

❸　의문사 ＋ V ばいい　　これは、<u>どうやって使えばいいんですか</u>?

의문사 ＋ V（ば형）＋いい

どう／何を／どのぐらい／どこで／何グラム…

(1) 오코노미야키를 만들고 있습니다. 그림을 보면서 대화를 듣고 a, b 중 알맞은 답을 고르세요.　🔊 2_29-32

(2) ①~④에서 뭐라고 질문했습니까? 그림을 보면서 말해 보세요. 2_33-36

◆ 그림을 보고 짝을 이루어 대화해 봅시다.

4 말하기 전략

생각나지 않는 단어를 질문한다.

(1) 48쪽의 대화 스크립트를 보세요. ユパカ 씨는 「かつおぶし」라는 말이 생각나지 않을 때 뭐라고 말합니까?

(2) 다른 예도 들어 봅시다. 🔊 2_37-38

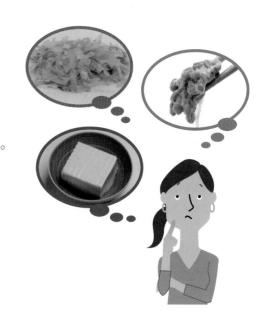

    ① A：何でしたっけ、茶色い、ねばねばした、くさい…。
　　　ちゃいろ
    　 B：なっとう？
    　 A：あ、そうそう。
    ② A：ええと、何でしたっけ、白くて、やわらかくて、四角い…。
　　　　　　　　　　　　　しろ　　　　　　　　　　しかく
    　 B：豆腐？
    　　 とうふ
    　 A：はい、豆腐。
    　　　　 とうふ

(3) 다음 사물의 이름이 생각나지 않을 때, 뭐라고 질문하면 됩니까?

    ① のり   ② わさび

◆ 대화 예를 들어 봅시다. 🔊 2_39-40

발 음

명사의 악센트

(1) 발음의 차이에 주의하며 들어 봅시다. 🔊 2_41-47

다음 단어의 발음은 어떻게 다릅니까? 높이에 주의하며 들읍시다.

こむぎこ⌐　みず⌐　ソース　か⌐い　たま⌐ご　だし⌐

일본어의 명사는 각각의 단어마다 악센트가 정해져 있습니다. 차이에 주의합시다.

こむぎこ です。　みず です。　ソースです。　か いです。　たま ごです。　だし です。

(2) 악센트의 차이에 주의하면서 발음해 봅시다.

5 롤 플레이를 통해 회화 연습을 하세요.

(1) 롤 플레이에 앞서 다시 한 번 스크립트를 보고 생각해 봅시다. 대화 안에서 두 사람이 다음 사항과 관련된 이야기를 하는
부분은 어디에서 어디까지입니까? 대화문에 표시합시다.

　　A　お好み焼きの材料や作り方について話している。

　　B　タイの料理や材料について話している。

　　◆　A, B의 각 부분에서 ユパカ 씨는 무슨 이야기를 하고 있습니까?
　　　　그때 어떤 표현을 썼습니까?

(2) 카드를 보고 연습합시다.

① (a)의 장면에서 (例)에 이어지는 내용을 생각해 봅시다. 그때 (1)에서 본 표현을 사용해 봅시다.

(a) あなたはこれから、日本人の友達といっしょに、お
好み焼きを作ります。今、材料を買いにスーパーに
来ています。何を買えばいいか、材料がないときは
どうすればいいかなど、相談したり、教え合ったり
しながら、必要
な材料を買いま
しょう。

（例）A：お好み焼きには、何を買えばいいでしょうか。
　　　B：そうですね、まずは、お好み焼き粉ですね。
　　　A：ええと、お好み焼き粉は、売ってないみた
　　　　　いですね。
　　　　　……

　　◆　대화 예를 들어 봅시다. 2_48

② 다른 일본 요리와 관련해 자유롭게 롤 플레이 해 봅시다.

③ (b)의 장면에서 롤 플레이 합시다.

(b) あなたはこれから、日本人の友達といっしょに、あ
なたの国の料理を作ります。今、材料を買いにスー
パー／市場に来
ています。何を買
えばいいか、それ
をどう使えばいい
かなど、日本人の
質問に答えながら
買い物しましょう。

★ Can-do를 체크하세요

PART 3 ぜひ、めしあがってみてください

長く話す

Can-do 08 자기 나라 요리의 재료 또는 만드는 법 등을 알기 쉽게 설명할 수 있다.

● 일본에서 온 친구에게 당신이라면
  어떤 요리를 추천하겠습니까?

出張でキルギスに来た森さんを、
チョルポンさんが迎えに来ました。
二人は車でホテルに向かっています。

1 두 사람의 대화를 들어 봅시다. 🔊 2_50

> 森さん、今夜は、キルギス料理のレストランにご案内します。

> へー、キルギス料理っていうと、どんなものがあるんですか?

チョルポン

> そうですねえ、いろいろありますが、日本の方の口に合うのは、
> ラグマンだと思います。………………………………………………。

森

> それは、楽しみですね。

ラグマンは 어떤 요리라고 합니까?

① 見た目　② 料理方法、食べ方　③ 味　④ その他

2 다시 한 번 듣고 (　　)에 알맞은 말을 씁시다. 🔊 2_50

추천 요리를 제시한다.

・日本の方の口に合うのは、ラグマンだと思います。
（おすすめはラグマンです／ぜひ、ラグマンをめしあがってみてください）

어떤 요리인지 설명한다.

＜見た目＞ ・小麦粉から作られた麺で、白くて日本のうどんに（① 　　　　）。
＜料理方法＞ ・麺を（② 　　　　）、その上に（③ 　　　　）肉と野菜をのせます。
＜食べ方＞ ・パセリを（④ 　　　　）食べたりします。
（たれをつけて食べる／皮に包んで食べる／よく混ぜてから食べる…）
＜味＞ ・肉からスープが出るので、とてもおいしいです。
（少しすっぱい／甘い味がする／とても辛い…）
＜その他＞ ・ラグマンは、国（⑤ 　　　　）、いろいろなバラエティがあります。
（代表的な家庭料理／特別な日に食べる料理／寒いときに食べる料理…）

3 　스크립트를 보면서 다시 한 번 들어 봅시다. 2_51

> いろいろありますが、日本の方の口に合うのは、ラグマンだと思います。
>
> ラグマンは、小麦粉から作られた麺で、えっと、白くて日本のうどんに似ています。
>
> この麺をゆでて、その上に、炒めた肉と野菜をのせるんです。
>
> 肉からスープが出るので、とてもおいしいんですよ。パセリをかけて食べたりもします。
>
> 実は、ラグマンは、中央アジアのほかの国にもあって、国によって、いろいろなバラエティがあるんです。
>
> 日本の方に、いちばん好きなキルギス料理を聞くと、たいていラグマンだとおっしゃいます。
>
> ぜひ、めしあがってみてください。

◆ 스크립트의 ★ 부분을 따라 말해 봅시다. 처음에는 스크립트를 보면서 따라 하고,

다음에는 스크립트를 안 보고 따라 합시다. 2_52

4 　아래 메모를 보면서, 키르기스(キルギス)의 요리 「ラグマン」과 관련해 이야기합시다.
스크립트를 안 보고 자기의 말로 말해 주세요.

추천 요리 이름 : ラグマン

[①] 첫인상
・小麦粉の麺 … 白い、日本のうどんに似ている

[②] 요리법 , 먹는 방법
・麺をゆでる → 炒めた肉と野菜をのせる
・パセリをかける

[③] 맛
・肉からスープが出る、おいしい

[④] 기타
・中央アジアのほかの国 … いろいろなバラエティ
・日本人 … いちばん好きなキルギス料理は?
　　　→ ラグマン

◆ 말할 때 **2** 의 표현을 사용해 보았습니까?

5 당신 나라의 요리를 소개해 봅시다.

(1) 추천할 요리를 하나 골라 말할 내용을 정리해 봅시다. 어떤 순서로 이야기해야 상대가 알아듣기 쉬울지 생각해서
[   ] 에 번호를 적읍시다.

추천 요리 이름 :

[   ] 첫인상
　　似ているものは、ありますか?
　　　に

[   ] 요리법, 먹는 방법
　　どうやって作りますか? どうやって食べますか? 特別な食べ方がありますか?
　　　　　　　　　　　　　　　　　　　　　とくべつ

[   ] 맛
　　どんな味ですか? どんなところがおいしいですか?
　　　　あじ

[   ] 기타

(2) 반 친구와 이야기합시다.

○○料理っていうと、
どんなものがあるんですか?

★ Can-do를 체크하세요

PART **4 じゃがいもを入れるのがポイント！**

読んでわかる **Can-do 09** 요리의 레시피를 읽고 재료 또는 만드는 법, 주의점 등을 이해할 수 있다.

● 당신은 레시피를 보면서 요리를 만들어 본 적이 있습니까? 레시피를 읽을 때 그 요리를 만들지 말지를 결정하는 포인트는 무엇입니까? (例: 材料、時間…)

ざいりょう

1 요리의 레시피를 읽어 봅시다. 🔊 2_54

(1) 위에서 생각한 포인트에 주의하면서 읽어 봅시다. 이 요리를 만들고 싶다고 생각했습니까?

(2) 재료를 살펴봅시다. 먹을 수 없는 것이나 당신의 나라에는 없는 것이 있습니까?

(3) 만드는 법을 읽어 봅시다. a~i를 만드는 순서대로 나열해 주세요.

a.　　　　　　　b.　　　　　　　c.

d.　　　　　　　e.　　　　　　　f.

g.　　　　　　　h.　　　　　　　i.

(a) → (　　) → (　　) → (　　) → (　　) → (　　) → (　　) → (　　) → (i)

◆ 일러스트를 보면서 만드는 법을 간단하게 말해 봅시다.

(4) 다음의 재료가 없을 때 대신 사용할 수 있는 것은 무엇입니까?

　　お好み焼きソース → (　　　　　　　　　　)
　　　この　　や

◆ 그 밖에 재료가 없을 때 대신 사용할 수 있는 것이 있습니까? 생각해 봅시다.

2 읽기 전략

아는 말을 이용해 글 전체의 뜻을 추측한다.

1　じゃがいもの皮をむき、適当な大きさに切り、やわらかくなるまでゆでる。

じゃがいもの皮…
大きさ…切り…
やわらかく

こんな感じ？
　　　かん

알고 있는 말만 가지고도
문장 전체의 뜻을 추측할 수
있는 거구나!

(1) 같은 방식으로 아래의 말을 이용해 글 전체의 뜻을 추측해 봅시다.

5　　フライパン … 油 …。中火 … ③ … 薄く … 入れる。

(2) 다른 글을 읽을 때도 같은 방식으로 해 봅시다. 그런 다음 다른 사람과 대화하거나 사전을 찾아 글의 뜻을 확인합시다.

3 당신이라면 오코노미야키에 어떤 재료를 넣겠습니까?

4 　읽기에 도움이 되는 문법·문형

순서를 설명한다.

❶ 　연용 중지 　じゃがいもの皮をむき、適当な大きさに切り、やわらかくなるまでゆでる。

56쪽의 레시피 중에서 '연용 중지' 표현에 밑줄을 칩시다.

❷ 　V たあと 　少し冷ましたあと、よくつぶす。

・鶏肉に塩、こしょうをしたあと、フライパンで焼く。
・玉ねぎを薄く切ったあと、30分水につける。

❸ 　V ておく 　キャベツは千切りにしておく。

・チャーハンを作るときは、あらかじめ材料をすべて細かく切っておく。
・最初に材料をすべて洗っておく。

상태나 변화를 설명한다.

❹ 　자동사·타동사 　よく混ざったら、さらに②のキャベツを入れて混ぜる。

알맞은 쪽을 고르세요.

① 玉ねぎを炒めたら、皿にとって(冷める／冷ます)。
② 玉ねぎが(冷めたら／冷ましたら)、ひき肉を混ぜる。

❺ 　V てくる 　おもて面も固まってきたら、裏返してさらに焼く。

어떻게 다른가요?

a. おもて面が固まってきたら裏返す。
b. おもて面が固まったら裏返す。

한자어

읽는 법이나 뜻을 확인하세요. 키보드나 스마트폰 등을 이용해 입력해 봅시다.

～個（1個）　適量　皮　鉄板　面　固まる　裏返す　焼く
こ　こ　てきりょう　かわ　てっぱん　めん　かた　うらがえ　や

簡単
かんたん

◆ 　요리 재료를 세는 말에는 「個」 이외에 무엇이 있습니까?

(例) にんじん 1本
ほん

Can-do 10 친구에게 가르쳐 주기 위해 요리 만드는 법 메모를 쓸 수 있다.

1 요리 만드는 법 메모를 써 봅시다. 2_56

(1) 다음 메모는 일본인 친구가 준 스키야키 만드는 법 메모입니다. 읽어 봅시다.

簡単すき焼き（ 2人分）

材料：うす切り肉　300グラム　長ねぎ 1本　はくさい 200グラム
　　　しらたき　1ふくろ　　　たまご 2個　　とうふ　1丁
　　　すき焼きのたれ　1本（ないときは、水、しょうゆ、さとう、酒を 50ccぐらいずつ 混ぜて作る）

作り方　① 長ねぎ、はくさい、しらたき、とうふを 食べやすい 大きさに切る。　※長ねぎは ななめ切り にする。
　　　　② なべか フライパンに 油をひいて 肉を いためる。
　　　　③ すき焼きの たれを 入れる。
　　　　④ 長ねぎ、はくさい、しらたき、とうふを 入れる。
　　　　　→ 5分ぐらいしたら、できあがり！

食べ方：　生たまごに つけて 食べる。　そのまま 食べても おいしい。

(2) 당신이 잘 만드는 요리의 만드는 법 메모를 작성해 친구에게 알려 줍시다.

2 반 친구와 작성한 요리 메모를 교환하여 읽어 봅시다.　⭐ Can-do를 체크하세요

教室の外へ

わたし だけの フレーズ

토픽(TOPIC)과 관련해 일본어로 말해 보고 싶은 것은 무엇입니까?
나에게만 필요한 일본어 표현을 메모해 봅시다.

（例）私の得意な料理は、ペリメニという、餃子に似た料理です。
とくい　　　　　　　　　　　　　　　　　　ぎょうざ　に

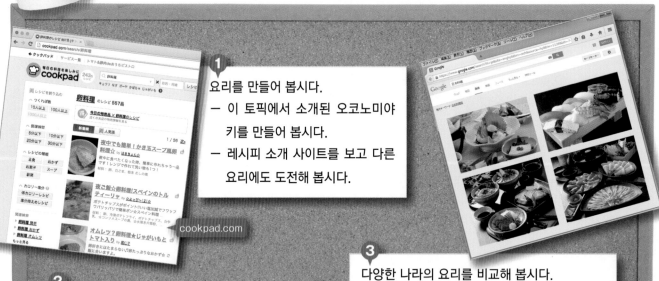

cookpad.com

1

요리를 만들어 봅시다.
— 이 토픽에서 소개된 오코노미야키를 만들어 봅시다.
— 레시피 소개 사이트를 보고 다른 요리에도 도전해 봅시다.

2

일본에 당신 나라의 요리를 먹을 수 있는 레스토랑이 있는지 인터넷으로 알아봅시다.
— 레스토랑 소개 사이트에서 키워드로 '나라 이름'을 입력해 검색해 봅시다.
● 당신 나라에서 먹던 요리와 차이가 있습니까?

3

다양한 나라의 요리를 비교해 봅시다.
— 인터넷 영상 검색에서「日本料理」를 검색해 봅시다.
—「○○料理」(「キルギス料理」「タイ料理」등)를 입력하여 다양한 나라의 요리 영상을 검색하고 비교해 봅시다.
● 새롭게 알게 된 것이 있습니까? 비슷한 점이나 다른 점이 있습니까?

4

자기가 아는 일본식 레스토랑을 친구와 서로 소개해 봅시다. 지인 중에 일본인이 있다면 그 사람에게도 물어 봅시다. 가능하면 실제로 가 봅시다.

tabelog.com

★ 일본어・일본 문화 관련 체험을 기록해 봅시다

私の好きな音楽

- 어떤 때 무슨 음악을 듣습니까?
- 악기를 연주하거나 다른 사람 앞에서 노래한 적이 있습니까?

 PART 1
聞いてわかる

やっぱり演歌でしょう
えんか

 PART 2
会話する

いい歌は古くならないんです
うた

 PART 3
長く話す

彼女のすごいところは…
かのじょ

 PART 4
読んでわかる

BEGIN のライブに行ってきました！

 PART 5
書く

いっしょに行かない？

準 備

1 일본에서 열리는 콘서트나 행사의 포스터 및 광고지를 봅시다. 무슨 포스터 또는 광고지입니까? a~f에서 고릅시다.

①

②

③

④

⑤

⑥

---

a. 演歌（えんか）　　b. アイドルグループ　　c. 太鼓（たいこ）　　d. オーケストラ　　e. ロックバンド　　f. アニソン（アニメソング）

문화 　당신의 나라에는 어떤 콘서트나 행사가 있습니까? 어떤 사람이 갑니까?

2 ( ) 안에 들어갈 말을 a~e에서 고르세요. 3_02-06

> どんな音楽をよく聞きますか?

 クラシックがほとんどですね。とくに、チャイコフスキーは（① a. メロディー ）がきれいなので大好きです。
だいす

 もっぱらジャズです。たまに、ライブハウスに生（② ）を聞きに行ったりもします。
なま

 今は、J-POP 中心ですね。海外のアーティストのものもいいけど、（③ ）が日本語じゃないと、
ちゅうしん　かいがい
歌の内容がよくわからないので。
うた　ないよう

 よく聞くのはアニソンです。カラオケでみんなで歌って踊れるような（④ ）がいい曲が好きです。
うた　おど　　　　　　　　　　　　　　　　きょく

音楽？ 演歌なら聞きますが、最近の歌はめったに聞きませんねえ。（⑤ ）が速くて、ついて
えんか　　　　　　　　　さいきん　うた　　　　　　　　　　　　　　　　　　　　　　　　　　　はや
いけません。

---

a. メロディー　　b. 歌詞　　c. テンポ　　d. 演奏　　e. のり
　　　　　　　　　　　か　し　　　　　　　　　えんそう

◆ 붉은색 글자의 표현에 주의합시다. (A) 횟수나 비율이 '많음'을 나타내는 것은 어느 것입니까?

　(B) '적음'을 나타내는 것은 어느 것입니까?

3 음악을 듣고 코멘트해 보세요.

① 🔊 3_07	② 🔊 3_08	③ 🔊 3_09
（例）明るい 　　　あか		

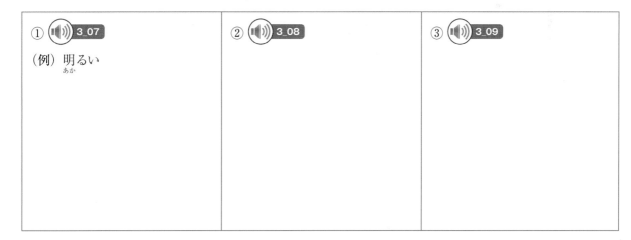

にぎやかな／静かな　　明るい／暗い　　難しい／単純な　　テンポが速い／ゆっくりしている
　　　　　しず　　　　あか　くら　　むずか　たんじゅん　　　　　　はや
現代的な／古典的な　　楽しい／悲しい　　さびしい　　なつかしい　　迫力がある
げんだいてき　こてんてき　たの　かな　　　　　　　　　　　　　　　　はくりょく
のりがいい　　メロディーがきれい

◆ 위에서 메모한 내용을 보면서 친구와 이야기합시다.

　（例）

・ とても明るい曲ですね。私はこういう曲が好きです。
　　　　あか　きょく　　　　　　　　　きょく

・ 悲しい感じがします。聞くと、悲しくなります。
　かな　かん　　　　　　　　　　　かな

聞いてわかる

Can-do **11** 음악 이야기를 듣고 그 음악의 특징이나 매력을 대강 이해할 수 있다.

● 당신은 어떤 장르의 음악을 좋아합니까?

私、日本の音楽を聞いてみたいんですが…

1 네 명의 이야기를 듣고, 들어 보고 싶은 음악을 찾아봅시다.

(1) 네 명이 추천하는 가수 또는 그룹의 이름을 ア~エ에서 고르세요.
어떤 종류의 음악인지 a~d에서 고르세요. 🔊 3_11-14

① 清田
きよた

(イ、d)

② さなえ

( )

③ 上野
うえの

( )

④ 松本
まつもと

( )

ア. 吉幾三
よしいくぞう

イ. 鼓童
こどう

ウ. X JAPAN

エ. コブクロ

a. バンド　　b. 演歌　　c. J-POP　　d. 太鼓
　　　　　　　　えんか　　　　　　　　たいこ

🔊 3_11-14

(2) 다시 한 번 들읍시다. 네 명은 어떤 점을 이야기합니까? □에 ✓ 표시를 합시다.

① 清田 きよた	② さなえ	③ 上野 うえの	④ 松本 まつもと
□ メロディー	□ メロディー	□ メロディー	□ メロディー
□ 歌詞 かし	□ 歌詞 かし	□ 歌詞 かし	□ 歌詞 かし
□ 歌のうまさ うた	□ 歌のうまさ うた	□ 歌のうまさ うた	□ 歌のうまさ うた
☑ 楽器の演奏 がっき　えんそう	□ 楽器の演奏 がっき　えんそう	□ 楽器の演奏 がっき　えんそう	□ 楽器の演奏 がっき　えんそう
迫力がある はくりょく リズムが正確 せいかく			

(3) 다시 한 번 듣고, (2)에서 체크한 것을 뭐라고 말하는지 위에 메모합시다. 🔊 3_11-14

2 듣기 전략

말의 일부를 반복해서 듣는다.

 3_15-17

(1) 대화의 일부를 다시 한 번 들어 봅시다. 듣는 사람이 못 알아들은 다음 말은 무슨 뜻입니까?

	① 清田 きよた	② さなえ	③ 上野 うえの
ことば	和太鼓集団 わだいこしゅうだん	上下でハモる じょうげ	ビジュアル系 けい
意味 いみ			

(2) 다시 한 번 들어 봅시다. 붉은색 글자의 말이 무슨 뜻인지 어떻게 질문했습니까? 🔊 3_15-17

① 清田：…たとえば、「鼓童」って知ってますか？（いえ、聞いたことないですけど。）日本の有名な和太鼓
きよた　　　　　　　　　こどう　　　　　　　し　　　　　　　　　　　　　　　　　　　　　　　　　　ゆうめい　　わだいこ
集団です。（えっ？ わだいこ…）……
しゅうだん

② さなえ：…二人ともすごい歌がうまくて、歌のメロディーもきれいだし、それを完璧に上下でハモるんだよね。
ふたり　　　　　　　うた　　　　　　　　うた　　　　　　　　　　　　　　　　　　　　　かんぺき　じょうげ
（えっ？　　　　　）……

③ 上野：…イメージ的にはいわゆるビジュアル系ですけど…。（え？　　　　　）……
うえの　　　　　　てき　　　　　　　　　　　けい

(3) 짝을 지어, 한 사람이 ④ 松本 씨의 스크립트를 읽어 주세요. 다른 한 사람은 못 알아듣는 말이 있으면 자유롭게 되물어
まつもと
봅시다.

◆ 몇 번이나 되물었습니까? 몇 번씩이나 되물은 것과 관련해 어떻게 생각합니까?

3 네 개 중에서 당신이 듣고 싶은 음악이 있습니까?

■ 네 명이 추천한 음악 이야기를 정리합시다. (　　) 안에 들어갈 말을 고르세요. 🔊 3_18-21
CHECK!

（1）「鼓童」は、日本の（① 有名 ）な和太鼓のグループだ。大勢で鳴らす太鼓は（②　　　　　　）が
こどう　　　　　　　　ゆうめい　　わだいこ　　　　　　　おおぜい　な　　たいこ
あるし、リズムも機械のように（③　　　　　　）だ。
きかい

迫力 はくりょく	正確 せいかく	有名 ゆうめい

（2）「コブクロ」は、男性二人のグループで、二人ともすごく歌が（④　　　　　　）。歌のメロディーも、
だんせいふたり　　　　　　　　　ふたり　　　　　　うた　　　　　　　　うた
二人のハーモニーも（⑤　　　　　　）だ。歌詞は、
ふたり　　　　　　　　　　　　　　　　かし
ちょっと難しいが意味が（⑥　　　　　　）。
むずか　　　いみ

うまい	深い ふか	きれい

（3）「X JAPAN」を聞いてもらいたい。昔のバンドだと思うかもしれないが、今聞いても全然
むかし　　　　　　　　　　　　　　　　　　　　　　　　　ぜんぜん
（⑦　　　　　　）。メロディーがきれいで（⑧　　　　　　）。ギターやドラムがとても
（⑨　　　　　　）ことを軽くやっている。
かる

難しい むずか	古くない	わかりやすい

（4）吉幾三の歌は、男と女が別れたり、酒を飲みながら昔の夢を思い出したりする歌詞が多くて、
よしいくぞう　うた　　　おとこ　おんな　わか　　　　さけ　の　　　　　　むかし　ゆめ　おも　だ　　　　　　かし
（⑩　　　　　　）な演歌の世界だと思う。メロディーは（⑪　　　　　　）だが、カラオケで歌う
えんか　せかい　　　　　　　　　　　　　　　　　　　　　　　　　　　うた
のは、実は（⑫　　　　　　）。
じつ

難しい むずか	簡単 かんたん	典型的 てんけいてき

⭐ Can-do를 체크하세요

PART 2 いい歌は古くならないんです

Can-do 12 음악의 취향이나 경험을 친구와 이야기할 수 있다. 또 상대의 말에 간단한 코멘트가 가능하다.

● 당신은 가라오케에 간 적이 있습니까? 그때 어떤 노래를 불렀습니까?

ユディットさんは会社の昼休みに、上司の村上さん、同僚の佐藤さんと
3人で話しています。

ユディット（ハンガリー）
ブダペストにある日本の会社でアルバイトしている。日本語は学生時代に勉強した。留学経験もある。

村上（日本）
ブダペスト支店の支店長。日本から赴任して働いている。

佐藤（日本）
ブダペスト支店のスタッフ。現地の人と結婚してブダペストに長く住んでいる。

1 세 사람의 대화를 들읍시다. 스크립트를 안 보고 다음의 사항에 주의하며 들어 봅시다. 🔊 3_23

　① 3人のうち、カラオケが好きな人は誰ですか。あまりカラオケが好きではない人は誰ですか。
　② ユディットさんは、カラオケにどんな思い出がありますか。

2 스크립트를 보면서 들으세요. 🔊 3_23

(1) 세 사람은 보통체와 정중체 중 어느 말씨를 사용해 말합니까?
　 또 왜 그렇게 말합니까?

(2) (　　) 안에 들어갈 말을 써 넣으세요.

　◆ 괄호 속 말의 뜻과 문장에서의 역할은 무엇일까요?

村上	：ユディットさん、今度の土曜日の夜って、ひま？ みんなでカラオケ行くんだけど、いっしょにどう？ ユディットさん、カラオケ好きだって言ってたよね。
ユディット	：カラオケですか？ はい、ぜひ参加（①　　　　　　　　）。昔、日本に留学してたとき、よく行きました。でも、ブダペストにもカラオケがあるんですか？
村上	：うん。日本式のカラオケボックスで、日本の歌もいっぱいあるよ。ユディットさんは、日本の歌、知ってる？
ユディット	：もちろんです。ドリカムとか、中島みゆきとか、サザンとか、よく歌いました。メロディーがきれいですよね。「時代」とか、「いとしのエリー」とか…。
村上	：おお、なつかしいね。でもちょっと古くないか？
ユディット	：いい歌は古くならないんです。村上さんはどんな歌を歌うんですか？
村上	：やっぱり、演歌かなあ。あと、酔ったらアニソン。これ定番ね。

ユディット : へー、そうなんですか。演歌もアニメソングも、日本らしくて私は好きですよ。ときどきネットで
　　　　　　　見る（②　　　　　　　　　）。

村上　　　 : 佐藤さんも行くよね？

佐藤　　　 : えー、すみません、私、歌うのあんまり得意じゃないんですよ。ほかの人が歌うのを聞くだけなら
　　　　　　　いいんですけど、いつも無理に歌わ（③　　　　　　　　　　　）から。

ユディット : そんなことしませんよ。歌いたくない人に歌わ
　　　　　　　（④　　　　　　　　　）なんて。日本の歌を聞きながら、
　　　　　　　みんなで飲んで話して、楽しみましょう。

佐藤　　　 : そう？　んー、じゃあ私も行ってみようかな。

村上　　　 : よし、これで二人追加ね。

3　대화에 도움이 되는 문법·문형

> 자기가 하고 싶은 것을 정중하게 부탁한다.
>
> 　　ぜひ参加させてください。　→ **①**
>
> 남의 요구로 하고 싶지 않은데 하게 되는 것을 나타낸다.
>
> 　　いつも無理に歌わされるから。　→ **②**
>
> 남에게 어떤 일을 하도록 시킨다.
>
> 　　歌いたくない人に歌わせるなんて。　→ **③**
>
> 어떤 일을 가끔 하는 것을 나타낸다.
>
> 　　ときどきネットで見ることがあります。　→ **④**
>
> 남에게 권유한다.
>
> 　　みんなで飲んで話して、楽しみましょう。　→ 初級 1 　8課

①　| V（さ）せてください |　ぜひ参加させてください。

V（사역형）る＋てください

사역형

1グループ	2グループ	3グループ
V~ない~＋せる	V~る~＋させる	
歌う → 歌わせる 飲む → 飲ませる	食べる → 食べさせる やめる → やめさせる	する → させる 来る → 来させる

「～ (さ) せてください」形態로 바꾸어 말해 봅시다. 3_24-28

① 今日のカラオケパーティーの準備、ぜひ (手伝いたいです → 手伝わせてください)。

② ちょっと古い歌ですが、いい歌なので、(歌いたいです →　　　　　　　　)。

③ 歌のはじめを間違えたので、もう一度 (やり直したいです →　　　　　　)。

④ どの歌を歌おうか迷っています。ちょっと (考えたいです →　　　　　　)。

⑤ すみません、明日、早いので、今日はこれで (帰りたいです →　　　　　　)。

❷　| V さ (せら) れる：사역수동형 |　いつも無理に歌わされるから。

사역수동형

1 グループ	2 グループ	3 グループ
V <del>ない</del>＋される	V <del>る</del>＋させられる	
歌う → 歌わされる 飲む → 飲まされる (例外：～す → ～させられる 　　　　話す → 話させられる)	食べる → 食べさせられる やめる → やめさせられる	する → させられる 来る → 来させられる

사역수동형으로 바꾸어 말해 봅시다. 3_29-33

① 友達とカラオケに行ったら、私が全部 (払いました → 払わされました)。

② 昨日のコンサートでは、変な曲をたくさん (聞きました →　　　　　　)。

③ カラオケは好きじゃないのに、無理に (つき合いました →　　　　　　)。

④ カラオケの店で、30 分 (待ちました →　　　　　　)。

⑤ 昨日はパーティーで、お酒をたくさん (飲みました →　　　　　　)。

❸　| V (さ) せる：사역형 |　歌いたくない人に歌わせるなんて。

사역형을 사용해 말해 봅시다. 3_34-38

① お酒が飲めない人に、無理に (　飲ませ　) てはいけません。[飲む]

② 昨日は遅くまで (　　　　　　) てしまって、すみませんでした。[つき合う]

③ ごめんね、(　　　　　　) ちゃって。[待つ]

④ 彼氏を (　　　　　　) たくないから、もう帰るね。[心配する]

⑤ うーん、そんな歌じゃ、人を (　　　　　　) られないね。[満足する]

❹　│ V こと（が）ある │　ときどきネットで<u>見ることがあります</u>。

V（사전형）＋こと（が）ある

무엇에 관해 말하고 있습니까? 대화를 듣고 그림을 고르세요. 🔊 3_39-43

① a　　　② 　　　③ 　　　④ 　　　⑤

a.　　b.　　c.　　d.　　e.

◆ 그림을 보면서 자기의 말로 말해 봅시다.

4 말하기 전략

맞장구 치기

(1) 66쪽, 67쪽의 대화 스크립트를 보세요. 村上 씨가 엔카(演歌)와 애니메이션 노래(アニメソング)를 좋아한다고 했을 때,
ユディット 씨는 뭐라고 말했습니까? 어떤 기분으로 말했다고 생각합니까?

(2) 다른 표현도 들어 봅시다. 어떤 기분으로 말하고 있습니까? 🔊 3_44

好きなのは、アニメソングかな。

① ええ？ そうなんですか。　　② ああ、アニソン、いいですねえ。

③ ふーん、アニソンですか…。　④ 本当ですか？ びっくりです。

(3) 어떤 맞장구를 칩니까?

昨日、一人でカラオケに行って、4時間も歌っちゃいましたよ。

발 음

의문문의 인토네이션

(1) 인토네이션에 주의하며 들어 봅시다. 🔊 3_45-48

의문문일 때 문장의 마지막 인토네이션에는 어떤 특징이 있습니까?

そう？　　いい？　　いく？　　くる？

どようびの よるって、ひま？　　いっしょに どう？　　にほんの うたも しってる？

의문문일 때는 문장의 끝을 올립니다. 그 앞에서 악센트가 내려가는 부분이 있다면 특히 주의합시다.

(2) 인토네이션에 주의하면서 발음해 봅시다.

5 롤 플레이를 통해 회화 연습을 하세요.

(1) 롤 플레이에 앞서 다시 한 번 스크립트를 보고 생각해 봅시다. 대화 안에서 다음과 관련된 부분은 어디입니까?
대화문에 표시합시다.

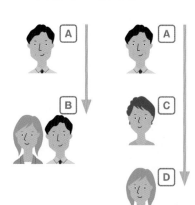

A カラオケに誘う。

B 誘いを受けてから、いっしょに好きな歌や、カラオケの経験について話す。

C 理由を言って、誘いを断る。

D 断った人を、もう一度誘う。

◆ 대화의 B 부분에서 상대의 말에 맞장구를 치거나 코멘트하는 부분은 어디입니까?
村上 씨가 말하는 부분, ユディット 씨가 말하는 부분을 각각 살펴봅시다.

(2) 카드를 보고 연습합시다.

① (a)의 장면에서 (例)에 이어지는 내용을 생각해 봅시다. 그때 (1)의 A → B 의 흐름에 주의하면서 대화합시다.

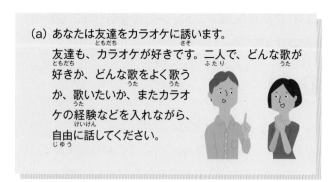

(a) あなたは友達をカラオケに誘います。
友達も、カラオケが好きです。二人で、どんな歌が好きか、どんな歌をよく歌うか、歌いたいか、またカラオケの経験などを入れながら、自由に話してください。

(例) A：今度の日曜日、カラオケパーティーするんですけど、来ませんか？

B：いいですねぇ。ぜひ参加させてください。

A：○○さんは、どんな歌を歌うんですか？
……

◆ 대화 예를 들어 봅시다. 3_49

② (b) 장면에서 롤 플레이를 합니다. 그때 (1)의 A → C → D 의 흐름에 주의하면서 대화합시다.

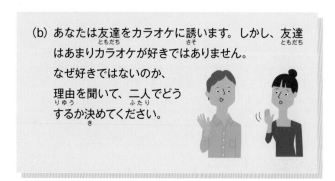

(b) あなたは友達をカラオケに誘います。しかし、友達はあまりカラオケが好きではありません。
なぜ好きではないのか、理由を聞いて、二人でどうするか決めてください。

③ 그 밖에도 콘서트, 라이브, 오페라 공연을 친구에게 권해 봅시다. 그때 자기의 취향 또는 경험을 말하거나 서로의 이야기에 코멘트합시다.

★ Can-do를 체크하세요

문화 당신의 나라에서는 직장 동료와 함께 가라오케에 가거나 파티를 하는 일이 있습니까?

PART 3 彼女のすごいところは…
かのじょ

Can-do 13　자기가 좋아하는 음악과 관련해 좋아하는 이유나 매력을 설명할 수 있다.

● 당신은 좋아하는 가수/그룹/작곡가/연주가가 있습니까?

ジャネットさんは、職場の休み時間に、音楽を聞いています。
　　　　　　しょくば
そこへ、同僚の西川さんが来ました。
　　　どうりょう　にしかわ

1 두 사람의 대화를 들어 봅시다. 🔊 3_51

西川
にしかわ

> ジャネットさん、何を聞いてるんですか?

> レディー・ガガです。いいですよ。

> へー、ガガって、どんなところがいいんですか?

> そうですね。ガガって ………………………………。

ジャネット

> そうなんですか。じゃ、今度ネットで見てみます。
　　　　　　　　　こんど

レディー・ガガの魅力으로서 ①~⑤와 관련해 뭐라고 말했습니까?

①歌やピアノ　　　　　②自分の歌　　　　③メロディーやリズム
　うた　　　　　　　　　じぶん　うた
④ミュージックビデオ　　⑤音楽以外
　　　　　　　　　　　　　いがい

2 다시 한 번 듣고 (　　)에 알맞은 말을 씁시다. 🔊 3_51

좋아하는 이유를 간단히 말한다.

　・彼女の音楽は、すごくレベルが高い (①　　　　　) よ。
　　かのじょ

매력과 관련해 말한다.

　・歌 (②　　　　　) ピアノ (③　　　　　) うまいんです。
　　うた
　・彼女のすごい (④　　　　　) は、自分の歌を全部自分で作っている (⑤　　　　) です。
　　かのじょ　　　　　　　　　　　　じぶん　うた　ぜんぶじぶん
　・メロディーやリズムが個性的だし、一度聞いたら忘れられない (⑥　　　　　) があります。
　　　　　　　　　　　こせいてき　いちど　　　わす
　・ミュージックビデオは、(⑦　　　　) 映画を見ている (⑧　　　　) ドキドキします。
　　　　　　　　　　　　　　　　　えいが

포인트를 열거해 말한다.(접속 표현)

　　～です。それに…。それだけじゃなくて…。

　　　(それから/あと)

3 스크립트를 보면서 다시 한 번 들어 봅시다. 3_52

> ガガって、変わったファッションで有名ですけど、彼女の音楽は、すごくレベルが高いんですよ。
>
> 歌もピアノもうまいんですが、彼女のすごいところは、えっと… 自分の歌を、全部、自分で作っている
>
> ところですね。
>
> メロディーやリズムが個性的だし、んー、一度聞いたら忘れられない魅力がありますよ。
>
> それに、ミュージックビデオも、まるで映画を見ているようで、ドキドキするんです。
>
> それだけじゃなくて、ガガは、えー、社会的な活動もしていて、すばらしい人だと思います。
>
> 西川さんも、ぜひ聞いてみてください。

★

◆ 스크립트의 ★ 부분을 따라 말해 봅시다. 처음에는 스크립트를 보면서 따라 하고, 다음에는 스크립트를 안 보고 따라
합시다. 3_53

4 아래 메모를 보면서, 레디·가가의 매력과 관련해 이야기합시다. 스크립트를 안 보고 자기의 말로 말해 주세요.

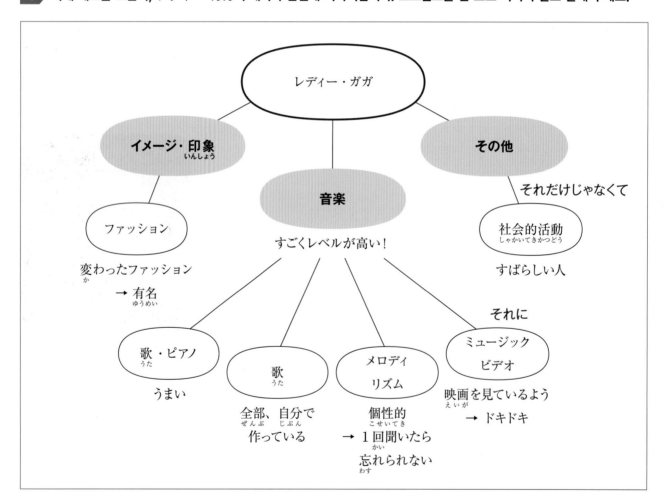

◆ 말할 때 **2** 의 표현을 사용해 보았습니까?

5 당신은 좋아하는 가수, 그룹, 작곡가, 연주가 등과 관련해 좋아하는 이유나 매력을 이야기해 봅시다.

(1) 아래의 박스 안에 이야기의 포인트를 정리합시다. 또 무엇을 어떤 순서로 말하면 좋은지 생각해 봅시다.

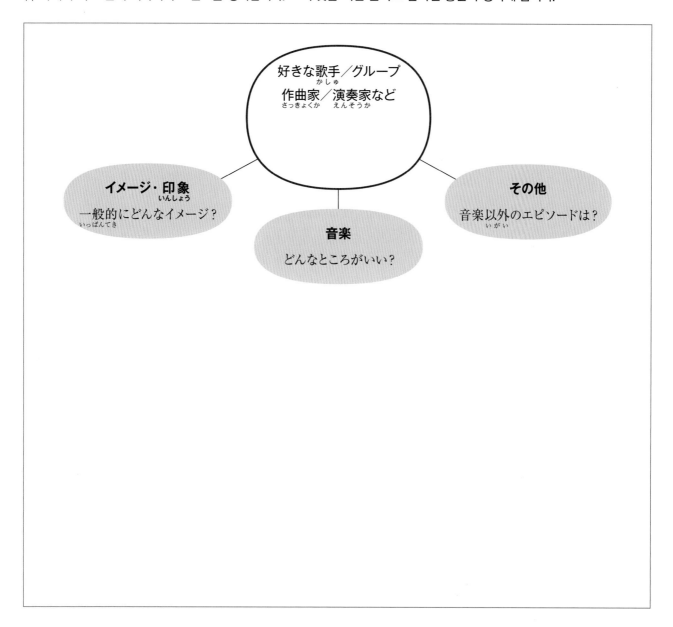

(2) 반 친구와 이야기합시다. 좋겠다고 생각한 포인트를 이야기할 때 **2**의 표현을 사용해 봅시다.

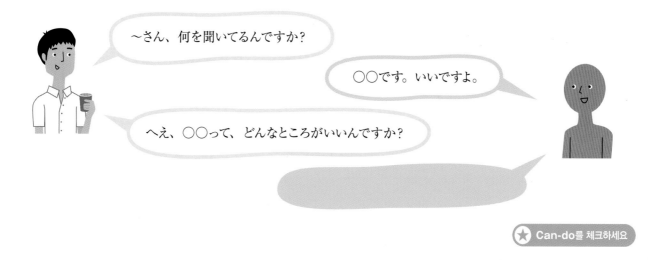

⭐ Can-do를 체크하세요

PART 4 BEGIN のライブに行ってきました！

Can-do 14 　콘서트의 감상 글이 실린 블로그를 읽고 어떤 콘서트였는지, 어떻게 느꼈는지 이해할 수 있다.

● 당신은 콘서트에 가 본 적이 있습니까? 있다면 어떤 콘서트였습니까? 그리고 그때의 느낌은 어땠습니까?

1 ▶ かおる 씨는 BEGIN이라는 밴드의 콘서트에 갔다 와서 감상을 블로그에 적었습니다. 읽어 봅시다. 3_55

(1) かおる 씨는 콘서트에 만족했습니까? 그렇다면 무엇을 통해 알 수 있습니까? 해당 부분에 밑줄을 치세요.

かおるのブログ
音楽、料理、旅行

| 📖 ブログトップ | 📄 記事一覧 | 📷 画像一覧 |

▌BEGIN のライブに行ってきました！

20■/04/15 NEW
テーマ：音楽

先週の土曜日、お友達のマキちゃんに誘われて行ってきました。BEGIN のライブ@埼玉県国際センターホール。BEGIN の曲は前から知っていて、カラオケでもときどき歌うぐらいだったんですが、チャンスがなくてライブは行ったことがなかったので、すごい楽しみでした。

会場に行くと、お客さんの幅が広くてびっくりしました。小さな子どもからお年寄りまで、いろいろな人が来ていました。これも BEGIN の特徴なのかな？

さて、ライブの前半は「恋しくて」をはじめ、じっくり聞かせる曲が中心でした。もうね、ボーカルの比嘉さんが歌いはじめた瞬間、会場の空気が変わるんですよ。ほんとうに歌がうまいなあ。そして後半は「涙そうそう」「三線の花」など沖縄曲のオンパレード。まるで沖縄に来ているような気になりました！アンコールは私の大好きな「島人ぬ宝」。いっしょに踊って、かけ声かけて、すごく満足しました。

それと、会場の雰囲気が優しかったなあ。歌ってるときに子どもが泣いたんですが、そんなの誰も気にしない感じで、比嘉さんも「バラードになると、なぜか子どもがよく泣くんだよね。」なんて笑って許したりして、なんだか幸せな気分になりました。

こんな感じで、すっかり BEGIN のファンになってしまいました。6月には沖縄で「うたの日コンサート」が毎年開かれているので、ぜったい行くつもり！でもチケット取れるかなあ。

プロフィール

かおる

自己紹介：
沖縄大好き！

| 📖 読者になる |
| ✉ メッセージを送る |

最新記事

▶ BEGIN のライブに行ってきました！

▶ 野菜カレーを作ってみました。

▶ 女子会！

▶ 週末いろいろ

カレンダー

20■年 4月

<<						>>
日	月	火	水	木	金	土
					1	2	3
4	5	6	7	8	9	10
11	12	13	14	15	16	17

(2) 어떤 콘서트였는지, かおる 씨가 어떻게 느꼈는지, 좀 더 자세히 읽어 봅시다. 먼저 ①～④의 내용이 어디에 있는지 찾으세요. 그런 다음 아래 표의 (　　　) 안에 정리해 적으세요.

① いつ、どこでありましたか？	いつ：（　　　　　　　）　どこ：（　　　　　　　　　　　　　　　）
② どんなお客さんが来ていましたか？	いろいろな人。（　　　　　　　）から（　　　　　　　）まで、お客さんの幅が広くて（　　　　　　　）した。
③ どんな曲を歌いましたか？	・前半は（　　　　　　　　　　　）が中心。ボーカルの人は、ほんとうに歌が（　　　　　　　）。 ・後半は（　　　　　）のオンパレード。まるで（　　　　　　　　）ようだった。
④ 会場の雰囲気はどうでしたか？	会場の雰囲気が（　　　　　　　）。歌っているときに子どもが（　　　　　　　）が、誰も気にしないので、（　　　　　　）気分になった。

◆ （　　　） 안의 말 중에서 かおる 씨의 감상을 나타내는 것은 어느 것입니까?

BEGIN：

比嘉栄昇（ボーカル）、島袋優（ギター）
上地等（キーボード）の3人組のバンド。

沖縄県石垣島出身。

1990 年に「恋しくて」でデビュー。

公式ウェブサイトは begin1990.com

2 　읽기 전략

가타카나(カタカナ)어의 뜻을 추측한다.

BEGIN のライブに行ってきました！

「ライブ」은 무슨 뜻?

ライブ … RAIBU … LAIVU

LAIV…LIVE ?…音楽 LIVE ？
실제 콘서트?

가타카나 외래어는 원래의 말을 생각해 보면 뜻을 알 수 있는 거네!

그 밖에도 모르는 가타카나(カタカナ)어가 나오면 같은 방식으로 그 뜻을 추측해 봅시다. 그런 다음에 누구에게 물어 보든지 사전을 찾아 확인합시다.

（例）ホール　　ファン　　チャンス　　ボーカル　　オンパレード　　アンコール　　チケット …

3 　かおる 씨의 블로그를 읽고 어떻게 느꼈습니까? 좀 더 알고 싶은 것이 있습니까?

4 읽기에 도움이 되는 문법·문형

예를 제시한다.

❶ | Ｎ をはじめ | ライブの前半は「恋しくて」をはじめ、じっくり聞かせる曲が中心でした。
ぜんはん　こい　　　　　　　　　　　　　きょく　ちゅうしん

・ ボーカルの人をはじめ、バンドのメンバー全員がとても楽しそうだった。
　　　　　　　　　　　　　　　　　　　ぜんいん　　　　たの
・ 今回のコンサートでは、森口先生をはじめ、いろいろな方々にお世話になりました。
　こんかい　　　　　　　もりぐち　　　　　　　　　　かたがた　せわ
・ （　　　　　）というバンドは、（　　　　　）をはじめ、多くの曲が知られている。
　　　　　　　　　　　　　　　　　　　　　　　　　　きょく　し

어떤 일이 발생한 후에 새로운 일이 생기거나 어떤 상황을 맞이하게 됨을 나타낸다.

❷ | Ｖ と、〜 | 会場に行くと、お客さんの幅が広くてびっくりしました。
かいじょう　　　　きゃく　はば　ひろ

・ コンサートが始まると、全員がいっせいに立ち上がった。
　　　　　　はじ　　　　ぜんいん
・ カラオケの店を出ると、もう朝になっていた。
　　　　　　　で　　　　あさ

비유한다.

❸ | まるで〜ようだ | まるで沖縄に来ているような
おきなわ
気になりました！

・ コンサートは本当に楽しくて、まるで夢の世界にいるようだった。
　　　　　　ほんとう　たの　　　　　ゆめ　せかい
・ ピアノの演奏がすばらしくて、まるでポーランドの森の中にいるような感じがした。
　　　　えんそう　　　　　　　　　　　　　　　　もり　　　　　　　　かん
・ （　　　　　）の音楽を聞いていると、まるで（　　　　　）ような気持ちになる。
　　　　　　　　　　　　　　　　　　　　　　　　　　　きも

의문의 기분을 나타낸다.

❹ | 〜かな（あ） | これも BEGIN の特徴なのかな？
とくちょう
でもチケット取れるかなあ。
と

・ 仕事のあとすぐに会社を出れば、コンサートに間に合うかな？
　しごと　　　　　　　　　　　　　　　　　　ま　あ
・ チケット、ただでもらっちゃったけど、いいのかなあ。

・ マイク、よく聞こえない…壊れたのかな？
　　　　　　　　　　　こわ
・ 明日のコンサート、（　　　　　）かなあ。
　あした

한자어

읽는 법이나 뜻을 확인하세요. 키보드나 스마트폰 등을 이용해 입력해 봅시다.

| 友達 | 誘う | 〜県（埼玉県） | 曲 | 感じ | 泣く | 笑う | 許す |
| ともだち | さそ | けん　さいたまけん | きょく | かん | な | わら | ゆる |

| 開く | 取る |
| ひら | と |

◆ 기분과 관련된 동사는 어느 것입니까? 그 밖에 기분을 나타내는 동사를 조사해 봅시다.

⭐ Can-do를 체크하세요

PART 5 いっしょに行かない?

書く

1 친구에게 콘서트에 가자고 권하는 메일을 써 봅시다.

(1) 다음은 マキ 씨가 かおる 씨에게 BEGIN의 라이브에 가자고 권한 메일입니다. 살펴봅시다. 3_57

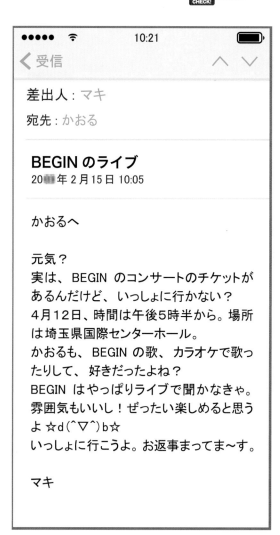

(2) 친구에게 메일을 보내 콘서트에 가자고 권합시다.

2 친구의 메일을 읽고 답장을 씁시다.

문화　당신의 나라에서는 메일에 이모티콘(그림말)을 사용합니까? 어떤 이모티콘이 있습니까?

 Can-do를 체크하세요

教室の外へ

わたしだけの フレーズ

토픽(TOPIC)과 관련해 일본어로 말해 보고 싶은 것은 무엇입니까?

나에게만 필요한 일본어 표현을 메모해 봅시다.

（例）クラシックが好きです。でも古典にはあまり興味がなくて、20世紀以降の作曲家を中心に聞きます。
こてん　　　　　　きょうみ　　　　　　　　せいきいこう　さっきょくか　ちゅうしん

1
아는 일본인이 있다면 추천하고 싶은 일본 음악이 있는지 물어 봅시다.
- 가능하면 그 음악을 들려 달라고 하세요.

2
이 토픽에서 소개된 음악의 영상을 인터넷 사이트에서 찾아봅시다.
- 다음의 검색어로 검색해 봅시다.
　「鼓童」「コブクロ　桜」
　こどう　　　　　　さくら
　「X JAPAN Silent Jealousy」
　「吉幾三 酒よ」「BEGIN 島人ぬ宝」
　よしいくぞう　さけ　　　　　しまんちゅ　たから

3
인터넷으로 「酒よ」의 가사를 검색해 봅시다.
さけ
- 어떤 말이 사용되었나요?
- 그 밖에 아는 일본 노래가 있다면 가사를 검색해 봅시다.
● 만약 당신이 일본어로 가사를 만든다면 어떤 가사로 하고 싶습니까?

hirogaru-nihongo.jp

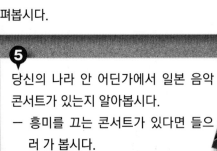

utamap.com

4
일본어 학습 사이트 「ひろがる もっといろんな日本と日本語」에 가서 토픽 「音楽」을 살펴봅시다.

5
당신의 나라 안 어딘가에서 일본 음악 콘서트가 있는지 알아봅시다.
- 흥미를 끄는 콘서트가 있다면 들으러 가 봅시다.

★ 일본어·일본 문화 관련 체험을 기록해 봅시다

温泉に行こう
おんせん

● 휴가를 받으면 가고 싶은 곳이 있습니까?

● 거기에서 어떻게 지내고 싶습니까?

聞いてわかる

PART 1
今、私は温泉に来ています
おんせん

会話する

PART 2
日本の旅館ははじめてです
りょかん

長く話す

PART 3
いちばん行きたいのは…

読んでわかる

PART 4
とても満足しました
まんぞく

書く

PART 5
食事についての問い合わせ
しょくじ　　　　　　と　あ

1 일본에는 많은 온천이 있습니다. 온천 여관이나 호텔의 팸플릿을 살펴봅시다.
어느 온천 여관이나 호텔에 묵고 싶습니까? 왜 그렇습니까?

①

最高の旅館で最高の時間を

広々とした空間で日常を忘れ、
ゆったりとおくつろぎください。

料理長が腕によりをかけたお料理を
一品ずつお部屋へお運びします。

②

8種類のお風呂をおたのしみください

毎分60リットルという豊富な湯量が自慢の宿です。
お風呂のタイプも檜風呂、岩風呂、大浴場、家族風呂などさまざま。疲労や病気に効能の
ある良質の温泉を源泉掛け流し風呂で満喫してください。

お食事は和洋中ビュッフェ！
お食事はメインダイニングでのビュッフェで
食べ放題！

③

山の中の一軒宿で
静かなひとときを

なごみの宿
草月
そうげつ

旬の山菜をふんだんに使った滋味あふれる料理

自然に囲まれた静かな露天風呂

④

美・食・湯のぜいたくな時間
がんばった自分へのプレゼント

極上のアロマエステ

海を見下ろす大浴場

地元の食材でヘルシーなフレンチ懐石

海に面した開放的な大
浴場。ミネラル豊富な天
然温泉は美肌効果抜群！リラックスルーム
などの施設も充実しています。

문화 당신의 나라에서는 여행지로 어떤 곳이 인기가 있습니까?

2 ( ) 안에 들어갈 말을 a~f에서 고르세요. 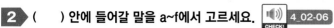 🔊 CHECK! 4_02-06

> 今までした旅行の中で、いちばんよかったのはどこですか？

 北海道ですね。スキーをしたり、おいしい（① f. 料理 ）を食べたり、温泉に入ったりして、すごく充実した旅行でした。

 ニュージーランドかなあ。山とか氷河とかの（② ）が素晴らしかったし、バンジージャンプなんかのアクティビティも楽しかったですね。

 去年、パリに旅行に行ったんですが、とてもよかったです。エッフェル塔みたいな有名な（③ ）にはあまり行かないで、公園を散歩したりして、ゆっくり過ごしました。

 私は（④ ）が好きなので、古い建物や遺跡などをよく見に行くんですが、いちばんよかったのは、やっぱりカンボジアのアンコールワットですね。

 沖縄の高級リゾートに泊まったのが、いちばんの思い出ですね。部屋もきれいだったし、ホテルの人の（⑤ ）もよかったし、大満足でした。そのぶん（⑥ ）はすごく高かったですけどね。

| a. サービス | b. 観光地 | c. 自然 | d. 歴史 | e. 料金 | f. 料理 |

◆ 붉은색 글자의 표현에 주의합시다. '예를 하나만 말하는 부분'은 어느 것입니까?

3 온천 여관의 예약 사이트입니다. 어느 온천 여관에 묵고 싶은지 생각해 봅시다.

PART **1** 今、私は温泉に来ています
おんせん

インターネットで、テレビの旅行番組を見ています。
りょこうばんぐみ

こんにちはー！
『日本まるごとお風呂旅』の時間です
ふろたび

● ①~④는 TV에서 소개될 온천입니다. 어떤 온천이라고 생각합니까?

　사진을 보고 예상되는 세 가지를 메모합시다.

① 地獄谷温泉
じごくだにおんせん

（例）

・サルが入る

・寒いところにある
　さむ

・山の温泉
　おんせん

② 白馬鑓温泉
はくばやりおんせん

③ 鶴の湯温泉
つる　ゆ おんせん

④ 白浜温泉
しらはまおんせん

1　온천 소개를 들어 봅시다.

(1) 예상은 맞았습니까? 위에서 적은 내용이 나왔습니까? 들으면서 체크하세요. 🔊 4_08-11

　　（例）・サルが入る ✔　　・寒いところにある ✔　　・山の温泉
　　　　　　　　　　　　　　　　　さむ　　　　　　　　　　おんせん

(2) 다시 한 번 듣고 각각의 온천과 관계되는 키워드를 고르세요. 🔊 4_08-11

	① 地獄谷温泉 じごくだにおんせん	② 白馬鑓温泉 はくばやりおんせん	③ 鶴の湯温泉 つる　ゆ おんせん	④ 白浜温泉 しらはまおんせん
温泉の特徴 おんせん　とくちょう	スノーモンキー 人間用の風呂 にんげんよう　ふろ			

> スノーモンキー　　歴史　　登山　　真っ白　　海　　夏
> 　　　　　　　　　れきし　　とざん　　ま しろ　　うみ　　なつ
> 雲の上　　昔　　食事　　予約　　人間用の風呂
> くも　　むかし　しょくじ　よやく　　にんげんよう　ふろ

◆ 다시 한 번 듣고, 선택한 키워드를 이용해 각 온천의 특징을 말해 봅시다.

2 ▶ 듣기 전략

영상이나 사진을 보고 말의 뜻을 생각한다.

(1) 리포터의 말 중에 모르는 말('삐-' 소리)이 있었습니다. 아래 사진(TV 화면)을 보면서 온천의 소개를 듣고 그 말의 뜻을

생각해 봅시다. 🔊 4_12-15

(2) 이번에는 그 부분을 말로 들려 줍니다. 뭐라고 했는지 메모해 봅시다. 🔊 4_16-19

① (　　　　　　　　) 　② (　　　　　　　　)

③ (　　　　　　　　) 　④ (　　　　　　　　)

3 ▶ 네 곳 중에서 당신이라면 어느 온천에 가 보고 싶습니까? 또 왜 그렇습니까?

4

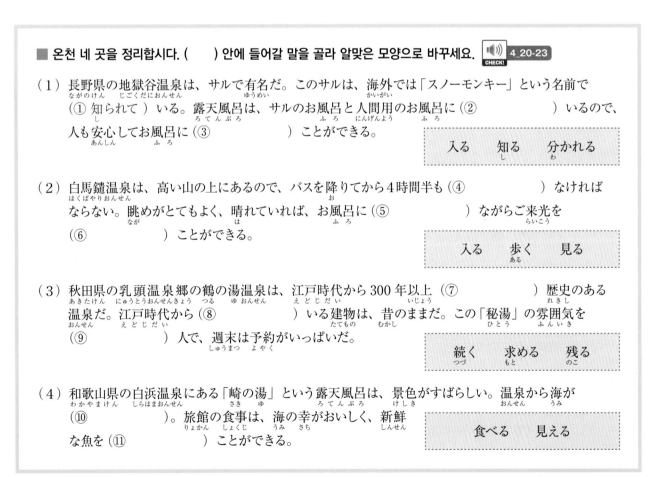

■ 온천 네 곳을 정리합시다. (　　) 안에 들어갈 말을 골라 알맞은 모양으로 바꾸세요. 🔊 CHECK! 4_20-23

（1）長野県の地獄谷温泉は、サルで有名だ。このサルは、海外では「スノーモンキー」という名前で
（① 知られて ）いる。露天風呂は、サルのお風呂と人間用のお風呂に（②　　　　　　 ）いるので、
人も安心してお風呂に（③　　　　　 ）ことができる。

> 入る　　知る　　分かれる

（2）白馬鑓温泉は、高い山の上にあるので、バスを降りてから4時間半も（④　　　　　　 ）なければ
ならない。眺めがとてもよく、晴れていれば、お風呂に（⑤　　　　　 ）ながらご来光を
（⑥　　　　　 ）ことができる。

> 入る　　歩く　　見る

（3）秋田県の乳頭温泉郷の鶴の湯温泉は、江戸時代から300年以上（⑦　　　　　　 ）歴史のある
温泉だ。江戸時代から（⑧　　　　　 ）いる建物は、昔のままだ。この「秘湯」の雰囲気を
（⑨　　　　　 ）人で、週末は予約がいっぱいだ。

> 続く　　求める　　残る

（4）和歌山県の白浜温泉にある「崎の湯」という露天風呂は、景色がすばらしい。温泉から海が
（⑩　　　　　　 ）。旅館の食事は、海の幸がおいしく、新鮮
な魚を（⑪　　　　　 ）ことができる。

> 食べる　　見える

⭐ Can-do를 체크하세요

PART 2 日本の旅館ははじめてです
りょかん

会話する

Can-do 17 　식사나 방과 관련해 호텔 또는 여관에 이유를 말하고 바꿀 수 있다.

● 당신은 일본의 온천 여관에 묵은 적이 있습니까?
　 TV로 본 적이 있습니까? 묵고 싶은 생각이 듭니까?

ヨギさんは、奥さんといっしょに日本の温泉に旅行に行く予定です。
　　　　　　　おく　　　　　　　　　　　　おんせん　りょこう　　　　よてい
日本に行くまえに、予約した旅館にインドから電話をかけています。
　　　　　　　　　　よやく　　りょかん

ヨギ（インド）
ニューデリー日本文化センターで勉強
している会社員。日本に旅行するのは
かいしゃいん　　　　　　　りょこう
2回目。
かいめ

黒岩（日本）
くろいわ
草津温泉の旅館「三修館」の女将。
くさつおんせん　りょかん　さんしゅうかん　　おかみ

1 두 사람의 대화를 들어 봅시다. 스크립트를 안 보고 다음의 사항에
주의하며 들어 봅시다. 🔊 4_25

① ヨギさんは、どうして日本の旅館に電話をしましたか。
　　　　　　　　　　　　　りょかん
② 旅館はヨギさんのために、何をしてくれますか。
　りょかん

2 스크립트를 보면서 들읍시다. 🔊 4_25

(1) (　　) 안에 들어갈 말을 써 넣으세요.

　◆ ③ ④ ⑥의 말은 무슨 뜻과 역할을 가졌을까요?

(2) ① ② ⑤ ⑦은 누가 누구에게 한 말입니까?

黒岩：はい、草津温泉三修館です。
　　　くさつおんせんさんしゅうかん

ヨギ：あ、もしもし、ええと、すみません、来週の23日に予約している、ヨギ・シャルマと（①　　　　　　　　 ）が。
　　　　　　　　　　　　　　　　　　　　　　　　　　　よやく

黒岩：少々お待ちください。（②　　　　　　　　　）。ええと、はい、ヨギ・シャルマ様、3月23日、二名様ですね。
　　　しょうしょう　ま　　　　　　　　　　　　　　　　　　　　　　さま　　　　　　　　にめいさま

ヨギ：はい。あの…食事のことで、実は先週メールを書いたんですが、返事がなかったので、今インドから電話
　　　　　　　　　しょくじ　　　　じつ　　　　　　　　　　　　　　　　へんじ
　　　しています。

黒岩：ああ、それは申し訳ありませんでした。
　　　　　　　　　もう　わけ

ヨギ：はい、それで…あの…私たちは、牛肉と豚肉が食べられないので、食事は牛肉と豚肉を使わ
　　　　　　　　　　　　　　　ぎゅうにく　ぶたにく　　　　　　　　　　しょくじ　ぎゅうにく　ぶたにく
　　　ないで作って（③　　　　　　　　）？

黒岩：そうですねえ、お食事は、お刺身と、すき焼きと、天ぷらなど（④　　　　　　　　）が、すき
　　　　　　　　　　　しょくじ　　さしみ　　　　　や
　　　焼きにお肉が入っていますので、では、代わりに湯豆腐を（⑤　　　　　　　）か？
　　　や　　にく　　　　　　　　　　　　　　　　か　　　　ゆどうふ

ヨギ：湯豆腐は…ええと…あの…どんな料理ですか？
　　　ゆどうふ

黒岩：お豆腐をお鍋に入れて食べるお料理で、お肉は使っていません。
　　　とうふ　　なべ　　　　　　　　　　　　　　にく

ヨギ：あ、では、それでお願いします。
　　　　　　　　　　　　ねが

〕A

それから…ええと…その…あと、お部屋なんですが…プライベートのお風呂が付いた部屋にして

（⑥　　　　　　　　）？

黒岩：すみません、うちは、そういうお部屋はないんですよ。お風呂は温泉の大浴場を、みなさんに

使っていただいていますが。

ヨギ：そうですか…。私はいいんですけど、妻が、日本の旅館ははじめてで、ほかの人とお風呂に入る

のはちょっと難しいかもしれません。旅行サイトには、プライベートのお風呂があると書いて

あったんですが…。

黒岩：あ、それでしたら、家族風呂のことですね。家族だけで鍵をかけて入れるお風呂がありますので、

こちらにいらっしゃったときに、フロントでおっしゃってくだされば、（⑦　　　　　　　　　）。

ヨギ：あ、それはよかった。では、そうします。ありがとうございました。

黒岩：ありがとうございました。ご来館をお待ちしております。失礼いたします。

3　대화에 도움이 되는 문법·문형

모르는 사람 또는 손님 등에게 정중히 말한다. 자기의 행위에 사용한다.

ヨギ・シャルマと<u>申します</u>。　→ **❶**　　　　　<u>お調べいたします</u>。　→ **❷**

代わりに湯豆腐を<u>お出しし</u>ましょうか？　→ **❷**　　　<u>ご案内いたします</u>。　→ **❷**

정중하게 부탁한다.

食事は牛肉と豚肉を使わないで<u>作っていただけますか</u>？　→ **❸**

プライベートのお風呂が付いた部屋に<u>していただけませんか</u>？　→ **❸**

상대가 모르는 것을 정중하게 전한다.

お食事は、お刺身と、すき焼きと、天ぷら<u>などになります</u>。　→ **❹**

---

❶　| 겸양어1: 특별한 모양의 동사 |　ヨギ・シャルマと<u>申します</u>。

言います（言う）	申します（申す）		見ます（見る）	拝見します（拝見する）
行きます（行く）	参ります（参る） うかがいます（うかがう）		聞きます（聞く）	うかがいます（うかがう）
			します（する）	いたします（いたす）
食べます（食べる）	いただきます（いただく）		もらいます（もらう）	いただきます（いただく）

여행 가이드가 말하고 있습니다. 밑줄 친 말은 무슨 뜻입니까? 음성을 듣고 고르세요. 🔊 4_26-30

① 皆様おはようございます。わたくし、渡辺と申します。どうぞよろしくお願いいたします。（ a ）
　みなさま　　　　　　　　　　　　わたなべ　もう　　　　　　　　　　　　　ねが

② お客様、お名前をうかがってもよろしいでしょうか。（　　　）
　きゃくさま

③ それでは、ツアーのクーポンを拝見します。（　　　）
　　　　　　　　　　　　　　　　はいけん

④ 皆様のチェックインは、わたくしがまとめていたします。（　　　）
　みなさま

⑤ 本日のアンケート、あとでわたくしが皆様のお部屋に集めに参ります。（　　　）
　ほんじつ　　　　　　　　　　　　　みなさま　へ や　あつ　　　まい

> a. 言います　　b. します　　c. 行きます　　d. 聞きます　　e. 見ます

❷ | 겸양어2: お・ご～します／いたします

お調べいたします。　　代わりに湯豆腐をお出しししましょうか？
　しら　　　　　　　　　　　　　　　　　　　か　ゆどうふ
ご案内いたします。
　あんない

お＋ V~ます~＋します／いたします（する／いたす）

ご＋ [漢字のことば] ＋します／いたします（する／いたす）

　例外： お返事します／いたします
　れいがい　へんじ

호텔 프런트에서 직원과 손님이 이야기하고 있습니다. 겸양어 표현으로 바꾸세요. 🔊 CHECK! 4_31-35

① 客　　　：すみません、ロッカーの使い方がよくわからなかったんですが。
　きゃく
　ホテルの人：それでは、もう一度（説明します → ご説明します／ご説明いたします ）。
　　　　　　　　　　　　いちど　せつめい　　　　　せつめい　　　　　　せつめい

② 客　　　：すみません、浴衣がちょっと小さいんですが。
　　　　　　　　　　　　ゆかた
　ホテルの人：それでは大きいサイズに（とりかえます →　　　　　　　　　　）。

③ 客　　　：あのう、露天風呂はどこですか？
　　　　　　　　　　ろてんぶろ
　ホテルの人：少しわかりにくいので、わたくしが（案内します →　　　　　　　　　）。
　　　　　　　　　　　　　　　　　　　　　　　あんない

④ 客　　　：すみません、領収書が欲しいんですが。
　　　　　　　　　　りょうしゅうしょ　ほ
　ホテルの人：かしこまりました。明日のチェックアウトのときに（渡します →　　　　　　　　）。
　　　　　　　　　　　　　　　あした　　　　　　　　　　　　　　わた

⑤ 客　　　：明日、新幹線の駅まで行くのは、どうやって行けばいいですか？
　　　　　　あした　しんかんせん
　ホテルの人：駅まででしたら、当館のバスで（送ります →　　　　　　　　　）。
　　　　　　　　　　　　　　とうかん　　　　おく

❸ | V ていただけますか／いただけませんか

食事は牛肉と豚肉を使わないで作っていただけますか？
しょくじ　ぎゅうにく　ぶたにく　つか
プライベートのお風呂が付いた部屋にしていただけませんか？
　　　　　　　　ふろ　つ　　へや

손님은 무슨 부탁을 하고 있습니까? 그림을 고르세요. 🔊 4_36-40

① d　　　　② 　　　　③ 　　　　④ 　　　　⑤

a.　　　　b.　　　　c.　　　　d.　　　　e.

◆ 그림을 보면서 말해 보세요.

❹ ～になります　お食事は、お刺身と、すき焼きと、天ぷらなどに<u>なります</u>。
しょくじ　　　さしみ　　　　　　や

＊흔히 여관이나 호텔, 가게의 종업원이 사용한다.

호텔 직원은 무슨 말을 하고 있습니까? 그림을 고르세요. 4_41-45

① e　　②　　③　　④　　⑤

a.　　b.　　c.　　d.　　e.

4 ▶ 말하기 전략

생각하면서 말하고 있다는 사실을 상대에게 전달한다.

(1) 다양한 표현이 있습니다. 들어 봅시다. 4_46

ええと…　えっと…　えー…　あの…

(2) 84~85쪽의 대화에서 크기 씨는 어떤 표현을 사용했습니까?

その…　んー…　まあ…

발 음

동사의 악센트(사전형, て형)

(1) 악센트에 주의하며 들어 봅시다. 4_47-52

a의 동사와 b의 동사는 발음이 어떻게 다릅니까?

a. 食゚べる　　食゚べて　　　　b. つかう￣　　つかって￣
　書￣く　　　書￣いて　　　　　入れる￣　　入れて￣
　つく゚る　　つく゚って　　　　わたす￣　　わたして￣
　ぱいる　　ぱいって　　　　とりかえる￣　とりかえて￣

　ぶたにく が は￣いっていま￣す。　ぶたにく￣ を つかって￣ いま￣す。
　つく゚って いただけませ゚んか？　とりかえて￣ いただけませ゚んか？

동사는 악센트에 따라 두 그룹으로 나뉩니다.

　a. 기복형(起伏型): 떨어지는 동사　　b. 평판형(平板型): 떨어지지 않는 동사
　　きふくがた　　　　　　　　　　へいばんがた

(2) 위의 단어나 문장을 악센트에 주의하면서 듣고 반복하여 발음해 봅시다. 4_47-52

(3) 아래 동사는 어느 그룹에 속합니까? 잘 듣고 반복하여 발음해 봅시다. 4_53

　① する　　② 来る　　③ 包む　　④ 焼く　　⑤ 呼ぶ　　⑥ 起こす
　　　　　　　　　　　つつ　　　や　　　よ　　　お

(4) 위 (3)의 동사에 「～ていただけませんか」가 붙은 발음을 악센트에 주의하면서 듣읍시다.
　그런 다음 반복하여 발음해 봅시다. 4_54

5 롤 플레이를 통해 회화 연습을 하세요.

(1) 롤 플레이에 앞서 다시 한 번 스크립트를 보고 생각해 봅시다. 대화의 A 와 B 부분에서 크기 씨는 각각 다음과 같은 순서로 여관 직원에게 부탁하고 있습니다. A B 각 부분에서 1~3에 해당하는 부분은 어디입니까? 대화문에 표시합시다.

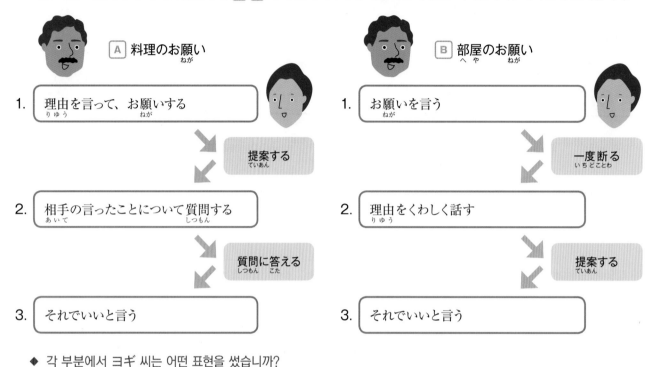

A 料理のお願い
ねが

1. 理由を言って、お願いする
りゆう　　　　　ねが

提案する
ていあん

2. 相手の言ったことについて質問する
あいて　　　　　　　　しつもん

質問に答える
しつもん　こた

3. それでいいと言う

B 部屋のお願い
へ や　ねが

1. お願いを言う
ねが

一度断る
いちどことわ

2. 理由をくわしく話す
りゆう

提案する
ていあん

3. それでいいと言う

◆ 각 부분에서 크기 씨는 어떤 표현을 썼습니까?

(2) 카드를 보고 연습합시다.

① 다음 장면에서 (例)에 이어지는 내용을 생각해 봅시다. 그때 (1)의 A 패턴으로 생각해 봅시다.

あなたは日本の旅館に泊まりま
りょかん　と
す。今、旅館のフロントにいます。
りょかん
あなたは××が食べられません。
フロントで、メニューを変えても
か
らいましょう。

（例）A：すみません、食事のことについてお願いがあ
しょくじ　　　　　　　　　ねが
るんですが。
B：はい、どのようなことでしょうか?
……

◆ 대화 예를 들어 봅시다. 4_55

② 식사 외에 호텔에 부탁하는 장면을 다양하게 생각하여 대화해 봅시다.

（例）チェックアウトの時間を変える、送迎を頼む、
か　　　　　そうげい　たの
人数を変更する…
にんずう　へんこう

그때, (1)의 B 패턴의 대화도 생각해 봅시다.

⭐ Can-do를 체크하세요

長く話す

PART 3 いちばん行きたいのは…

Can-do 18　어디에 가고 싶은지, 거기에서 무엇을 하고 싶은지 등 여행 관련 희망이나 계획을 어느 정도 상세하게 이야기할 수 있다.

● 일본에 여행을 간다면 어디로 가고 싶습니까?

アイニさんが旅行のパンフレットを見ています。
りょこう
そこへ、友達の太田さんが来ました。
ともだち　おおた

1 두 사람의 대화를 들어 봅시다. 4_57

太田
おおた

アイニさん、旅行のパンフレットですか?
りょこう

ええ、日本に行きたいと思って…。

そうですか。日本のどこへ行きたいんですか?

東京です。いちばん行きたいのは
とうきょう
………………………………………………。

へー、アイニさんは、よく知ってますね。
し

アイニ

다음의 장소에서 무슨 일을 할 수 있다고 말합니까? 체크하세요.

① 大江戸温泉物語　　□ 食事　　　□ 浴衣
　おおえどおんせんものがたり　　しょくじ　　　ゆかた
　　　　　　　　　　　　□ お風呂　　□ ゲーム
　　　　　　　　　　　　　ふろ

② アニメイト　　　　□ DVD　　　□ マンガ
　　　　　　　　　　　□ カフェ　　□ キャラクターグッズ

③ 東京スカイツリー　□ レストラン　□ お土産
　とうきょう　　　　　　　　　　　　　みやげ
　　　　　　　　　　　□ ライトアップ □ 記念写真
　　　　　　　　　　　　　　　　　　　きねんしゃしん

2 다시 한 번 듣고 ( )에 알맞은 말을 씁시다. 4_57

희망이나 예정을 말한다.

・いちばん（①　　　　　　）のは、お台場の大江戸温泉です。
　　　　　　　　　　　　　　　　だいば　おおえどおんせん
・私は日本のアニメが大好きなので、どんなところか、一度、（②　　　　　　）んです。
　　　　　　　　　だいす　　　　　　　　　　　　　　　いちど
・スカイツリーにも（③　　　　　　）。

읽거나 들은 사실을 전달한다.

・友達に（④　　　　　　）んですけど、……好きな浴衣が借りられる（⑤　　　　　　）なんです。
　ともだち　　　　　　　　　　　　　　　　　ゆかた　か
　中が江戸の町みたいになっていて、すごくおもしろいって（⑥　　　　　　）ました。
　　え　ど　まち
・アニメのDVDは、なんでも（⑦　　　　　　）ですし、キャラクターグッズもおもしろそうですよね。

순서대로 이야기한다.

・（⑧　　　　　　）行きたいのは…。それから、その（⑨　　　　　　）に行きたいのは…。あと…。

3 스크립트를 보면서 다시 한 번 들어 봅시다. 4_58

東京です。

いちばん行きたいのは、お台場の大江戸温泉です。

友達に聞いたんですけど、温泉のテーマパークみたいなところで、好きな浴衣が借りられるそう
なんです。中が江戸の古い町みたいになっていて、すごくおもしろいって言ってました。お風呂に
入って、浴衣を着て、ごはんも食べて、一日中いたいです。

それから、その次に行きたいのは、「アニメイト」とかのアニメショップですね。

私は日本のアニメが大好きなので、どんなところか、一度、行ってみたいんです。アニメのDVDは、なんでも
あるそうですし、キャラクターグッズもおもしろそうですよね。

あと、スカイツリーにも行かなくちゃ。展望台からの眺めがすごくて、夜のライトアップもきれいだそうですね。

◆ 스크립트의 ★ 부분을 따라 말해 봅시다. 처음에는 스크립트를 보면서 따라 하고,
다음에는 스크립트를 안 보고 따라 합시다. 4_59

4 아래 메모를 보면서 도쿄(東京)에서 가 보고 싶은 곳을 이야기합시다. 스크립트를 안 보고 자기의 말로 말해 주세요.

여행 가고 싶은 곳 : 東京

가장 가고 싶은 곳은

① お台場の「大江戸温泉物語」
　　友達
　　「温泉のテーマパーク」
　　「浴衣が借りられる」
　　「江戸の古い町みたい、すごくおもしろい」
　　→ お風呂、浴衣、ごはん、一日中いたい

그 다음은

② 「アニメイト」(アニメショップ)
　　・アニメが大好き！
　　→ 一度、行ってみたい
　　・アニメのDVD
　　・キャラクターグッズ

기타

③ 「東京スカイツリー」
　　・展望台 … 眺め
　　・夜 … ライトアップ

◆ 말할 때 **2** 의 표현을 사용해 보았습니까?

5 당신이 가고 싶은 곳을 이야기해 봅시다.

(1) 여행 갈 곳을 한 곳 골라 주세요(여행 장소는 일본이 아니어도 됩니다). 거기에서 가고 싶은 곳 세 군데를 정합시다. 왜 그 곳에 가고 싶은지 메모를 작성하세요.

여행 가고 싶은 곳 :

① 가장 가고 싶은 곳은?
　　どこ？

　　どうして？

② 그 다음으로 가고 싶은 곳은?
　　どこ？

　　どうして？

③ 기타 가고 싶은 곳은?
　　どこ？

　　どうして？

4

(2) 반 친구와 이야기합시다. 가고 싶은 곳의 순서를 알 수 있도록 이야기합시다.

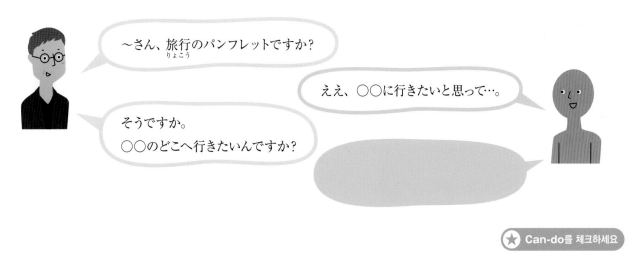

～さん、旅行のパンフレットですか？
りょこう

ええ、○○に行きたいと思って…。

そうですか。
○○のどこへ行きたいんですか？

⭐ Can-do를 체크하세요

PART **4** とても満足しました
まんぞく

読んでわかる　Can-do **19**　인터넷 여행 사이트에 적힌 호텔이나 여관의 평가 글을 읽고 좋은 점과 나쁜 점을 이해할 수 있다.

● 당신은 호텔이나 여관을 고를 때 어떤 점에 주의합니까? 중요하다고 생각하는 포인트 세 가지를 들어 주세요.

（例：値段、場所、部屋の広さ、料理、風呂…）
ねだん　ばしょ　へや　ひろ　　　　　ふろ

1　여행 사이트에서 여관 평가 글을 읽어 봅시다.　🔊 CHECK! 4_61-64

(1) 위에서 생각한 포인트와 관련해 어떻게 적혀 있습니까?

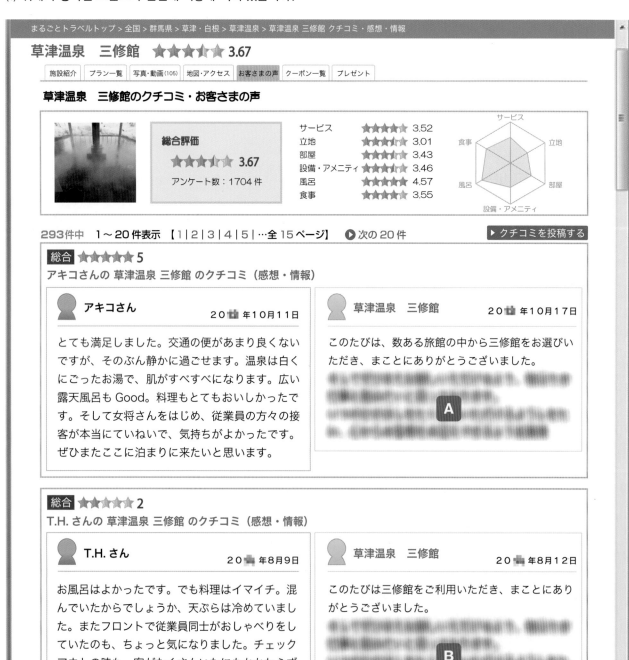

(2) アキコ 씨와 T.H. 씨는 ①~⑥을 어떻게 평가하고 있습니까? 아래 표의 공란에 +(좋았다), −(좋지 않았다), /(아무 것도 적혀 있지 않았다) 등의 기호를 적어 넣으세요.

	① 交通の便 こうつう　べん	② 部屋 へ　や	③ 風呂 ふ　ろ	④ 料理	⑤ 従業員 じゅうぎょういん の対応 たいおう	⑥ 値段 ね　だん
アキコ	−					
T.H.						

◆ ①~⑥과 관련해 뭐라고 적혀 있습니까? 본문에 표시해 봅시다.

2　읽기 전략

적혀 있는 글로부터 글쓴이의 기분을 이해한다.

사용된 어구로부터 기분을 알 수 있는 거구나!

(1) アキコ 씨와 T.H. 씨의 코멘트에는 다음과 같은 말이 있었습니다.
플러스 평가 말, 마이너스 평가 말은 각각 어느 것입니까?

アキコ 씨의 코멘트

とても満足 まんぞく	あまり良くない よ	Good	とてもおいしかった	気持ちがよかった き　も

T.H. 씨의 코멘트

よかった	イマイチ	ちょっと気になりました	長く待たされました ま	これはちょっと

◆ 사용된 말로부터 두 사람의 기분을 생각해 봅시다.

(2) 다음의 ①, ②는 여관 안내 코멘트의 이어지는 부분입니다. アキコ 씨, T.H. 씨, 어느 쪽으로 보내는 코멘트일까요?
(1)의 두 사람의 기분을 고려하여 A 인지 B 인지를 고르세요.

①

しかしながら、お客様にはご宿泊の際、ご不快な思いをおかけいたしました。心よりおわび申し上げます。いただいたご意見につきましては、どうすれば改善できるかを真剣に考えていきたいと思っております。またご来館いただけますことを、心よりお待ちしております。

②

また、おほめのことばをいただきまして、うれしいかぎりでございます。当館では、お客様に気持ちよくお過ごしいただくことが何より大切だと思っております。ご満足いただけたようで、安心いたしました。お客様のまたのお越しをお待ちしております。

3　당신은 이 두 사람과 같은 경험을 한 적이 있습니까?

문화　당신 나라의 호텔에서는 손님의 클레임이 있을 때 어떤 대답을 합니까?

4 읽기에 도움이 되는 문법・문형

기대한 사실과 다름을 나타낸다.

❶ 　～にもかかわらず 　　客がたくさんいたにもかかわらず、フロントには二人しかいなかった。
きゃく　　　　　　　　　　　　　　　　　　　　　ふたり

・事前に電話でお願いしたにもかかわらず、迎えの車は来ませんでした。
　じぜん　　　　ねが　　　　　　　　　　　　　　　　むか
・サイトには「Wi-Fi 可」と書いてあったにもかかわらず、部屋で Wi-Fi は使えませんでした。
　　　　　　ワイファイ　か　　　　　　　　　　　　　　　　　　　へ　や　ワイファイ

정중하게 말한다.

❷ 　お・ご～いただく 　　三修館をお選びいただき、まことにありがとうございました。
さんしゅうかん
　　　　　　　　　　　　　三修館をご利用いただき、まことにありがとうございました。
さんしゅうかん　　　りよう

＊「V てもらう」의 정중한 표현.

・お客様に気持ちよくお過ごしいただくことが何より大切だと思っております。
　きゃくさま　き　も　　　　　す　　　　　　　　　　　　　　たいせつ
　　　　　　　　→ 過ごしてもらう
　　　　　　　　　す
・ご満足いただけたようで、安心いたしました。
　　まんぞく　　　　　　　　　あんしん
　→ 満足してもらえた
　　まんぞく
・またご来館いただけますことを、心よりお待ちしております。
　　　らいかん　　　　　　　　　こころ　　ま
　　　　→ 来館してもらえる
　　　　　らいかん

❸ 　お～・ご～ 　　お客様にはご宿泊の際、ご不快な思いをおかけいたしました。
きゃくさま　しゅくはく　さい　ふかい

이 밖에 「お～」「ご～」가 붙은 어떤 표현을 들어 보았습니까?

❹ 　～ております 　・お客様のまたのお越しをお待ちしております。
　　　　　　　　　　きゃくさま　　　　　　　こ　　　　　　ま
　　　　　　　　　　　　　　　　　　→ ています

　　　～でございます 　・おほめのことばをいただきまして、うれしいかぎりでございます。
　　　　　　　　　　　　　　　　　　　　　　　　　　　　　　　　　　→ です

한자어

읽는 법이나 뜻을 확인하세요. 키보드나 스마트폰 등을 이용해 입력해 봅시다.

温泉　　過ごす　　お湯　　風呂　　接客　　泊まる　　値段　　宿泊
おんせん　す　　　　　　ゆ　　　ふろ　　せっきゃく　と　　　　ねだん　　しゅくはく
申し上げます
もう　あ

◆ 「氵」이 있는 한자는 어느 것입니까? 이 밖에도 아는 「氵」 관련 한자를 써 봅시다.

⭐ Can-do를 체크하세요

1 ▶ 일본의 여관이나 호텔에 문의하는 메일을 써 봅시다.

(1) 다음 메일은 ヨギ 씨가 草津温泉三修館에 쓴 메일입니다. 읽어 봅시다. 4_66
くさつおんせんさんしゅうかん

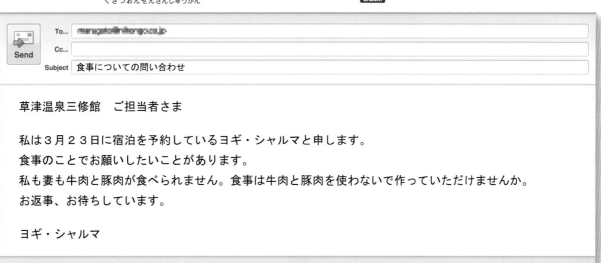

草津温泉三修館　ご担当者さま

私は３月２３日に宿泊を予約しているヨギ・シャルマと申します。
食事のことでお願いしたいことがあります。
私も妻も牛肉と豚肉が食べられません。食事は牛肉と豚肉を使わないで作っていただけませんか。
お返事、お待ちしています。

ヨギ・シャルマ

(2) 일본의 여관이나 호텔에 묵을 때 묻고 싶은 것이나 부탁하고 싶은 것이 있습니까? 다음 중에서 골라 메일을 써 봅시다.

방 / 설비(욕실, 주차장 등) / 식사 / 기타

2 ▶ 다른 사람의 메일을 읽어 봅시다. 호텔 직원이 되었다고 가정해 어떻게 대응하면 좋을지 생각해 봅시다.

⭐ Can-do를 체크하세요

教室の外へ

わ た し
だ け の
フレーズ

토픽(TOPIC)과 관련해 일본어로 말해 보고 싶은 것은 무엇입니까?
나에게만 필요한 일본어 표현을 메모해 봅시다.

(例) ・この料理は卵が入っていますか？ 私はアレルギーなので、食べられないんです。
　　　　　たまご

　　　・お風呂のお湯が熱いので、水を入れてもいいですか？
　　　　ふろ　ゆ　あつ

---

❶ 이 토픽에서 소개된 온천을 동영상 사이트에서 찾아봅시다.

－「地獄谷温泉」「白馬鑓温泉」「鶴の湯
　じごくだにおんせん　はくばやりおんせん　つる　ゆ
　温泉」「白浜温泉」으로 검색해 봅시다.
　おんせん　しらはまおんせん

● 가장 가 보고 싶은 온천은 어디입니까?

❷ 일본의 온천과 관련해 좀 더 자세히 알아봅시다.

－「エリンが挑戦！にほんごできます。」
　　　　　ちょうせん
　제 11과의「見てみよう」에서 일본의 온천 여관을 살펴봅시다. 또 온천 퀴즈에 도전해 봅시다.

－ 아는 일본인이 있다면 온천을 좋아하는지, 얼마나 자주 가는지, 어느 온천을 좋아하는지 등을 인터뷰해 봅시다.

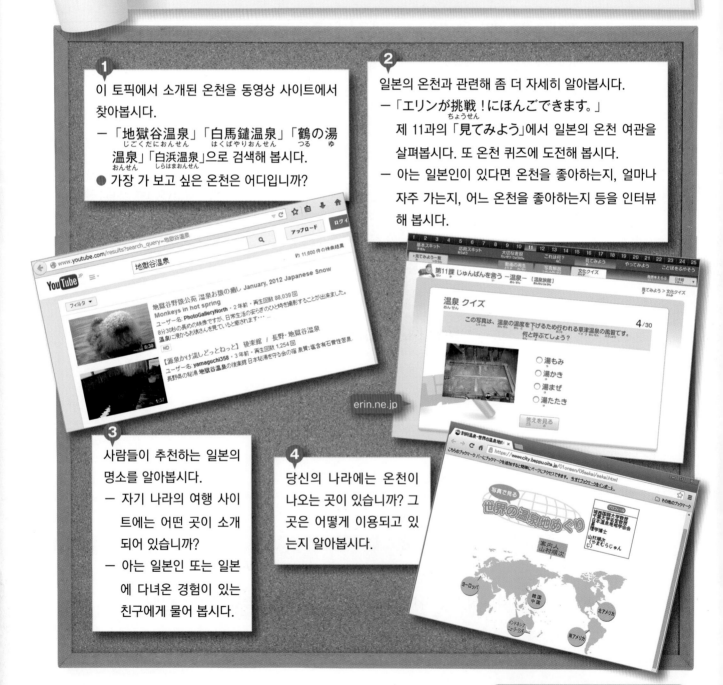

erin.ne.jp

❸ 사람들이 추천하는 일본의 명소를 알아봅시다.

－ 자기 나라의 여행 사이트에는 어떤 곳이 소개되어 있습니까?

－ 아는 일본인 또는 일본에 다녀온 경험이 있는 친구에게 물어 봅시다.

❹ 당신의 나라에는 온천이 나오는 곳이 있습니까? 그곳은 어떻게 이용되고 있는지 알아봅시다.

★ 일본어·일본 문화 관련 체험을 기록해 봅시다

最近どう？
さいきん

● 떨어져 사는 친구나 가족과 어떻게 커뮤니케이션합니까?

● 오랜만에 만난 사람과 어떤 이야기를 합니까?

聞いてわかる

PART 1

ねえ、聞いて聞いて

会話する

PART 2

最近、仕事が忙しくて…
さいきん　しごと　いそが

長く話す

PART 3

最近、ヨガにはまってるんです
さいきん

読んでわかる

PART 4

わが家の近況ですが…
や　きんきょう

書く

PART 5

お元気ですか
げんき

準 備

1 어떤 사람의 SNS(Social Networking Service) 페이지를 살펴봅시다. 화제가 무엇입니까? a~h에서 고릅시다.

a. 家族（かぞく）	b. 仕事（しごと）
c. 学校・勉強（がっこう・べんきょう）	d. 恋愛・結婚（れんあい・けっこん）
e. 趣味・娯楽（しゅみ・ごらく）	f. 季節・自然（きせつ・しぜん）
g. 事件・事故（じけん・じこ）	h. 政治・経済（せいじ・けいざい）

문화 당신의 나라에서는 SNS가 많이 활용되고 있습니까? 어떤 일을 자주 화제로 삼습니까?

2 ( ) 안에 들어갈 말을 a~i에서 고르세요. 5_02-07

> 最近、何かいいことがありましたか？
> さいきん

 昨日は、私たちの10年目の（① e. 結婚 ）記念日でした。はやいものです。
きのう　　　　　　　　　　　　けっこん　きねんび

 もうすぐ娘が大学を（②　　　　　）します。これで、私もほっとできます。
むすめ

 やっと、（③　　　　　）が決まりました。4月から社会人です。
き

 去年、30年勤めた会社を定年（④　　　　　）したので、この前、妻と二人で北海道旅行に行って来ま
きょねん　　　つと　　　　　ていねん　　　　　　　　　　　　つま　ふたり　ほっかいどうりょこう
した。次回は、家族で行きたいですね。
じかい　かぞく

 先月、娘が無事に女の子を（⑤　　　　　）しました。私もおばあちゃんです。
むすめ　ぶじ

 この間、しばらく病気で（⑥　　　　　）していた祖父が（⑦　　　　　）して、家に帰って来ました。
あいだ　　　　びょうき　　　　　　　　　　　　そふ　　　　　　　　　　　いえ　かえ
ずっと長生きしてもらいたいです。
ながい

a. 出産	b. 退職	c. 卒業	d. 就職	e. 結婚	f. 退院	g. 入院	h. 離婚	i. 入学
しゅっさん	たいしょく	そつぎょう	しゅうしょく	けっこん	たいいん	にゅういん	りこん	にゅうがく

◆ 짝을 이루는 말을 찾아봅시다.

(b - d) (　　　　) (　　　　) (　　　　)

◆ 붉은색 글자에 주의합시다. (A) '과거의 사실'을 이야기할 때 쓰는 말은 어느 것입니까? (B) '미래의 사실'을 이야기할 때 쓰는 말은 어느 것입니까?

5

3 SNS에 친구의 글 ①~⑤가 올라왔습니다. 뭐라고 코멘트하겠습니까? a~e에서 고르세요.

① 今日は、銀座の2つ星レストランで、フランス料理のフルコースでした。おいしかった。
きょう　ぎんざ　ふた　ほし

a お大事に。無理しないで、ゆっくり休んで。
だいじ　むり

② バイトの新人。何を言っても「できませ〜ん、わかりませ〜ん。」ほんと、勘弁してほしい。
しんじん　　　　　　　　　　　　　　　　　　　　　かんべん

b あー、うらやましい。私も行ってみたい。

③ 10年ぶりのスキーで足を骨折。これから3週間の入院生活です。
こっせつ　　　　　　　にゅういんせいかつ

c 悲しいよね。でも、元気出してね。
かな　　　　　　げんき

④ 先日、長年いっしょに暮らしていたネコのクロが星になりました。今は、庭で眠っています。
せんじつ　ながねん　　く　　　　　　　　　　ほし　　　　　　にわ　ねむ

d 笑える。お腹いたい！
わら　　なか

⑤ 電車で見かけたこわそうな外国人のお兄さん。太い腕に日本語でタトゥーが。よく見ると、「私はライオソ」って書いてあった。
がいこくじん　にい　ふと　うで

e そういう人、本当に頭に来るよね！
ほんとう　あたま

PART 1 ねえ、聞いて聞いて

Can-do 21 최근 있었던 일과 관련된 지인의 말을 듣고 무슨 일이 있었는지 대강 이해할 수 있다.

知り合いの日本人が、自分の最近のできごとについて話しています。

● 네 사람은 다음의 대사 이후에 무슨 말을 할까요? 듣기 전에 자유롭게 생각해 예상을 메모하세요.

① 横田
よこた

> 私、最近、ネコ飼うことにしたんだ。
> さいきん　か

（例）・公園でひろった。
こうえん
・子ネコで、すごくかわいい。

② 伊藤
いとう

> この前、ビザの更新に行ったんですけどね…。
> こうしん

③ 竹内
たけうち

> この間、車上荒らしにあっちゃったよ。
> あいだ　しゃじょう あ

④ 中川
なかがわ

> 今度、娘が結婚することになったんです。
> こんど　むすめ　けっこん

1 ▶ 위의 ①~③을 들어 봅시다. (④는 나중에 듣습니다)

(1) 예상은 맞았나요? 위의 메모에 ○(맞았다), ×(틀렸다)를 적으세요. ×의 경우는 무엇이 틀렸는지 메모합시다. 5_09-11

（例）・公園でひろった。 → × 友達から、もらった　・子ネコで、すごくかわいい。 → ○
こうえん　　　　　　　　　ともだち

(2) 다시 한 번 들읍시다. 이야기의 내용과 맞는 쪽을 고르세요. 5_09-11

①
a.
b.

②
a.
b.

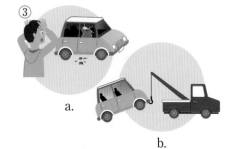
③
a.
b.

◆ 선택한 그림을 보면서 무슨 일이 있었는지 친구와 확인합시다.

2 듣기 전략

이야기의 전개를 예측한다.

(1) 다시 한 번 들어 봅시다. 이번에는 도중까지만 듣고 이어지는 내용을 생각해 봅시다. 그 밖에 어떤 이야기를 생각할 수 있습니까?

横田
よこた

ただね…

5_12

・ソファをガリガリひっかく

ほかに

（例）・部屋でおしっこをする

　　　・夜もニャーニャーうるさい
　　　　よる

伊藤
いとう

そうしたら、今度も…
　　　　　　こんど

5_14

◆ 이어지는 내용을 듣고 확인합시다. 5_13

◆ 이어지는 내용을 듣고 확인합시다. 5_15

(2) ③竹内 씨의 이야기에는 뒷내용이 있습니다. 다시 한 번 듣고 뒷내용을 예측합시다. 5_16
　　たけうち

それにね…

◆ 이어지는 내용을 듣고 확인합시다. 5_17

(3) ④中川 씨의 이야기를 듣습니다. 일시 정지(3회) 부분에서 이야기의 뒷내용을 생각하면서 들읍시다. 5_18-21
　　なかがわ

ただ…

でもね、会ってみると…

ただ、主人は…
　　　しゅじん

3 당신에게도 비슷한 경험이 있습니까?

5

■ 네 명의 이야기를 정리합시다. (　　) 안에 들어갈 말을 고르세요. 5_22-25

（1）（① 最近　）、横田さんは海外に引っ越す友達からネコをもらった。（②　　　　　）3か月前に
　　　　さいきん　よこた　　　かいがい　ひ　こ　ともだち
モルモットが死んでさびしかったから、そのネコを飼うことに
　　　　　　し　　　　　　　　　　　　　　　　　か
した。ネコは（③　　　　　）慣れて、とてもかわいい。
　　　　　　　　　　　　　な

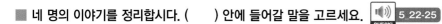

ちょうど	すぐに	最近
		さいきん

（2）伊藤さんは、先日ビザの更新に役所に行った。（④　　　　　）行ったとき、役所の人に書類が足り
　　いとう　　　せんじつ　　こうしん　やくしょ　　　　　　　　　　　　　　やくしょ　しょるい　た
ないと言われた。（⑤　　　　　）、その書類を準備して行ったら、またほかの書類が足りないと言わ
　　　　　　　　　　　　　　　しょるい　じゅんび　　　　　　　　　　　しょるい　た
れた。（⑥　　　　　）何回も役所に通わされた。
　　　　　　　　なんかい　やくしょ　かよ

別の日に	結局	最初に
べつ	けっきょく	さいしょ

（3）竹内さんは、（⑦　　　　　）の日曜日、車上荒らしにあった。駅の地下の駐車場に車を止めたが、
　　たけうち　　　　　　　　　にちようび　しゃじょうあ　　　　　　　ちか　ちゅうしゃじょう　と
（⑧　　　　　）、うっかりカメラを車のダッシュボードに置いてきてしまった。（⑨　　　　　）車に
　　　　　　　　　　　　　　　　　　　　　　　　　お
戻ってみたら、カメラもカーナビもなくなっていた。
もど

そのとき	あとで	この間
		あいだ

（4）（⑩　　　　　）、中川さんの娘さんが結婚することになった。結婚相手は17歳年上でバツイチの人だ。
　　　　　　　なかがわ　　むすめ　　けっこん　　　　　　けっこんあいて　　さいとしうえ
（⑪　　　　　）、その人が中川さんの家にあいさつに来たが、すてきな人だった。（⑫　　　　　）、
　　　　　　　　　　　なかがわ　いえ
中川さんのご主人は少しショックだったみたいだ。
なかがわ　　しゅじん

ただ	この前	今度
		こんど

⭐ Can-do를 체크하세요

会話する

Can-do 22　친구와 서로 근황을 이야기할 수 있다. 또한 공통되는 화제를 이야기할 수 있다.

● 당신은 외국인과 스카이프 등 인터넷을 이용해 대화하는 일이 있습니까?
누구와 무슨 이야기를 합니까?

フランキー（インドネシア）

インドネシアのマナドに住んでいる
会社員。日本語は日本語学校で勉強し
かいしゃいん　　　　　　　　　　べんきょう
た。今もときどき仕事で日本語を使う。
しごと

ツェツェグ（モンゴル）

ウランバートルの大学で日本語を勉強
べんきょう
した。今は二人の子どもの母。
ふたり

フランキーさんと、ツェツェグさんは、「日本語学習者訪日研修」で
がくしゅうしゃほうにちけんしゅう
日本に行ったときの友達です。国に帰ったあとも、ときどきネットで
ともだち　　　かえ
話しています。

1　두 사람의 대화를 들어 봅시다. 스크립트를 안 보고 다음의 사항에 주의하며 들어 봅시다. 🔊 5_27

① フランキーさんは、最近どうして忙しいのですか。
さいきん　　　　いそが
② ツェツェグさんは、今、仕事をしていますか。
しごと

2　스크립트를 보면서 들읍시다. 🔊 5_27

(1) 두 사람은 보통체와 정중체 중 어느 쪽을 사용해 이야기합니까?
또 왜 그렇습니까?

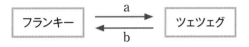

(2) (　　　) 안에 알맞은 말을 써 넣으세요.

◆ 무슨 뜻과 역할을 가졌을까요?

フランキー　：ツェツェグさん、こんにちは。

ツェツェグ　：こんにちは、フランキーさん、久しぶり。
ひさ

フランキー　：ほんと、久しぶりだね。最近、仕事が忙しくて、スカイプする時間がなかったから。そっちはどう？
ひさ　　　　さいきん　しごと　いそが
モンゴルは寒い？
さむ

ツェツェグ　：寒いよ。外はマイナス30度。インドネシアは寒くないの？
さむ　　　そと　　　　　　　　ど　　　　　　　　　さむ

フランキー　：こっちは一年中夏だよ。今は雨の季節だから、雨がたくさん降るけどね。
いちねんじゅうなつ　　　　きせつ　　　　　ふ

ツェツェグ　：そういえばインドネシアで、大雨が降って、道が水でいっぱいになったんでしょう？ だいじょうぶ？
おおあめ　ふ

フランキー　：うん、ここはだいじょうぶ。だけど、ジャカルタは大変だった（①　　　　　　　　　）よ。ぼくの
たいへん
友達も、車が水に浸かっちゃった（②　　　　　　　）。
ともだち　　　　　　つ

ツェツェグ　：そう。で、フランキーさんはどう？ 最近。
さいきん

フランキー　：すごく忙しい。来週、出張でシンガポールに行く（③　　　　　　　　）から、今はその
いそが　らいしゅう　しゅっちょう
準備で大変。ツェツェグさんは？ 赤ちゃんは何歳になるんだ（④　　　　　　　）？
じゅんび　たいへん　　　　　　　あか　　　なんさい

ツェツェグ　：1歳。でも二人目だから、問題なくやってるよ。この前、やっと歩けるようになったんだ。
さい　　　ふたりめ　　　もんだい　　　　　　　まえ　　　　　ある

フランキー ：へー、おめでとう。

ツェツェグ ：うん、それで、来年4月から、また働く（⑤　　　　　　　　）。

フランキー ：そう。そういえば、タイのユパカーさんのところは、来年子どもが小学校入学
　　　　　　　　だ（⑥　　　　　　　　）。Facebook に写真を載せてたよ。

ツェツェグ ：へー。でも、時間が過ぎるのって早いね。また日本に行きたいな。

フランキー ：うん、でも、こうして、ネットで外国の友達とすぐ話せるし、日本の情報も入るし、便利になったよね。

ツェツェグ ：ほんとだね。あ、ごめん、子どもが起きちゃった。泣いてる。
　　　　　　　　じゃあ、今日はこれで、またね。

フランキー ：うん、また。じゃあね。

ウランバートル　　　　　マナド

3 대화에 도움이 되는 문법·문형

남에게서 들은 것으로 생각하여 말한다.

ジャカルタは大変だったらしいよ。 → ❶

남에게서 들은 것을 전달한다.

車が水に浸かっちゃったって。 → ❷　　　来年子どもが小学校入学だって。 → ❷

결정된 것을 전달한다.

シンガポールに行くことになった。 → ❸

스스로 정한 것을 전달한다.

来年4月から、また働くことにした。 → ❸

생각나지 않은 것을 확인한다.

赤ちゃんは何歳になるんだっけ？ → ❹

현재의 일을 말한다.

問題なくやってるよ。 → 初級1　1課

❶　～らしい　ジャカルタは大変だったらしいよ。

| N
イA い
ナA な
V（보통체） | らしい |
| N だった
イA かった
ナA だった
V た | らしい |

두 사람이 친구에 관한 이야기를 하고 있습니다. a~e의 말 하나를 골라 「～らしい」를 이용해 말해 봅시다.

① ダーリットさんは、また日本に（ a. 行くらしい ）よ。

② 安藤さんは部長に（　　　　　　　）よ。

③ ソンジンさんは、去年結婚して、今とても（　　　　　　　　）ね。

④ のり子さん、仕事がなかなか（　　　　　　　）よ。
⑤ ジョバニさん、大学を今年（　　　　　　　）ね。

| a. 行きます | b. 幸せです | c. なりました | d. 卒業できませんでした | e. 見つかりません |

❷ 〜って

車が水に浸かっちゃったって。
来年子どもが小学校入学だって。

＊주로 격의 없는 말투로 사용한다.

(1) 음성을 듣고 그림을 고르세요. 🔊 5_33-37

① c　　② 　　③ 　　④ 　　⑤

(2) 그림을 보면서 (1)의 이야기를 다른 사람에게 「〜って」를 사용해 알려 줍시다. 🔊 5_38-42

a. かずえさん、（ タイに引っ越すって ）。
b. ホアさん、（　　　　　　　　　　）。
c. みゆき、（　　　　　　　　　　）。
d. 駅前のレストラン、（　　　　　　　　　　）。
e. 明日、（　　　　　　　　　　）。

❸ V ことになる

シンガポールに行くことになった。

V ことにする

来年4月から、また働くことにした。

V（사전형／ない형）＋ ことになる
V（사전형／ない형）＋ ことにする

(1) 대화를 듣고 그림을 고르세요. 🔊 5_43-48

① a　　② 　　③
④ 　　⑤ 　　⑥

(2) 어느 쪽을 사용했습니까? 다시 한 번 듣고 고르세요. 🔊 5_43-48

① (ことになる　(ことにする))　② (ことになる　ことにする)　③ (ことになる　ことにする)
④ (ことになる　ことにする)　⑤ (ことになる　ことにする)　⑥ (ことになる　ことにする)

◆ 그림을 보면서 자기의 말로 이야기해 봅시다.

❹ ~だっけ　赤ちゃんは何歳に<u>なるんだっけ</u>?

*주로 격의 없는 말투로 사용한다. 정중체에서는 「~でしたっけ」가 된다.

당신은 친구와 둘이서 이야기하고 있습니다. 부분과 관련해 친구에게 물어 확인합시다. 5_49-52

① 私達が日本に行ったのは、

　　3年前?　4年前?… → 何年前だっけ?

② 今年の試験って、

　　2月?　3月?…の、何日?… →

③ モンゴルの首都って、

　　ええと、ウラ…ウラン…? →

④ あれ?　清水さんの娘さん、

　　マキ?　マミ?　マユ? →

---

4 말하기 전략

모르는 말을, 알고 있는 쉬운 말로 표현한다.

(1) 102쪽 대화의 스크립트를 보세요. 밑줄 친 말 대신에 뭐라고 말했습니까?

　① 今は<u>雨期</u>だから、雨がたくさん降るけどね。　② インドネシアで、大雨が降って、<u>洪水</u>があったんでしょう?

(2) 다음 밑줄 친 말을 모를 때 뭐라고 말하면 됩니까?

　① 来週、<u>出張</u>でシンガポールに行くことになったから。
　② 日本の<u>情報</u>も入るし。
　③ 車が水に<u>浸</u>かっちゃったって。

발 음

박(拍)과 리듬

(1) 리듬에 주의하며 들어 봅시다. 🔊 5_53-57

タン 과 タ 에 주의하면서 들어 봅시다.

けっこうぷるけど ね　　（タン タン タン タン タ）

たいへんだ゚ったらし゚い よ　　（タン タン タン タン タン タ）

しょうが゚っこうにゅうが くだっ て　　（タン タン タン タン タン タン タ）

あ゚ったん で しょう?　　（タン タン タ タン）

つ かっちゃった っ て　　（タ タン タン タン タ）

일본어에서는 두 박자 덩어리가 리듬을 만듭니다.

(2) 리듬에 맞춰 손뼉을 치면서 문장을 소리 내어 읽어 봅시다.

5 롤 플레이를 통해 회화 연습을 하세요.

(1) 롤 플레이에 앞서 다시 한 번 스크립트를 보고 생각해 봅시다. 대화의 ★ 부분 중에서 다음의 A~C는 어디입니까? 표시합시다.

> A 相手のことについて質問している。
> あいて　　　　　　しつもん
>
> B 自分や自分の家族のことについて話している。
> じぶん　じぶん　　かぞく
>
> C ほかの人のことなど、共通の話題について話している。
> きょうつう　わだい

◆ 각각의 부분에서는 어떤 표현을 썼습니까?

(2) 카드를 보고 연습합시다.

① 다음 부분에서 (例)에 이어지는 내용을 생각해 봅시다. 그때 (1)에서 본 구성에 주의하여 대화합시다. 또 친구 사이의 대화가 되도록 보통체로 대화해 봅시다.

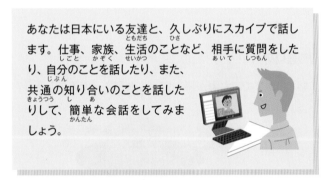

あなたは日本にいる友達と、久しぶりにスカイプで話します。仕事、家族、生活のことなど、相手に質問をした
ともだち　ひさ　　　　　　　　　しごと　かぞく　せいかつ　　　　　あいて　しつもん
り、自分のことを話したり、また、
じぶん
共通の知り合いのことを話した
きょうつう　し　あ
りして、簡単な会話をしてみま
かんたん
しょう。

（例）A：○○さん、久しぶり。
　　　　　　　　ひさ
　　　　B：おお、久しぶり。どう？ 最近。忙しい？
　　　　　　　　ひさ　　　　　　さいきん　いそが
　　　　　（仕事はどう？）
　　　　　　しごと
　　　　　（娘さんは元気？）
　　　　　　むすめ　　げんき
　　　　　……

◆ 대화 예를 들어 봅시다. 5_58

② 일본어로 말하는 해외에 사는 친구와 인터넷으로 오랜만에 대화합니다. 화제나 내용을 자유롭게 생각해 대화해 봅시다.

★ **Can-do**를 체크하세요

Can-do **23**　자기의 근황이나 있었던 일과 관련해 무슨 일이 있었는지, 어땠는지를 어느 정도 자세하게 이야기할 수 있다.

● 최근 무슨 일이 있었습니까?

チェさんは、日本関係のイベント会場で、知り合いの山口さん
　　　　　　　　　かんけい　　　　　かいじょう　　し　あ　　　　やまぐち
に久しぶりに会いました。
　ひさ

1 　두 사람의 대화를 들어 봅시다. 　5_60

> あ、山口さん、久しぶりですね。
> 　　やまぐち　　ひさ

> ああ、チェさん、しばらくですね。最近、どうですか?
> 　　　　　　　　　　　　　　　　　　　さいきん

> おかげさまで。私、最近体の調子がすごくいいんですよ。
> 　　　　　　わたし　さいきん からだ ちょうし
> 実は、……………………………………………………。
> じつ

チェ

> そうですか。それは、よさそうですね。

山口
やまぐち

チェ 씨는 근황과 관련해 뭐라고 이야기합니까?

① 最近、何を始めましたか。　　② はじめは、どうでしたか。
　さいきん なに はじ

③ そのあと、どうなりましたか。　④ 今はどうですか。

2 　다시 한 번 듣고 (　　)에 알맞은 말을 씁시다. 　5_60

토픽을 도입한다.

・最近、ヨガを始めた (①　　　　　　　)。
　さいきん　　　　はじ

일이 발생한 순서대로 이야기한다.

・はじめは、うまくできなくて…。

・それが/でも、続けてい (②　　　　　　)、私でも、だんだんできる (③　　　　　　) なってきて…。
　　　　　　　　　つづ

・最近は、夜もぐっすり眠れる (④　　　　　　) なって、体調もいいんです。
　さいきん　よる　　　　　ねむ　　　　　　　　　　たいちょう

'인용'하여 말한다.

・はじめはうまくできなくて、「痛い!」「できない!」(⑤　　　　　　) ことばかりで…。
　　　　　　　　　　　　　　いた

이야기를 정리한다.

おすすめです。 楽しかったです。 たの やって/始めてよかったです。 はじ もう一度行きたいですね/やりたいですね。 いちど これからも続けたいです。 つづ	大変でした。 たいへん うんざりです。 もう、こりごりです。 本当にひどい目にあいました。 ほんとう

3 　스크립트를 보면서 다시 한 번 들어 봅시다. 5_61

実は、私、最近ヨガを始めたんです。ホットヨガです。いいですよ。

えっと…、熱い部屋の中で、ヨガをするんです。

体をゆっくりのばしていくんですけど、はじめはうまくできなくて、「痛い!」「できない!」っていう

ことばかりで…。でも、ほかの人はみんな、らくらくやってるんですよね。それが、続けていたら、

私でも、だんだんできるようになってきて。汗がだらだら出るから、終わったあとのシャワーが、

すごく気持ちいいんです。

最近は、夜もぐっすり眠れるようになって、体調もいいんですよ。
おすすめです。

◆ 스크립트의 ★ 부분을 따라 말해 봅시다. 처음에는 스크립트를 보면서 따라 하고, 다음에는 스크립트를 안 보고 따라 합시다.

 5_62

4 　아래 메모를 보면서 チェ 씨가 되었다고 가정하여 근황을 이야기합시다. 스크립트를 안 보고 자기의 말로 말해 주세요.

토픽 : ホットヨガを始めた
　　　熱い部屋の中で、ヨガをする

① 처음에는?

　体をゆっくりのばす
　→ うまくできない
　　・「痛い!」「できない!」
　　・ほかの人は、らくらく

② 그 다음에는?

　(それが)、続けていたら
　→ だんだんできるようになってきた
　　・汗がだらだら出る
　　・終わったあとのシャワーが気持ちいい

③ 그래서?

　最近は
　　・夜ぐっすり眠れる
　　・体調がいい

정리 : おすすめ!

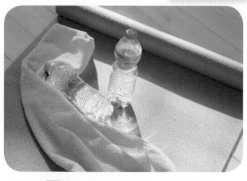

◆ 말할 때 **2** 의 표현을 사용해 보았습니까?

5 당신의 근황이나 있었던 일을 이야기해 봅시다.

(1) 일, 공부, 취미, 가족 등과 관련된 근황이나 있었던 일 중에서 친구가 물어 주었으면 하는 것을 하나 골라 메모를 만듭시다.

토픽 :

① 처음에는?

② 그 다음에는?

③ 그래서?

정리 :

(2) 반 친구와 이야기합시다.

○○さん、しばらくですね。最近、どうですか?
さいきん

⭐ Can-do를 체크하세요

PART **4** わが家の近況ですが…
や　きんきょう

● 당신은 손 편지를 쓴 적이 있습니까? 또는 받은 적이 있습니까?

1年前にホームステイをした家のお母さんに、誕生日カードと写真を送りました。そして、そのお母さんから返事が
　　　　　　　　　　　　　いえ　　　　　　　　　　　たんじょうび　　　しゃしん　おく　　　　　　　　　　　　　　　　　　　　　へんじ
来ました。

1 ▶ 편지를 읽어 봅시다. 🔊 5_64
CHECK!

(1) 홈스테이로 머물던 집의 가족은 지금 어떻게 지낼까요? 편지를 읽기 전에 예상을 [＿＿＿＿] 에 적으세요.

お父さん　　1年前には…

定年退職したばかりで、家にいることが多かった。
ていねんたいしょく　　　　　　　　　いえ

지금은

예상：（例）新しい仕事をしている。
　　　　　　　　しごと

①

お母さん　　1年前には…

毎日家事で忙しかった。
か　じ　いそが
美術や音楽が好きだった。
びじゅつ

지금은

예상：

②

優子さん　　1年前には…
ゆうこ

大学2年生だった。
英語が好きだった。
えいご

지금은

예상：

③

大吾さん　　1年前には…
だいご

高校3年生だった。
東京の大学をめざして勉強中だった。
とうきょう　　　　　　　　　べんきょうちゅう

지금은

예상：

④

(2) 편지를 읽고 **増田** 씨 가족의 현재 모습을 [＿＿＿＿] 안에 적으세요.
　　　　　　ますだ

◆ (1)에서 예상한 것은 적중했나요? 예상과 다른 것은 어떤 점인가요?

A

こんにちは。ごぶさたしていますが、いかがお過ごしですか。

帰国してから、ちょうど一年になりますね。日本では まだまだ

暑い日が続いています。そちらはどうですか。

B

先日は、誕生日カードと写真をありがとうございました。

送ってくれた写真を見て、とてもなつかしい気持ちになりました。

また、日本語の勉強を続けているようで、うれしく思います。

C

わが家の近況ですが、大吾が大学一年生になり、この四月

から東京で一人暮らしを始めました。料理も全く作らない

から、日本語の勉強を続けているようで、うれしく思います。

洗濯もしたことがないのに、一人で生活できるのだろうかと

心配していますが、とりあえず今のところはなんとかやっている

ようです。優子は今は大学三年生ですが、卒業する前に

一年間、ワーキングホリデーでオーストラリアに行きたいそうで、

今いろいろ準備しているようです。

D

お父さんは、あいかわらず 家でテレビばかり見ています。

せっかく退職して自由な時間ができたのだから、一緒に

出かけたいと思って、私からコンサートやら美術展やら いろいろ

誘うのですが、行きたがりません。なので 最近は 私が一人で

楽しんでいます。

E

それから Eメールですが、すみませんが 使っていません。

私には やはり手紙が合っているようです。

F

それでは、次のお便りを楽しみにしています。もしまた

日本に来ることがあったら、ぜひご連絡くださいね。

お体に気をつけて お過ごしください。

二〇一六年 八月 一三日

　　　　　　　　　様

増田絹子

2 읽기 전략

새로운 정보가 있는 부분에 주목해 읽는다.

(1) A ~ F의 각 부분에는 어떤 내용이 적혀 있습니까? 아래에서 고르세요.

A （ ア ）　　B （ 　 ）　　C （ 　 ）　　D （ 　 ）　　E （ 　 ）　　F （ 　 ）

> ア．あいさつや季節の話　　イ．別れのあいさつや体を気づかうことば　　ウ．もらった手紙や写真に対するお礼
> エ．夫と自分の様子　　オ．子どもたちの様子　　カ．そのほかに連絡したいこと

(2) A ~ F를 다음의 두 부류로 나누세요.

① 決まった言い方がほとんどで、新しい情報があまりない部分 （ 　　　 ）

② 新しい情報や大切な情報がある部分 （ 　　　 ）

> 편지의 정해진 말 부분에는 중요한 정보가 별로 없구나!

3 増田 씨 가족은 앞으로 어떻게 지낼까요? 자유롭게 생각해 봅시다.

4　읽기에 도움이 되는 문법·문형

모양이나 상태를 나타낸다.

❶　| ～ようだ |　今いろいろ<u>準備</u>しているようです。　⇒　中級 1　トピック8
じゅんび

＊「～みたいだ」와 같은 뜻으로 사용한다. 주로 문장체에서 사용한다. 「～みたいだ」보다 격식 차린 표현.

111쪽의 편지 속에서 「～ようだ」가 쓰인 부분을 찾아봅시다.

❷　| N ばかり |　テレビばかり見ています。

・夫は週末、本ばかり読んでいて、どこにも出かけようとしない。
　おっと　しゅうまつ
・最近、娘は（①　　　　　　　）のことばかり話している。
　さいきん　むすめ
・最近、私は（②　　　　　　　）ばかり食べているのでちょっと太った。
　さいきん　　　　　　　　　　　　　　　　　　　　　　ふと

❸　| V たがる |　いろいろ<u>誘う</u>のですが、<u>行きたがりません</u>。
　　　　　　　　　　　　さそ

V ますＴ＋たがる

＊자기 이외의 사람이 하고 싶어하는 것을 말한다.

・大学に合格した息子は、家を<u>出たがっています</u>。　　　・最近、息子は父親と<u>話したがりません</u>。
　ごうかく　　むすこ　　いえ　　　　　　　　　　　　　　　　　さいきん　むすこ　ちちおや
・娘は英語が好きで、（　　　　　）<u>たがっています</u>。
　むすめ　えいご

정중하게 부탁한다.

❹　| お・ご V ください |　お体に気をつけてお<u>過ごし</u>ください。
　　　　　　　　　　　　　　　　　　　　　す
　　　　　　　　　　　　　　　ぜひご<u>連絡</u>ください。
　　　　　　　　　　　　　　　　れんらく

お＋V ますＴ＋ください　　ご＋[한자어]＋ください

・家族の皆様によろしく<u>お伝えください</u>。　　　・メールアドレスが変わりましたので、<u>ご注意ください</u>。
　かぞく　みなさま　　　　　　つた　　　　　　　　　　　　　　　　　か　　　　　　　　　ちゅうい

한자어 ▶

읽는 법이나 뜻을 확인하세요. 키보드나 스마트폰 등을 이용해 입력해 봅시다.

暮らす　　洗濯（する）　　準備（する）　　退職（する）　　自由
く　　　　せんたく　　　　　じゅんび　　　　たいしょく　　　　じゆう

美術展　　次　　連絡（する）
びじゅつてん　つぎ　れんらく

◆「洗濯する」「準備する」「退職する」「連絡する」처럼「する」를 붙여서 동사가 되는 두 글자 한자어가 있습
　せんたく　じゅんび　たいしょく　れんらく
니다. 편지에서 같은 형태의 단어를 찾아봅시다.

★ Can-do를 체크하세요

PART 5 お元気ですか

書く

Can-do 25 지인에게 자기의 근황을 알리는 메일을 쓸 수 있다.

1 한동안 만나지 않은 지인에게 자기의 근황을 알리는 메일을 써 봅시다.

(1) 쓸 내용을 정리합시다.

누구에게 씁니까?　　　　　　　　　무엇을 알리고 싶습니까?

☐ 日本に住んでいる友人
☐ 昔の日本語の先生
☐ ホストファミリー
☐ 昔の仕事の同僚
☐ その他（　　　　　　　　）

인사말

① 도입 인사

　친구에게　：元気？
　　　　　　　久しぶりだね。
　　　　　　　どうしてた？

　윗사람에게：お元気ですか。
　　　　　　　ご無沙汰していますが、
　　　　　　　いかがお過ごしですか。

② 맺는 인사

　친구에게　：またメールするね。
　　　　　　　元気でね。
　　　　　　　体に気をつけてね。

　윗사람에게：またメールします。
　　　　　　　かぜなどひかないよう、お体に気を
　　　　　　　つけてお過ごしください。

5

(2) 메일을 작성합시다.

New Message

To :

Subject :

2 반 친구가 작성한 것을 서로 읽고 코멘트해 봅시다.

 Can-do를 체크하세요

教室の外へ

わたし
だけ の
フレーズ

토픽(TOPIC)과 관련해 일본어로 말해 보고 싶은 것은 무엇입니까?
나에게만 필요한 일본어 표현을 메모해 봅시다.

（例）最近、昇進して給料が上がりましたが、忙しくて日本語の勉強をする時間がありません。
さいきん しょうしん きゅうりょう いそが にほんご べんきょう

1

반 친구나 지인과 스카이프를 이용해 일본어로 대화해 봅시다.

2

Facebook 같은 SNS로 당신에게 최근에 일어난 일을 일본어로 적어 봅시다.
— 아는 일본인이나 반 친구에게 「友達」요
　　　　　　　　　　　　　　　　ともだち
　청을 보내 봅시다.
— 일본어 그룹을 찾아내 참가해 봅시다.

3

일본에서는 편지를 쓸 때, 계절 인사를 적어 넣습니다. 인터넷에서 「手紙の書き方 季節の
　　　　　　　　　　　　　　てがみ　か　かた　きせつ
挨拶」라고 입력해 검색해 보고 각 계절마다 어
あいさつ
떤 인사말이 있는지 알아봅시다.

4

「絵手紙」는 엽서에 직접 그림을 그려서 보냅니다.
えてがみ
인터넷의 이미지(画像) 검색을 통해 「絵手紙」의
　　　　　　　がぞう　　　　　　　えてがみ
예를 찾아봅시다. 어떤 마음을 전하고 있습니까?
어느 계절의 엽서입니까?
● 당신도 「絵手紙」를 작성해 봅시다.
えてがみ

⭐ 일본어·일본 문화 관련 체험을 기록해 봅시다

マンガを読もう

● 당신은 만화를 자주 읽습니까?

● 그것은 왜입니까?

聞いてわかる

PART 1

すごく有名なマンガですよ
ゆうめい

会話する

PART 2

これはチョッパーの帽子です
ぼうし

長く話す

PART 3

酒飲みの大男の話です
さけ の   おおおとこ

読んでわかる

PART 4

マンガばかり読んでいて…

書く

PART 5

「悩める母」さんへ
なや   はは

準備

1 일본에는 다양한 만화가 있습니다. ①~⑧은 일본 만화의 표지입니다. 어떤 종류(장르)의 만화라고 생각합니까? a~h에서 고르세요.

①

②

③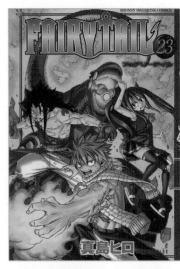

④

⑤

⑥

⑦

⑧

a. ラブコメディ（ラブコメ）

b. ミステリー／探偵もの

c. ファンタジー

d. スポーツもの

e. アクション

f. サラリーマンもの

g. ギャグ

h. 料理もの

문화 당신의 나라에는 어떤 종류의 만화가 있습니까? 어떤 사람이 읽습니까?

스토리

旅の途中、ナミ（女の子）は、ケスチアという病気になってしまい、高い熱が出ました。でも、医者のドクトリーヌの薬を飲んで休んだら、少し良くなりました。今は、部屋で休んでいます。そこへ、医者のアシスタントのチョッパー（男の子／トナカイ）がナミの様子を見にきました。

(1) 첫 번째 장면을 봅시다. 만화의 대사는 말풍선 ⬭으로 나타냅니다. ❶~❸의 대사는 각각 ナミ와 チョッパー 중 누가 한 말입니까? 그것은 무엇으로 알 수 있습니까?

❶ お前、まだ熱があるんだぞ！！
（　　　　）

❷ ないわよ
　　もう　ほとんど引いたみたい
（　　　　）

❸ でもだめだ
（　　　　）

(2) ❹와 ❺를 보세요. ナミ가 チョッパー 에게 고맙다고 하자, チョッパー는
「う…!! うるせェなっ!!」
라고 했습니다. 대사 ❺의 표현 방식에는 어떤 특징이 있습니까?

◆ チョッパー가 되었다고 가정해 ❺를 말해 봅시다.

(3) 만화에서는 의성어·의태어(オノマトペ: 소리나 모양을 나타내는 말)가 자주 등장합니다. 만화 속에서 다음과 같은 オノマトペ는 어떤 소리나 모양을 나타냅니까?

① キョロキョロ　（　　　）
② バタン　　　　（　　　）
③ うきうき　　　（　　　）
④ ニコニコ　　　（　　　）

출전：『ONE PIECE』16巻、P.74
© 尾田栄一郎／集英社

a. ドアを閉める音　　b. うれしい様子　　c. 笑う様子　　d. あちこち見てさがす様子

◆ 이 밖에도 어떤 オノマトペ를 알고 있습니까? 그것은 무엇을 나타냅니까?

聞いてわかる　　**Can-do 26**　만화 관련 소개를 듣고 어떤 스토리인지 어떤 점이 좋은지 이해할 수 있다.

日本文化センターの図書館のマンガコーナーで話しています。

> おすすめのマンガって、
> 何かありませんか？

● 표지를 보고 어떤 만화인지 상상해 봅시다.

『鋼の錬金術師』
はがね　れんきんじゅつし

『デスノート』

『のだめカンタービレ』

『ベルサイユのばら』

② ゆか　③ リン
① だいすけ　④ サイ

1　다음의 네 사람은 어떤 만화를 추천하고 있는지 들어 봅시다.

(1) 네 사람이 추천하는 만화는 어느 것입니까? 위에서 고르세요. 또 표지의 등장인물이 어떤 사람인지 메모합시다.

		① だいすけ	② ゆか	③ リン	④ サイ
タイトル		デスノート			
登場 とうじょう 人物 じんぶつ	ライト：高校生、犯人 はんにん 　　　頭がいい 　　　あたま 探偵：頭がいい たんてい　あたま				

(2) 다시 한 번 듣고 어떤 스토리인지 (　) 안에 알맞은 말을 적으세요. **6_03-06**

　① 月という高校生が、ノートを使って人を（　殺す　）。月と探偵、二人の（　対決　）がある。
　　ライト　　　　　　　　　　　　　　　　　　　ころ　ライト　たんてい　ふたり　　　たいけつ
　② のだめというピアニストの女の子と、千秋という指揮者の男の子との（　　　　）。
　　　　　　　　　　　　　　　　　　ちあき　　　しきしゃ
　③ フランス革命という（　　　　　）のドラマの中で、オスカルと幼なじみアンドレとの（　　　）がある。
　　　　　　かくめい　　　　　　　　　　　　　　　　　　　　おさな
　④ 一種の（　　　　　）。兄弟が元の体に戻る方法を（　　　　）て世界を旅する話。
　　いっしゅ　　　　　　きょうだい　もと　からだ　もど　ほうほう　　　　せかい　たび

(3) 다시 한 번 듣고, 어떤 점이 좋다고 말하는지 a~h에서 고르세요. **6_03-06**

　① だいすけ　（　c　）　　② ゆか　（　　　）　　③ リン　（　　　）　　④ サイ　（　　　）

> a. 感動的　　　b. ドラマチック　　c. ドキドキする　　d. 考えさせられる
> 　かんどうてき
> e. 笑える　　　f. 絵がきれい　　　g. いろいろ楽しめる　　h. スケールが大きい
> 　わら　　　　　え　　　　　　　　たの

◆ 고른 말을 사용해서 각 만화의 매력과 관련해 알게 된 사실을 친구와 이야기해 봅시다.

2 듣기 전략

말의 뜻을 확인하면서 듣는다.

(1) 대화의 일부를 다시 한 번 들어 봅시다. 다음 말의 뜻은 무엇이라고 합니까? 6_07-09

	① だいすけ	② ゆか	③ リン
ことば	探偵 たんてい	指揮者 しきしゃ	王妃 おうひ
意味 いみ	警察の人 けいさつ		

(2) 대화의 일부를 다시 한 번 들어 봅시다. 듣는 사람은 붉은색 글자의 말 뜻을 어떻게 확인했습니까? 6_07-09

① だいすけ ： …そこにすごく頭がいい探偵が出てきて、月が犯人だと気づくんです。
あたま　　　　たんてい　　　　　　ライト　はんにん
（ え、探偵って、警察の人のことですか？ ）……
たんてい　　けいさつ

② ゆか ： …ピアニストの「のだめ」って女の子と、千秋っていう、指揮者で才能あってかっこいい男の子
ちあき　　　　しきしゃ　さいのう
との、まあラブコメですね。（　　　　　　　　　　　　　　　？）……

③ リン ： …オスカルは、最初はマリー・アントワネットを守る立場なんですけど…（マリー・アントワネット？）
まも　たちば
あ、フランスの王妃だった人です。（　　　　　　　　　　　？）……
おうひ

(3) サイ 씨의 이야기를 선생님께 말해 달라고 부탁해, 잘 모르는 말의 뜻을 확인합시다.

3 당신이 읽어 보고 싶은 만화가 있었습니까?

■ 스토리를 정리합시다. (　　) 안에 들어갈 말을 골라 알맞은 모양으로 바꾸세요. 6_10-13
CHECK!

（1）『デスノート』は、ノートに名前を（① 書かれた）人が（②　　　　　　　）という話だ。主人公の
しゅじんこう
月が、このノートを（③　　　　　　）、人を次々と
ライト　　　　　　　　　　　　　　　　　つぎつぎ
（④　　　　　　　　）。月と探偵との対決がドキドキする。
ライト　たんてい　　たいけつ

死ぬ	使う	殺す	書く
し		ころ	

（2）『のだめカンタービレ』は、ピアニストの「のだめ」という女の子が、指揮者の千秋という男の子に
しきしゃ　ちあき
（⑤　　　　　　　）ながら、（⑥　　　　　　　）いくラブコメディ。のだめのキャラクターがおもしろく
て（⑦　　　　　　　）。

笑う	恋をする	成長する
わら	こい	せいちょう

（3）『ベルサイユのばら』のヒロインは、女性だが男性として（⑧　　　　　　　）オスカルという人だ。
じょせい　　だんせい
革命が（⑨　　　　　　）いく中で、歴史ドラマや
かくめい　　　　　　　　　　　　れきし
恋愛が（⑩　　　　　　）、ドラマチックで感動的だ。
れんあい　　　　　　　　　　　かんどうてき

進む	育てる	ある
すす	そだ	

（4）『鋼の錬金術師』は、死んだ母親を（⑪　　　　　　　）ようとするが失敗して、手や体を
はがね　れんきんじゅつし　　　　ははおや　　　　　　　　　　　　　しっぱい　　　　　て　からだ
（⑫　　　　　　）兄弟が、元の体に（⑬　　　　　　）方法をさがして世界を旅するファンタジー。
きょうだい　もと　からだ　　　　　　　　　ほうほう　　　　せかい　たび
「人の命の重さ」みたいな深いテーマがあるから
いのち　おも　　　　　　ふか
（⑭　　　　　　）。

失う	戻る	考える	生き返る
うしな	もど	かんが	い　かえ

★ Can-do를 체크하세요

PART 2 これはチョッパーの帽子です

Can-do 27 좋아하는 만화와 관련해 그 내용을 간단히 소개하거나 자신의 생각을 표현할 수 있다. 또 상대의 생각과 관련해 간단하게 코멘트할 수 있다.

● 당신은 만화나 애니메이션 등의 캐릭터 중에서 좋아하는 것이 있습니까?

レオンさんは、パリの大学のキャンパスで東先生に話しかけられました。

レオン（フランス）
パリの大学で日本語を勉強している３年生。日本のマンガが大好き。

1 두 사람의 대화를 들어 봅시다. 스크립트를 안 보고 다음의 사항에 주의하며 들어 봅시다. 🔊 6_15

① 東先生は、マンガをよく読みますか。
② レオンさんは、どうして『ワンピース』が好きですか。

東（日本）
パリの大学の日本語学科で日本語を教える教師。

2 스크립트를 보면서 들읍시다. 🔊 6_15

（　　）안에 들어갈 말을 써 넣으세요.

◆ 괄호 속 말의 뜻과 역할은 무엇일까요?

東　　：こんにちは、レオンさん。その帽子、おもしろいですね。

レオン：これですか？ これはチョッパーの帽子です。明日からのマンガエキスポに、これをかぶって行く
　　　　（①　　　　　　　　　）です。

東　　：チョッパー？ それ、何ですか？

レオン：ええ？ 先生、知らないんですかあ？ チョッパーは『ワンピース』に出てくるキャラクターですよ。
　　　　すごくかわいいんです。

東　　：『ワンピース』かあ。そのマンガ、うちの娘も持ってますよ。私は読んだことないですけど。
　　　　どんな話でしたっけ？

レオン：海賊が仲間といっしょに世界を（②　　　　　　　　　）です。すごくおもしろいです！ 私も
　　　　本を全部持っています。何回も何回も、くり返し読みました。フランス語の翻訳ですが…。

東　　：そう。どんなところがそんなにいいんですか？

レオン：そうですねえ、えー、『ワンピース』は、すごく友達を大切にする話なんです。えー、事件が
　　　　あって、戦いがありますが、最後は友達同士の友情が勝ちます。それが感動的なんです。

東　　：へー、そうなんですか。

レオン：チョッパーも、最初は友達がいませんでしたが、医者の先生に助けられて、ほかの人を信じる
　　　　ことの大切さを知ります。その先生が（③　　　　　　　　　）は、本当に何回読んでも泣きます！

東　　：そ、そう…。

レオン：先生も今度、娘さんの本を、ぜひ１回、読んでみてください。おもしろいだけじゃなくて、
　　　　きっと感動する（④　　　　　　　　　）です。

東　　：そう。でも何十巻もあるんでしょ？ ちょっと長いかもねえ。

レオン：んー、そうかもしれませんが、読み出したら夢中になって、すぐ読めると思います。

東　　：そう、じゃあ読んでみようかしら。レオンさんも、そんなに好きなら、今度は日本語で読んでみて
　　　　くださいね。

レオン：はい、そうする（⑤　　　　　　　　　）です！

3　대화에 도움이 되는 문법·문형

자기의 계획을 말한다.
　　これをかぶって行くつもりです。　→ ❶　　　　そうするつもりです。　→ ❶

내용을 정리해 간단하게 설명한다.
　　海賊が仲間といっしょに世界を冒険する話です。　→ ❷
　　その先生が死ぬ場面は、本当に何回読んでも泣きます！　→ ❷

반드시 그렇게 될 것임을 나타낸다.
　　きっと感動するはずです。　→ ❸

자기의 의견을 부드럽게 말한다.
　　ちょっと長いかもねえ。　→ 初級2　17課「～かもしれません」

❶　V つもりだ　これをかぶって行くつもりです。
　　　　　　　　そうするつもりです。

V（사전형／ない형） + つもりだ

「～つもりだ（つもりです）」를 사용해 계획을 이야기합시다. 🔊 6_16-19

① A：来週のマンガエキスポ、行きますか？
　　B：はい、もちろん（行きます → 行くつもりです）。

② A：クリスマス休みは何をしますか？
　　B：『ワンピース』をもう一度、最初から全部（読みます →　　　　　　　）。

③ A：このマンガ、映画になるんですよね？
　　B：ええ、映画が公開されたら、ぜったい（見に行きます →　　　　　　　）。

④ A：今年もコスプレするんですか？
　　B：いえ、今年は（しません →　　　　　　　　　　）。会場には見に行きますけど。

❷ | 문장 ＋ N : 명사 수식

海賊が仲間といっしょに世界を冒険する話です。
その先生が死ぬ場面は、本当に何回読んでも泣きます！

N = 이야기 / 장면…

(1) 무슨 내용인지 아래 설명을 읽고 내용을 한 문장으로 간단하게 전달합시다. 6_20-22

① A：『ドラえもん』って、どんな話ですか？

　B： <u>未来から来たロボットのドラえもんが、ひみつ道具でのび太を助ける</u> 話です。

② A：『俺物語!!』って、どんな話ですか？

　B： _____ ラブコメディです。

③ A：『ワンパンマン』ってどんな話ですか？

　B： _____ アクションマンガです。

ドラえもん

ドラえもんは、未来の世界から来たロボットです。このドラえもんが、未来の世界のひみつ道具を使って、何をやってもダメなのび太という小学生を、いろいろ助けます。

俺物語!!

主人公の剛田猛男は高校一年生。身長2m、体重120kgの大男。優しくて力が強いのですが、女子には全然もてません。ある日猛男は、電車の中で痴漢にあった女子高生の凛子を助け、それがきっかけで凛子に恋をします。

ワンパンマン

「ハゲマント」のニックネームを持つサイタマは、どんな敵でもパンチ一発で倒す無敵のヒーロー。とても強いのですが、あまりかっこよくありません。このサイタマが、怪人と戦ったりして、活躍します。

---

(2) 그 밖에 자기가 알고 있는 이야기를 간단하게 설명해 봅시다.

❸ | ～はずだ　きっと感動するはずです。

| Nの |
| ナAな |　イAい
　　　　　V（보통체）　｜ はずだ

문장 뒤에 이어지는 말을 고르세요. 6_23-27

① A：『ワンピース』って、おもしろいですか？

　B：はい、『ワンピース』はすばらしい話ですから、（　a　）

② A：それ、おもしろそうなマンガですね。

　B：ええ、このマンガ、まだあまり知られていませんが、おもしろいので、そのうち（　　）

③ A：『デスノート』、もうすぐ読み終わりますよ。

　B：そうですか。ぜんぜん予想できないエンディングなので、（　　）

④ A：日本のマンガは日本語で読みたいんですが、漢字がちょっと難しいですね。

　B：このマンガなら、漢字に全部ふりがなが書いてあるので、（　　）

⑤ A：日本には歴史や経済のマンガもあるんですね。

　B：はい、歴史や経済の難しい話も、マンガで読めば、（　　）

> a. きっと感動するはずです。　　b. 外国人にも読みやすいはずです。　　c. 簡単に理解できるはずです。
> d. 読んだらびっくりするはずです。　　e. 人気が出るはずです。

4　말하기 전략

상대의 말을 인정한 후에 자기의 생각을 말한다.

(1) 121쪽 대화의 스크립트를 보세요. 東 선생님이 「ワンピース」와 관련해 「何十巻もあるんでしょ？ ちょっと長いかもねえ。」라고 말했을 때, 레온 씨는 뭐라고 말했습니까?

(2) 다른 표현도 들어 봅시다. 🔊 6_28

> 何十巻もあるんでしょ？ ちょっと長いかもねえ。
> なんじゅっかん

> ① たしかに長い話です。でも本当におもしろいですよ。
> ② たしかに長いかもしれませんが、セリフが少ないからだいじょうぶですよ。

(3) 상대가 하는 말을 듣고 자기의 생각을 말해 봅시다.

> マンガって、絵ばっかりですよね？
> え

6

発　音

문장의 포커스와 인토네이션의 절정 (1)

(1) 인토네이션의 차이에 주의하며 들어 봅시다. 🔊 6_29-32

아래의 a, b 문장은 인토네이션에 어떤 차이가 있습니까? 그 이유는 무엇이라고 생각합니까?

> a. チョッパーは ワンピースに でてくる キャラクター です。
> b. チョッパーは ワンピースに でてくる いしゃ の キャラクター です。

> a. カカシ は ナルト に でてくる キャラクター です。
> b. カカシ は ナルト に でてくる にんじゃの キャラクター です。

문장 안에서 상대방에게 전하려는 중요한 부분을 포커스라고 합니다. 포커스가 있으면 거기에 인토네이션의 봉우리가 있습니다. (＿＿＿＿＿ 는 포커스가 있는 부분)

(2) 포커스의 차이에 주의하며 다시 한 번 들어 봅시다. 🔊 6_29-32

(3) 포커스와 인토네이션의 관계에 주의하며 발음해 봅시다.

5　롤 플레이를 통해 회화 연습을 하세요.

(1) 롤 플레이에 앞서 다시 한 번 스크립트를 보고 생각해 봅시다. 대화에서 ★ 부분을 봅시다. 레온 씨의 이야기 중에서 다음 부분은 어디입니까? 표시를 합시다.

　Ａ　レオンさんが『ワンピース』がどんなマンガか、内容を説明している。
　Ｂ　レオンさんが『ワンピース』についてどう思うか、感想を話している。
　Ｃ　レオンさんが東先生のコメントに対して、自分の考えを話している。

◆ 각 부분에서는 어떤 표현을 썼습니까?

(2) 카드를 보고 연습합시다.

① (a)의 장면에서 (例)에 이어지는 내용을 생각해 봅시다. 그때 (1)의 Ａ와 Ｂ처럼 만화 내용의 설명과 감상을 이야기합시다. 또 Ｃ처럼 상대의 코멘트와 관련해 자기의 생각을 말합시다.

(a) あなたは休み時間に友達とマンガ『ワンピース』について話しています。
『ワンピース』のいいところやどうして好きかなどについて、話しましょう。
友達はそれについてコメントを言いましょう。

（例）A：ねえねえ、○○さんって、どんなマンガが好き？
　　　 B：そうだなあ、いろいろあるけど、たとえば『ワンピース』とか。
　　　 A：それ、どんな話？
　　　 　　……

◆ 대화 예를 들어 봅시다.

② (a)의 장면에서 자기가 좋아하는 만화와 관련하여 자유롭게 대화합시다.

③ (b)의 장면에서 이어지는 내용을 생각합시다.

(b) あなたはマンガが好きではありません。友達にその理由を言いましょう。友達は、それについて自分の考えを言いましょう。

（例）A：○○さんは、どんなマンガが好き？
　　　 B：んー、私、あんまりマンガ読まないんだけど。
　　　 A：え、どうして？
　　　 　　……

◆ 대화 예를 들어 봅시다.

★ Can-do를 체크하세요

長く話す

Can-do **28** 좋아하는 만화와 관련해 어떤 스토리인지를 어느 정도 자세히 설명할 수 있다.

● 당신은 좋아하는 만화나 이야기가 있습니까?

職場の昼休みに、原さんがマンガを読んでいます。
しょくば　ひるやす　　はら
同僚の張さんが話しかけました。
どうりょう ちょう

1 ▶ 두 사람의 대화를 들어 봅시다. 6_36

原さんは、本当にマンガ好きですね。
はら　　　　ほんとう　　　　　　ず

ええ、マンガはおもしろいですからね。張さんもマンガを読みますか？
ちょう

んー、マンガはあまり読まないですね。でも、中国古典の
ちゅうごくこてん
マンガなら、子どものころ読みました。

へー、たとえば？

原
はら

そうですねえ、私が好きだったのは『水滸伝』です。『水滸伝』は ………………。
すいこでん　　　　　　すいこでん

へー、そんな話があるんですか。

張
ちょう

ス토리의 순서대로 번호를 적습니다.

a. (　　　)　　　　b. (　　　)　　　　c. (　　　)　　　　d. (　　　)

2 ▶ 다시 한 번 듣고 (　　　)에 알맞은 말을 씁시다. 6_36

스토리를 정리해 간단하게 말한다.

・『水滸伝』は、108 人の英雄が、悪い金持ちや権力者と戦う（① 　　　　　　） です。
すいこでん　　　　　　えいゆう　　わる　かねも　　けんりょくしゃ たたか

스토리를 구체적으로 이야기한다.

＜いつ、誰が？＞ （② 　　　　　　）、武松は飲み屋で酒を飲んで、酔っぱらうんですけど、…
だれ　　　　　　　　　　　　　　ぶしょう の　や　さけ の　　　 よ
＜どうした？＞　　でも、武松は酔っぱらったまま山に（③ 　　　　　　）、寝てしまいます。
ぶしょう よ　　　　　　　　　　　　　　　　ね
＜そうしたら？＞ （④ 　　　　　　）、突然、そこに大きな虎が現れるんですが…
とつぜん　　　　　おお　　とら あらわ
＜どうなった？＞ そして、（⑤ 　　　　　　）……虎を退治してしまうって話です。
とら たいじ

3 스크립트를 보면서 다시 한 번 들어 봅시다. 6_37

私が好きだったのは『水滸伝』です。『水滸伝』は、えー、108人の英雄が、悪い金持ち
や権力者と戦う話です。いろいろな話があるんですけど、そうですねえ、私がいちばん
好きなのは、武松という酒飲みの大男の話ですね。

ある日、武松は、いつものように、飲み屋で酒を飲んで、酔っぱらうんですけど、店を出るとき、店の
人に「この先の山には、人食い虎がいるから、ぜったいに一人では行かないほうがいい。」って言われ
るんです。でも、武松は、酔っぱらったまま山に行って、寝てしまいます。
すると、突然、そこに大きな虎が現れるんですが、武松はたった一人で虎と戦います。
そして、最後は虎に馬乗りになって、頭をボカボカ殴って、虎を退治してしまうって話です。

★

◆ 스크립트의 ★ 부분을 따라 말해 봅시다. 처음에는 스크립트를 보면서 따라 하고, 다음에는 스크립트를 안 보고 따라
합시다. 6_38

4 아래 메모를 보면서 수호전(水滸伝)의 스토리를 이야기합시다. 스크립트를 안 보고 자기의 말로 말해 주세요.

타이틀 : 『水滸伝』　　108人の英雄が、悪い金持ちや権力者と戦う

가장 좋아하는 이야기 : 武松という酒飲みの大男の話

① 언제, 누가?

酒を飲む、酔っぱらう

② 왜?

酔っぱらったまま山に行く、寝てしまう

③ 어떻게 했더니?

突然、虎が現れる、戦う

④ 어떻게 되었나?

馬乗りになる、殴る、退治する

◆ 말할 때 **2** 의 표현을 사용해 보았습니까?

5 당신이 좋아하는 스토리를 이야기해 봅시다.

(1) 좋아하는 작품을 하나 골라 네 장 정도의 메모로 정리해 봅시다. 만화를 안 읽는 사람은 옛날이야기나 소설도 괜찮습니다.
스토리 전체와 관련해 이야기해도 좋고, 긴 이야기인 경우는 가장 좋아하는 부분을 골라도 됩니다.

타이틀 : 『　　　　　　　　　　　　　』

가장 좋아하는 이야기 :

① 언제, 누가?

② 왜?

③ 어떻게 했더니?

④ 어떻게 되었나?

6

(2) 반 친구와 이야기합시다.

○○さんはマンガを読みますか?

⭐ Can-do를 체크하세요

127

읽어서 알다

PART **4** マンガばかり読んでいて…

Can-do **29** 인터넷 상담 사이트 등의 투고를 읽고 상담 내용과 관련 코멘트를 대강 이해할 수 있다.

● 당신은 만화만 읽고 문학 작품을 읽지 않는 것을 어떻게 생각합니까?

1 인터넷 상담 사이트의 글을 읽어 봅시다. 6_40-44

(1) 먼저 「悩める母」 씨가 투고한 「そうだん」을 읽어 보세요. 「悩める母」 씨는 누구를 걱정하고 있습니까? 무엇이 문제라고 말합니까?

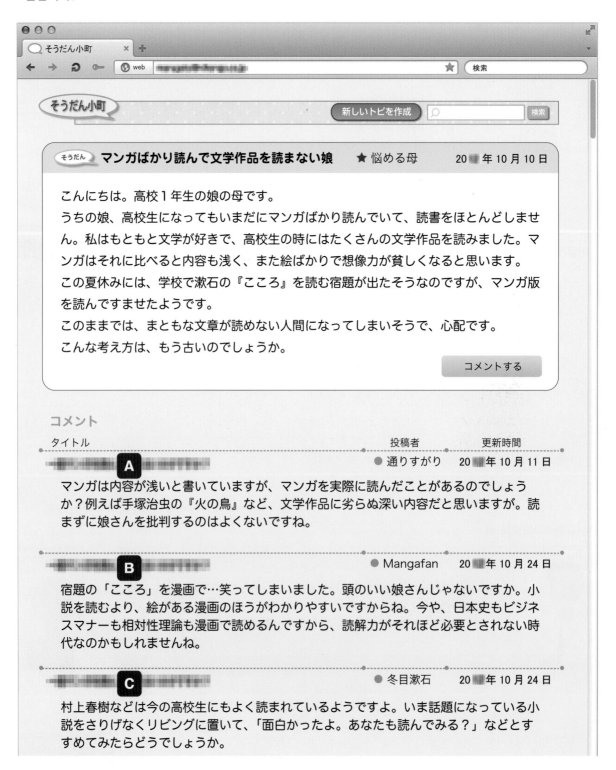

D ● まりよ 20■■年 11 月 13 日

悩める母さんは、マンガは子どもが読むもの、と思っているんですね。
でもそれは違いますよ。
幅広い世代を対象に、いろいろなジャンルのマンガがあります。
子供向けのマンガもあれば、成人向けのマンガもあります。
マンガも映画や小説と同じです。表現のしかたが違うだけです。
マンガが小説など他のメディアに劣るという考え自体が間違っています。

(2) 「悩める母」 씨의 투고 내용을 정리합시다.

① 娘は、(　　　高校生　　　)になってもマンガばかり読んで読書をほとんどしない。

② マンガは(　　　　　　　　　)に比べると、内容が(　　　　　　　　　)。

③ マンガは絵ばかりで、想像力が(　　　　　　　)なる。

④ 娘は、漱石の『こころ』を読まないで、その(　　　　　　　)を読んだ。

⑤ マンガばかり読んでいると、(　　　　　　　)が読めなくなりそうで心配だ。

⑥ 私の考えは、もう(　　　　　　　)のだろうか。

◆ ①~⑥과 관련해 당신은 어떻게 생각합니까?

2 읽기 전략

처음 한 문장으로 내용을 추측한다.

(1) 「悩める母」 씨의 「そうだん」에 관한 네 명의 「コメント」를 읽으세요. 먼저 「通りすがり」 씨의 코멘트 첫 문장을 읽어 봅시다. 그리고 이어질 내용을 예측해 봅시다.

マンガは内容が浅いと書いていますが、マンガを実際に
読んだことがあるのでしょうか？（通りすがり）

> 만화 내용이 가볍지 않다고 말하고 싶은 건가?

이어지는 내용을 읽고 예측이 맞았는지 확인하세요.

例えば手塚治虫の『火の鳥』など、
文学作品に劣らぬ深い内容だと
思いますが。

> 대체로 예상한 내용이 적혀 있네!
> 처음 한 문장으로 내용을 추측해서 이어지는
> 내용을 읽으면 이해하기 쉽구나!

다른 사람의 코멘트도 같은 방식으로 예측한 후 읽어 봅시다.

(2) 아래 ①~④의 타이틀은 **A**~**D** 중 어디에 들어갑니까?

① わかりやすいから　(　　)　　② マンガは子どもが読むものとはかぎりません　(　　)

③ さりげなくすすめてみて　(　　)　　④ 実際に読んだ？　(　　)

3 네 명의 의견과 관련해 당신은 어떻게 생각합니까?

4 읽기에 도움이 되는 문법·문형

어떤 행위를 다른 것으로 대신함으로써 수행한 것으로 한다.

❶ | V てすませる | マンガ版を読んですませたようです。

- ・最近、本は買わないで、図書館で借りてすませている。
- ・私は、わからないことばがあったとき、自分で調べないで、いつも誰かに聞いてすませる。

앞 내용에 뒤지지 않는다는 뜻을 나타낸다.

❷ | N に劣らぬ／N に劣らない | 手塚治虫の『火の鳥』など、文学作品に劣らぬ深い内容だと思いますが。

- ・彼はプロのマンガ家に劣らぬすばらしい絵を描く。
- ・今回の作品も、大ヒットした前の作品に劣らないおもしろい内容だ。

전제가 되는 일을 하지 않음을 나타낸다.

❸ | V ずに | （マンガを）読まずに娘さんを批判するのはよくないですね。

V̶な̶い̶＋ずに　　例外：する → せずに

＊「Vないで」와 같은 뜻. 흔히 문장체에서 사용된다.

- ・このマンガは前から欲しかったので、値段を見ずに買ってしまった。
- ・マンガに夢中になると、（　　　　　　　　）ずに5時間でも6時間でも読み続けてしまう。

상대에게 제안한다.

❹ | V たらどうでしょうか | すすめてみたらどうでしょうか。

- ・A：子どもがマンガばかり読んでいて、困るんです。
  B：「マンガは1日3時間だけ」と、時間を決めたらどうでしょうか。

- ・A：子どもがマンガばかり読んでいて、宿題をちっともやらないんです。
  B：（　　　　　　　　　　　）たらどうでしょうか。

> **한자어**

읽는 법이나 뜻을 확인하세요. 키보드나 스마트폰 등을 이용해 입력해 봅시다.

比べる	内容	浅い	想像力	文章	実際	深い	違う
くら	ないよう	あさ	そうぞうりょく	ぶんしょう	じっさい	ふか	ちが

対象
たいしょう

◆ 「浅い」「深い」같은 い형용사의 한자를 본문에서 찾아봅시다.
　　あさ　　ふか

⭐ Can-do를 체크하세요

書く

Can-do **30** 인터넷 상담 사이트 등의 투고와 관련해 자기의 코멘트를 간단하게 쓸 수 있다.

1 상담 사이트의 「悩める母」 씨의 투고에 코멘트를 작성해 봅시다.
　　　　　　　　　　なや　　はは

(1)「悩める母」 씨의 다음 의견과 관련해 당신의 생각을 정리해 봅시다.
　　なや　　はは

① 高校生になったらマンガ以外の読書をしたほうがいい。　　　そう思う・そう思わない・その他
　　こうこうせい　　　　　　　　　　いがい　　どくしょ　　　　　　　　　　　　　　　　　　　　　　　　　　　　　　　　　た

② マンガは文学作品に比べると内容が浅い。　　　　　　　　　そう思う・そう思わない・その他
　　　　　　ぶんがくさくひん　くら　　　　ないよう　あさ　　　　　　　　　　　　　　　　　　　　　　　　　　た

③ マンガは絵ばかりで、想像力が貧しくなる。　　　　　　　　そう思う・そう思わない・その他
　　　　　　え　　　　　　そうぞうりょく　まず　　　　　　　　　　　　　　　　　　　　　　　　　　　　　　　　た

④ 文学をマンガ版で読むことは良くないことだ。　　　　　　　そう思う・そう思わない・その他
　　ぶんがく　　　　ばん　よ　　　　　　　　　　　　　　　　　　　　　　　　　　　　　　　　　　　　　　　た

⑤ マンガばかり読んでいると文章が読めなくなる。　　　　　　そう思う・そう思わない・その他
　　　　　　　　　　　　　　　　ぶんしょう　　　　　　　　　　　　　　　　　　　　　　　　　　　　　　　　　　　た

①~⑤ 중에 당신이 하고 싶은 말이 있습니까? 그렇게 생각하는 이유나 사례를 생각해 보세요.

(2) 타이틀을 붙이고 코멘트를 적어 봅시다.

コメントの投稿

そうだん　**マンガばかり読んで文学作品を読まない娘**
　　　　　　　　　　　　　★悩める母　　　　　　20■ 年 10 月 10 日

| お名前か ハンドルネーム | | (10 文字以内) |
| コメントの タイトル | | (30 文字以内) |

本　文

(500 文字以内)

投稿する

2 반의 다른 사람이 작성한 코멘트를 읽어 봅시다. 「悩める母」 씨의 입장에서
　　　　　　　　　　　　　　　　　　　　　　　　なや　　はは
　　ベストアンサー(가장 좋다고 생각되는 코멘트)를 고르세요.

 Can-do를 체크하세요

教室の外へ

わ た し
だ け の
フレーズ

토픽(TOPIC)과 관련해 일본어로 말해 보고 싶은 것은 무엇입니까?
나에게만 필요한 일본어 표현을 메모해 봅시다.

（例）『進撃の巨人』が好きです。この間、コスプレの衣装を自分で作りました。
しんげき　きょじん　　　　　　あいだ　　　　　　　　　　いしょう　　じぶん

①

이 토픽에서 소개된 만화『ワンピース』를 읽어
봅시다.
－ 인터넷에서 만화를 판매하는 사이트를 찾아
가『ワンピース』를 검색해 봅시다.
－ 제 1권을 선택해 미리보기(立ち読み) 버튼
을 클릭해 제 1화를 읽어 보세요.
● 다른 만화도 살펴봅시다.

ebookjapan.yahoo.co.jp

②

만화를 다룬 일본어 학습 사이트를 살펴봅시다.
－「アニメ・マンガの日本語」사이트에 가서
「クイズやゲーム」를 해 봅시다.
－「エリンが挑戦！にほんごできます。」(erin.
　　　　　　ちょうせん
ne.jp)의「アニメ＆マンガクイズ」(제 21화
「見てみよう」)에 도전해 봅시다.
－「ひろがる もっといろんな日本と日本語」의
토픽「アニメ・マンガ」를 살펴봅시다.

hirogaru-nihongo.jp

anime-manga.jp

③

주위 사람들에게 만화에 대해 물어 봅시다.
－ 지인 중에 일본 만화 팬이 있다면 추천하는
만화를 물어 봅시다.
－ 일본인이 있다면 만화를 어떻게 생각하는
지 들어 봅시다.

④

자기 나라의 서점이나 도서관에 가서 만화를 살펴봅시다.
－ 일본 만화가 있습니까? 어떤 만화인가요?
－ 당신 나라의 만화나 다른 나라의 만화도 있습니까?
● 재미있어 보이는 만화를 읽어 봅시다.

 일본어·일본 문화 관련 체험을 기록해 봅시다

武道に挑戦！
ぶどう　　　ちょうせん

● 일본의 무도(武道)와 관련해 보거나 들은 적이 있습니까?

● 무도(武道)와 관련해 어떤 이미지를 가지고 있습니까?

聞いてわかる

PART 1

私は柔道をやってます
じゅうどう

会話する

PART 2

練習は何曜日にあるんでしょうか？
れんしゅう　なんようび

長く話す

PART 3

子どものころ、学校で習いました
なら

読んでわかる

PART 4

海外に広まる日本の武道
かいがい　ひろ　　　　　　ぶどう

書く

PART 5

クラスについての問い合わせ
と　あ

準備

1 전 세계에는 다양한 무술이나 격투기(Martial Arts)가 있습니다. 사진은 무엇을 하는 장면입니까? a~f에서 고릅시다.

① 柔道
じゅうどう

② テコンドー

③ レスリング

④ 剣道
けんどう

⑤ 空手
からて

⑥ フェンシング

⑦ ボクシング

---

a. 殴る　　b. 蹴る　　c. 打つ　　d. 突く　　e. 投げる　　f. 押さえ込む
　なぐ　　　　け　　　　　う　　　　　つ　　　　　な　　　　　　お　　こ

문화　당신의 나라에도 위와 같은 무술이나 격투기가 있습니까? 어떤 사람이 합니까?

2 ( ) 안에 들어갈 말을 a~f에서 고르세요. 7_02-07

武道をやったことがありますか？

 私は、20年、合気道を続けています。2段です。身を（① e. 守る ）ために始めたんですが、姿勢が良くなったって言われます。

 最近、空手を始めました。そのせいか、体力が（② ）みたいです。

 日本に留学していたときに、剣道をやったことがあります。防具が（③ ）、最初は動くだけで大変でしたが、楽しかったですよ。

 ないですけど、子どもにテコンドーを習わせています。体を（④ ）のにいいと思って…。

 武道ですか？ やったこともないし、興味もありませんね。人と（⑤ ）ようなスポーツは好きじゃないので…。

 武道？ 高校のとき、体育の授業で柔道をやらされました。投げられると（⑥ ）ですね。

| a. 重くて | b. 争う | c. ついた | d. 鍛える | e. 守る | f. 痛かった |

◆ 붉은색 글자의 표현에 주의합시다. '과거에 있었던 일을 이야기하는 표현'은 어느 것입니까?

3 일본의 무도(武道)는 해외에서도 교육되고 있습니다. 합기도(合気道) 클럽의 안내 포스터를 살펴봅시다.

◆ 합기도(合気道)를 지금부터 시작할 사람은 언제 가면 됩니까?

135

PART 1 私は柔道をやってます
じゅうどう

聞いてわかる

Can-do 31 무도(武道) 또는 스포츠의 설명을 듣고 매력이나 특징 등을 이해할 수 있다.
ぶどう

● 다음 네 개의 무도(武道) 중에서 해 보고 싶은 것이 있습니까?
ぶどう

私、日本の武道に興味が
ぶどう　きょうみ
あるんですけど…

空手　　　　　柔道　　　　　合気道　　　　　剣道
からて　　　　じゅうどう　　　あいきどう　　　けんどう

ある国（日本以外）で、そこに住んでいる日本人に質問しています。
いがい　　　　　　　す　　　　　　　しつもん

1 네 사람의 이야기를 듣고 각 무도(武道)의 좋은 점을 찾읍시다.
ぶどう

(1) 네 사람은 어떤 무도(武道)를 하고 있습니까? 어떤 사람이 한다고 말합니까? 🔊 7_09-12
ぶどう

① 山内 やまうち	② 中込 なかごめ	③ 石井 いしい	④ 篠崎 しのざき
 （　柔道　） じゅうどう	 （　　　　　）	 （　　　　　）	 （　　　　　）
☑ 現地の人　☑ 子ども げんち □ 女の人　☑ お年寄り 　　　　　　　　としよ	□ 現地の人　□ 子ども げんち □ 女の人　□ お年寄り 　　　　　　　　としよ	□ 現地の人　□ 子ども げんち □ 女の人　□ お年寄り 　　　　　　　　としよ	□ 現地の人　□ 子ども げんち □ 女の人　□ お年寄り 　　　　　　　　としよ

(2) 다시 한 번 듣고 각 무도(武道)의 좋은 점과 관련해 키워드를 아래에서 고르세요. 같은 것을 수차례 선택해도 괜찮습니다.
ぶどう

🔊 7_09-12

① 努力 どりょく 　汗 　あせ	②	③	④

努力　　姿勢　　体　　精神　　集中力　　汗　　自分のペース　　勝ち負け
どりょく　しせい　からだ　せいしん　しゅうちゅうりょく　あせ　じぶん　　　　か　ま

(3) 다시 한 번 듣고, (2)에서 선택한 키워드와 관련해 뭐라고 말하는지 메모합시다. 🔊 7_09-12

①・努力したら強くなる 　どりょく　　つよ ・汗をかく → 　あせ 　ビールがおいしい	②	③	④

◆ 알게 된 것을 친구와 이야기합시다.

2 듣기 전략

알게 된 것을 확인하면서 듣는다.

(1) 대화의 일부를 다시 한 번 들어 봅시다. 밑줄 친 정보를 듣는 사람은 어떻게 확인했습니까? 🔊 7_13-14

① 山内：…道場には、子どもからお年寄りまで、たくさんの人が来てますよ。<u>ほとんどが現地の人で、</u>
<u>日本人は私と、あと二人ぐらいかな。</u>（ヘー、現地の人が多いんですね。）

② 中込：…伝統的な空手の場合、相手の体に突きや蹴りを当てないで、直前で止めるのが普通なんですよ。
（あー。）でも、僕がやっている極真だと、フルコンタクトといって、<u>実際に相手に当てるんです。</u>
（えっ、　　　　　　　　　　痛くないですか？）痛いですよ。

(2) 밑줄 친 정보와 관련해 당신이라면 어떻게 확인합니까? 일시 정지(★) 부분에서 말해 봅시다. 🔊 7_15

③ 石井：…<u>合気道は試合がない</u>ので、自分のペースでできるからでしょうね。（★ a.　　　　　　　）
そう。勝ち負けがなくて、強いとか弱いとか関係ないから、がんばって続けていれば、誰でも上手
になれるのよ。（ヘー。）それと、合気道の技は、相手の力を利用するので、<u>体力や体の大きさは</u>
<u>関係ないの。</u>（★ b.　　　　　）ええ。だから、女性にも人気があるし、年を取っても長く続け
られるから、いいんじゃない？

◆ 예를 들으세요. 🔊 7_16 CHECK!

(3) 두 사람이 짝을 이루어 한 사람이 ④篠崎 씨의 스크립트를 읽어 주세요. 다른 한 사람은 중요한 정보라고 생각되는 점을
확인해 봅시다.

3 네 가지 무도(武道) 중에서 가장 흥미가 있는 것은 어느 것입니까? 또 그것은 왜입니까?

■ 네 가지 武道 이야기를 정리합시다. (　　) 안에 알맞은 히라가나 한 글자씩 써 넣으세요. 🔊 7_17-20 CHECK!

（1）柔道をやっているのは、ほとんどが現地の人だ。子ども（ か ）（ ら ）お年寄り（　　）（　　）、
たくさんの人が道場（　　）通っている。柔道のいいところは、努力したぶん自分（　　）強く
なったことが感じられることだ。

（2）極真空手は、フルコンタクト（　　）いって、実際に、突きや蹴りを相手（　　）当てるのが特徴だ。
相手の攻撃（　　）受けて、痛みを感じることで、体（　　）精神（　　）強くなっていく。

（3）合気道は試合がない（　　）（　　）、自分のペース（　　）できる。勝ち負けがなく、がんばって
続けていれば、誰（　　）（　　）上手になれる。女性（　　）も人気があり、年を取って（　　）
長く続けられる。

（4）剣道は、とくに集中力が大切な（　　）（　　）、精神的に鍛えられる。姿勢（　　）良くなる。
防具とか竹刀とか、必要な道具は、最初はクラブ（　　）貸してくれる。

★ Can-do를 체크하세요

Can-do **32**　무도(武道) 교실 등의 수강 방법이나 규칙 등과 관련해 질문하고 또 그 설명을 듣고 이해할 수 있다.
ぶどう

● 당신 주변에 일본과 관련된 것을 배우는 사람이 있습니까?

　（例：武道、書道、日本料理、和楽器…）
　　　　ぶどう　しょどう　　　　　　　わがっき

リサさんは合気道に興味があって、道場を訪問することにしました。
あいきどう　きょうみ　　　　どうじょう　ほうもん

リサ（アメリカ）

ロサンゼルスに住んでいる会社員。日
　　　　　　　　す　　　　　かいしゃいん
本語は高校と大学で勉強した。日本の
ほんご　こうこう　だいがく　べんきょう
伝統文化が好き。
でんとうぶんか

1　두 사람의 대화를 들어 봅시다. 스크립트를 안 보고 다음의 사항에 주
의하며 들어 봅시다. 🔊 7_22

大関（日本）
おおぜき
合気道の先生。25 年前にロサンゼル
あいきどう　せんせい
スに来て、道場を開いた。
　　き　　　どうじょう　ひら

　① リサさんは、どんなことを質問しましたか。
　　　　　　　　　　　　　　しつもん
　② リサさんは、合気道を習うことにしましたか。
　　　　　　　　あいきどう　なら

2　스크립트를 보면서 들읍시다. 🔊 7_22

（　　　）안에 들어갈 말을 써 넣으세요.

◆　괄호 속 말의 뜻과 역할은 무엇일까요?

大関：ハロー！

リサ：あ、こんにちは。

大関：ああ、電話をくれたリサさんですね。

リサ：はい。今日は見学（①　　　　　　　　　　　　　）。よろしくお願いします。
　　　　　　　けんがく　　　　　　　　　　　　　　　　　ねが

大関：大関です。じゃあ、そのいすに座って、見ててください。
　　　おおぜき　　　　　　　　　　すわ

大関：どうでしたか？

リサ：はい、とても動きが美しくて、私もやってみたくなりました。でも、私にもできるでしょうか？
　　　　　　　　うご　　うつく

大関：だいじょうぶですよ。合気道は女性も男性も、若者からお年寄りまで、誰にでもできる武道ですからね。
　　　　　　　　　　　　　あいきどう　じょせい　だんせい　わかもの　　　としよ　　　　だれ　　　　　　　ぶどう
　　　何か質問があれば、聞いてください。
　　　　しつもん

リサ：はい、あの…練習のときに着る服は、買わなければなりませんか？
　　　　　　　　れんしゅう　　　き　ふく

大関：ええ。道着は、みなさんに買ってもらう（②　　　　　　　　　）。Ｔシャツとかの薄い服だと、
　　　　どうぎ　　　　　　　　　　　　　　　　　　　　　　　　　うす　ふく
　　　けがをしやすいんですよ。

リサ：わかりました。それから、黒いスカートのようなものを、はいている人と、はいていない人が
　　　　　　　　　　　　　くろ
　　　いますね。何か違いがある（③　　　　　　　　）？
　　　　　　　ちが

大関：ああ、袴ですね。段を取って、黒帯になったら、袴をつけるんですよ。
　　　　はかま　だん　と　くろおび　　　　　はかま

リサ：そうですか。じゃあ最初は、道着だけ買えばいいんですね。でも袴も、すごくかっこいいですね。
　　　　　　　　　さいしょ　どうぎ　　　　　　　　　　　はかま

大関：そうですね。道場によっては、女性は初心者からつけるところもありますけど、うちは男女とも、
　　　　　　　　どうじょう　　　じょせい　しょしんしゃ　　　　　　　　　　　だんじょ
　　　初段からです。たくさん練習して、早く上手になってください。
　　　しょだん　　　　　　れんしゅう　はや　じょうず

Ａ

リサ：はい。練習は、何曜日にある（④　　　　　　　）?
_{れんしゅう　なんようび}

大関：稽古は毎日やってますよ。今日は金曜日で、一般クラスでしたが、初心者クラスが月曜日と
_{けいこ　　　　　　　　　　きんようび　　いっぱん　　　　　　　　　　しょしんしゃ　　　　　げつようび}

　　　水曜日の夕方にあります。はじめは、この時間に出るといいと思います。
_{すいようび　ゆうがた}

リサ：そうですか。水曜日はだいじょうぶですけど、月曜日は仕事の関係でちょっと難しいんですが…。
_{すいようび　　　　　　　　　　げつようび　しごと　かんけい　　　　　　　　むずか}

　　　ほかの日に来てはいけませんか? できるだけたくさんやりたいので。

大関：そうですか。曜日が合わなかったら、いつ出てもいいですよ。
_{ようび　あ}

リサ：ありがとうございます。じゃあ、水曜日と金曜日に来たいと
_{すいようび　きんようび}

　　　思います。

大関：じゃあ、次は来週の水曜日ですね。
_{つぎ　　　　すいようび}

リサ：はい。それでは、よろしくお願いします。
_{ねが}

B

---

3 대화에 도움이 되는 문법·문형

자기가 이제부터 할 일을 정중하게 말한다.

　　　今日は見学させていただきます。 → ❶
_{けんがく}

규칙 등 이미 정해진 일을 설명한다.

　　　道着は、みなさんに買ってもらうことになっています。 → ❷
_{どうぎ}

정중하게 질문하고 설명을 요청한다.

　　　何か違いがあるんでしょうか? → ❸　　　練習は、何曜日にあるんでしょうか? → ❸
_{ちが}　　　　　　　　　　　　　　　　_{れんしゅう　なんようび}

정중하게 요청한다.

　　　私にもできるでしょうか? → 中級 1 トピック2

규칙 등 이미 정해진 일을 질문한다.

　　　練習のときに着る服は、買わなければなりませんか? → 初中級 トピック1
_{れんしゅう　　き　ふく}

---

❶　| V（さ）せていただく |　今日は見学させていただきます。
_{けんがく}

V（사역형）て+いただく

1 グループ	2 グループ	3 グループ
やる → やらせていただく	やめる → やめさせていただく	する → させていただく 来る → 来させていただく _{く　こ}

「～（さ）せていただきます」를 이용해 말해 봅시다. 🔊 CHECK! 7_23-27

①【今日、これから練習を見学します。】
_{れんしゅう　けんがく}

　　リサ：今日は、練習を（ 見学させていただきます ）。よろしくお願いします。
_{れんしゅう　けんがく　　　　　　　　　　　　ねが}

②【来週の練習は、仕事があって休まなければなりません。】

　リサ　：先生、来週の練習なんですが、仕事があるので（　　　　　　　　　　）。

　大関　：はい、わかりました。

③【先生から合気道の本を借りました。今週ゆっくり読もうと思います。】

　大関　：この本、読んでみるといいですよ。合気道の本です。

　リサ　：ありがとうございます。今週ゆっくり（　　　　　　　　　　）。

④【ほかの人はまだ練習していますが、一人でこれから帰ります。】

　リサ　　：すみません、今日は先に（　　　　　　　　　　）。失礼します。

　ほかの人：お疲れさま。

⑤【先生から合宿に誘われましたが、少し考えたいです。】

　大関　：10月に合宿があるんですが、リサさん参加しますか?

　リサ　：そうですねえ、すみません、ちょっと（　　　　　　　　　　）たいんですが…。

❷　| Ｖ ことになっている |　道着は、みなさんに<u>買ってもらう</u>ことになっています。

Ｖ（사전형）＋ ことになっている

(1) 무엇을 설명하고 있습니까? 문장을 듣고 a~d 중에서 알맞은 그림을 고르세요.　🔊 7_28-31

① a　　　② 　　　③ 　　　④

(2) 다시 한 번 듣고 ○(옳다), ×(옳지 않다)를 써 넣으세요.　🔊 7_28-31

① 道着は買わなければなりません。　　　　　　　　　（　○　）

② 練習のお金はクレジットカードで払えます。　　　　（　　　）

③ 級を取る試験は、はじめは7級を受けます。　　　　（　　　）

④ 練習のあとは、トイレを掃除しなければなりません。（　　　）

❸　| ～んでしょうか |　何か違いが<u>あるんでしょうか</u>?
練習は、何曜日に<u>あるんでしょうか</u>?

（　　）안에 들어갈 말을 a~e 중에서 골라「～んでしょうか」의 형태로 바꾸어 질문해 봅시다.　🔊 CHECK! 7_32-36

①【道場で、合気道の技について先生に質問しています。】

　合気道の技って、いくつ（ a. あるんでしょうか ）?

②【仕事に行くまえに練習したいです。】

　朝のクラスは（　　　　　　　　　　）?

③【合気道を習って、早く上手になりたいと思います。】

　上手になるのに、どのぐらい（　　　　　　　　　　）?

④【けがが心配です。】

　練習でけがをする人は（　　　　　　　　　　）?

⑤【練習は男女いっしょなのが心配です。】

　練習は、男性と女性は（　　　　　　　　　　）?

a. あります　　b. ありません　　c. かかります　　d. いません　　e. 分かれていません
わ

4 말하기 전략

모르는 말을 설명하며 말한다.

(1) 138쪽 대화의 스크립트를 보세요.
리사 씨는 오른쪽 단어 대신에 뭐라고 말했습니까?

「道着」　　　「袴」
どうぎ　　　はかま

(2) 다음의 말을 모를 때 어떻게 말하면 좋은지 그림을 보고 말해 보세요.

① あのう、／月 は、いくらですか？

月謝は、毎月 60 ドルです。
げっしゃ　まいつき

② あのう、 は、ありますか？

ああ、更衣室は 2 階です。
こういしつ　　かい

③ あのう、 は、借りられるんでしょうか？
か

面ですね、だいじょうぶですよ。
めん

◆ 대화 예를 들어 봅시다. 🔊 7_37-39 CHECK!

발음

복합어의 악센트

(1) 악센트에 주의하며 들어 봅시다. 🔊 7_40-43

복합어의 악센트에는 어떤 규칙이 있습니까?

(例1) ～曜日　げつよ￣うび　かよ￣うび　すいよ￣うび … にちよ￣うび　　なんよ￣うび
　　　ようび

(例2) ～大会　　じゅ￣うどう　　　　　　　じゅうどうた￣いかい
　　　たいかい　　　　　　＋ た￣いかい￣ →
　　　　　　　からて￣　　　　　　　　　からてた￣いかい

　　　こくさいた￣いかい　パリた￣いかい

복합어는 뒷부분의 말이 같을 경우 악센트도 같아집니다.

　げ￣いこは げつよ￣うびと もくよ￣うびです。　じゅうどうた￣いかいは なんよ￣うびで￣すか？

(2) 악센트에 주의하면서 발음해 봅시다.

5 롤 플레이를 통해 회화 연습을 하세요.

(1) 롤 플레이에 앞서 다시 한 번 스크립트를 보고 생각해 봅시다.

① 대화 Ａ와 Ｂ 부분에서 リサ 씨는 무엇과 관련해 질문했습니까?

Ａ （　　　　　　　　　　　　　　） について

Ｂ （　　　　　　　　　　　　　　） について

② Ａ Ｂ 각 부분에서 リサ 씨의 대사를 봅시다. リサ 씨의 대사 중에서 아래의 ア~ウ에 해당하는 부분은 어디입니까?

　　ア. 質問をしている。
　　　　しつもん
　　イ. 相手の答えを聞いて、自分の考えを言ったり、自分のことを話したりしている。
　　　　あいて　こた　　　　じぶん　　　　　　　　　　じぶん
　　ウ. 相手の答えを聞いて、それに対してさらに質問をしている。
　　　　あいて　こた　　　　　　　　たい　　　　　しつもん

(2) 카드를 보고 연습합시다.

① 다음 장면에서 (例)에 이어지는 내용을 생각해 봅시다. 그때 상대의 대답을 듣고 자기의 생각을 말하거나 자기와 관련된 이야기를 하며 더 나아가 질문도 해 봅시다.

> あなたは合気道のクラス案内を見て、見学に行きました。
> あいきどう　　　　　　あんない　　　　　けんがく
> 先生に、いろいろ質問してみましょう。もう一人は先生
> せんせい　　　　　　しつもん　　　　　　　　　ひとり
> になって、質問に答えましょう。
> 　　　　しつもん　こた
>
> （151ページの案内を使っても
> 　　　　　　あんない
> いいです。）

（例）A：今日はありがとうございました。いくつか
　　　　　　質問させていただきたいんですが。
　　　　　　しつもん
　　　　B：はい、なんでも聞いてください。
　　　　　　……

◆ 대화 예를 들어 봅시다.

② 무도(武道) 이외에도 일본과 관련된 반이나 서클을 상정하여 대화해 봅시다.
　　ぶどう

PART 3 子どものころ、学校で習いました

長く話す

Can-do 33 자기 나라의 스포츠와 관련해 그 특징이나 하는 방법 등을 알기 쉽게 설명할 수 있다.

● 당신의 나라에는 전통적인 무술이나 스포츠가 있습니까?

ダキーラさんのうちに集まって、みんなでテレビを見ています。
今、バスケットボールの試合が終わりました。
しあい お

1 두 사람의 대화를 들어 봅시다. 🔊 7_46

> いい試合でしたね。
> しあい

> ええ。フィリピンの人は、本当にバスケットボールが好きですね。
> ほんとう
> ところで、フィリピンには、伝統的なスポーツって何かありますか？
> でんとうてき

松井
まつい

> そうですねえ、フィリピンには「アーニス」という武術があります。
> ぶじゅつ
> ………………………………………………………………………。

ダキーラ

> へー、じゃあ一度、連れてってください。
> いちど つ

アーニス는 어떤 스포츠라고 합니까?

① ほかにどんな呼び方がありますか。　　② 何に似ていますか。
　　　　　よ かた　　　　　　　　　　　　　　に
③ どうやって戦いますか。　　　　　　　④ ダキーラさんはアーニスをしたことがありますか。
　　　たたか

2 다시 한 번 듣고 (　　)에 알맞은 말을 씁시다. 🔊 7_46

스포츠의 이름을 말한다.

　・フィリピンには「アーニス」（①　　　　　　）武術があります。
　　　　　　　　　　　　　　　　　　　　ぶじゅつ
　・アーニスは、「エスクリマ」とか「カリ」とか（②　　　　　　）こともあります。

특징 또는 하는 방법을 설명한다.

　・フェンシングに（③　　　　　　）んですが、素手（④　　　　　　）やることも、棒やナイフを（⑤　　　　　　）
　　　　　　　　　　　　　　　　　　　すで　　　　　　　　　　　　　ぼう
　　こともあります。

기원이나 역사를 이야기한다.

　・アーニスは、フィリピンに昔（⑥　　　　　　）ありました。
　　　　　　　　　　　　　むかし
　・スペイン人が（⑦　　　　　　）、ヨーロッパのフェンシングと交ざって、今の形に（⑧　　　　　　）そうです。
　　　　　　　　　　　　　　　　　　　　　　　　　　ま　　　　　　　かたち

생활과의 연관성 또는 자기와의 관계를 이야기한다.

　・アーニスは、フィリピンの国技に（⑨　　　　　　）んです。（とても人気がある／誰でも知っている）
　　　　　　　　　　　　　こくぎ　　　　　　　　　　　　　　　　　　にんき　　　だれ し
　・私は子どもの（⑩　　　　　　）、学校で習いました。（父から教わった／友達とした）
　　　　　　　　　　　　　　　　　なら　　　　　　　　おそ　　　　ともだち

143

3 스크립트를 보면서 다시 한 번 들어 봅시다. 7_47

> フィリピンには「アーニス」という武術があります。「エスクリマ」とか「カリ」とか呼ばれることもありますが、
> 知っていますか。
>
> んー、アーニスは、フェンシングに似ているんですが、素手でやることも、棒やナイフを使うことも
> あります。えー、武器を持った相手の攻撃をよけて、その武器を使えなくする技もあるんですよ。
> アーニスは、フィリピンに昔からありましたが、スペイン人が来ると、ヨーロッパのフェンシングと
> 交ざって、今の形になったそうですよ。
> 実は、アーニスは、フィリピンの国技になってるんですよ。私は子どものころ、学校で習いましたけど、とても
> 楽しかったです。
> 知り合いに上手な人がいますから、よかったら、今度いっしょに見に行きませんか。

◆ 스크립트의 ★ 부분을 따라 말해 봅시다. 처음에는 스크립트를 보면서 따라 하고, 다음에는 스크립트를 안 보고 따라
   합시다. 7_48

4 아래 메모를 보면서 アーニス와 관련해 이야기합시다. 스크립트를 안 보고 자기의 말로 말해 주세요.

스포츠의 이름 ： アーニス（エスクリマ／カリ）

> ① 특징·하는 방법
> ・フェンシングに似ている
> ・素手、棒やナイフを使う
> ・相手の攻撃をよける、武器を使えなくする

> ② 기원·역사
> フィリピンに昔からある
> → スペイン人が来る
> → フェンシングと交ざる

> ③ 생활 또는 자기와의 관계
> ・フィリピンの国技
> ・子どものころ学校で習った、楽しい

◆ 말할 때 **2** 의 표현을 사용해 보았습니까?

5 당신 나라의 무술이나 스포츠와 관련해 이야기해 봅시다.

(1) 소개하고 싶은 무술이나 스포츠를 하나 골라 메모를 작성합시다. 전통적인 것이 없을 경우, 인기 있는 스포츠와 관련해 이야기해도 괜찮습니다.

（例）「伝統的なスポーツはありませんが、サッカーが人気があります。」
　　　「伝統的なスポーツはよく知らないんですが、私はバスケットボールが好きです。」

스포츠의 이름 :

---

① 특징 · 하는 방법

どんなスポーツですか？

---

② 기원 · 역사

あなたの国では、いつごろから行われていますか？

---

③ 생활 또는 자기와의 관계

どんなときに、誰がしますか？ 何か思い出がありますか？

---

(2) 반 친구와 이야기합시다.

○○には、伝統的なスポーツって、何かありますか？

⭐ **Can-do**를 체크하세요

PART **4** 海外に広まる日本の武道
かいがい　　　　ひろ　　　　　　　　ぶどう

● 당신은 유도(柔道) 시합을 본 적이 있습니까? 어디에서 봤습니까?(예: TV,
　　　 じゅうどう
　 만화, 영화, 실제로…) 유도(柔道)와 관련해 무엇을 알고 있습니까?
　　　　　　　　　　　 じゅうどう

1 　인터넷상에서 무도(武道) 관련 칼럼을 읽어 봅시다.　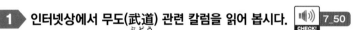 7_50
　　　　　　　　 ぶどう

(1) 읽기 전에 제목을 보고 예상해 봅시다. 일본의 무도(武道)가 해외로 퍼지면 어떻게 될까요?
　　　　　　　　　　　　　　　　　　　　　　　　　　　　　　 ぶどう

(2) 칼럼의 **A** 부분을 읽읍시다. 일본의 무도(武道)가 해외로 퍼지면 어떻게 된다고 적혀 있습니까?
　　　　　　　　　　　　　　　　　　　　　 ぶどう

　 ◆ (1)에서 생각한 당신의 예상과 같았습니까?

Opinion

人々の意見が未来をつくる
Opinion

電子書籍ストア >>　　　　　　カウラ　初心者歓迎！
Part　オール10%off　　　　ダイビングスクール

| トップ | 政治 | 経済 | 国際 | 社会 | スポーツ | 文化 | ウェブ |

20■■年5月31日

f いいね！ 12　**y** ツイート 17

海外に広まる日本の武道

海外でも日本の武道はけっこう知られている。フランスの柔道人口は約80万人、日本の4
倍だ。前田光世（まえだみつよ）がブラジルに伝えた柔道は、「ブラジリアン柔術」として世
界的に有名になった。柔道だけでなく、合気道、空手、剣道もいまや世界に進出し、海外で
も武道の道場を見かけることも少なくない。しかし、こうした武道、日本から離れると、形
が変わってしまうことが多い。　【**A**

例えば柔道。オリンピック種目になった柔道は、細かく体重別に分かれた。勝つために、で
きるだけ多くのポイントをかせぐ競技になった。観客にわかりやすいように、青い柔道着も
取り入れられた。

しかし、柔道で最も大切なのは、上達すれば体の小さな者でも大きな者を倒せるという「柔
よく剛を制す」の理念のはずである。白い柔道着も「汚れのない心」を表す重要な意味があっ
た。これらを失った柔道は、「柔道」ではなく「JUDO」なのである。　【**B**

本来、武道の大きな目的は、心を鍛えることである。稽古を通して相手を尊敬し、「礼」を持っ
て接することで、自分も人間として成長することが、武道の精神だ。勝ち負けにこだわったり、
ポイントをかせぐ方法ばかりを考えたりすることは、武道ではない。これは武道とは違う、
何か別のものに変わってしまったということなのだ。

> 武道が日本から離れ、世界に広まっていく中で、「礼に始まり礼に終わる」といった武道の本来の精神が失われていく。カリフォルニアロールのような、日本と異なる「SUSHI」が世界に受け入れられたように、武道が形を変えることで、海外のより多くの人に広まることを、良いことであると考えるべきなのだろうか。難しい問題である。 **C**

(3) **B** 부분을 읽어 봅시다. 필자가 올림픽 종목이 된 유도와 관련해 형태가 바뀌었다고 한 점은 무엇입니까? 세 가지를 적어 주세요.

　① (　　　　　　　　　　)　② (　　　　　　　　　　　　)　③ (　　　　　　　　　　)

필자는 위의 ①, ②, ③과 관련해 어떻게 생각합니까? 그것이 적힌 부분에 표시합시다.

필자의 생각을 정리한 아래 글의 (　) 안에 알맞은 말을 씁시다.

> 柔道には、上手になれば (a. 　　　　) の小さい人でも大きい人に勝てるという考えがある。しかし、(b. 　　　　) 別に分かれた競技にはそれがない。また、白い柔道着は (c. 　　　　) を表しているが、青い柔道着にはそれがない。もともと、武道の目的は (d. 　　　) を鍛え、人間として (e. 　　　) することだ。(f. 　　　) だけを考えることは、本来の武道ではない。

(4) **C** 부분을 읽어 봅시다. カリフォルニアロール는 어떤 예로 쓰였습니까?

(5) 이 칼럼에서 필자가 하고 싶은 말은 무엇입니까?

2 ▸ **읽기 전략**

단락 구성에 주목한다.

> 이 컬럼에서는 어떤 내용이 어떤 순서로 적혀 있을까?

> 처음 **A** 부분에는 무엇을 적을 것인지, 컬럼의 주제가 도입되어 있네.

> 중간의 **B** 부분에는 구체적인 내용이나 필자의 코멘트가 적혀 있고,

> 마지막 **C** 부분에는 필자가 전체적으로 쓰고 싶은 말이 정리되어 있어.

> 일본어 컬럼에서는 필자의 의견이나 주장이 마지막에 정리되어 있는 일이 많구나!

3 ▸ 「海外に広まる日本の武道」나 「カリフォルニアロール」 같은 예가 당신의 나라에도 있습니까?
그와 관련해 어떻게 생각합니까?

4　읽기에 도움이 되는 문법·문형

앞으로 있을 변화를 서술한다.

①　| Ｖ ていく |　武道が日本から離れ、世界に広まっていく中で、……武道の本来の精神が失われていく。

・武道も、時代に合わせて、その形が変化していく。
・オリンピックは、これから（　　　　　　　　　　）いくだろう。

생각이나 주장을 나타낸다.

②　| Ｖ べきだ |　良いことであると考えるべきなのだろうか。

Ｖ（사전형）＋ べきだ

・一度やりはじめたら、最後までやるべきだと思います。
・剣道を学びたければ、まず、その心から学ぶべきだ。

밑줄 친 표현이 갖는 사용법의 차이를 생각해 봅시다.

① すみませんが、今日はこれから仕事があるので、早く帰らなければなりません。
② 調子が悪いときは、稽古を休んだほうがいいですよ。
③ 今の時代は、女性も武道を習って、強くなるべきだと思います。

단정한다.

③　| ～である |　難しい問題である。

＊「～だ」와 같은 뜻으로 문장체이다. 신문 기사나 칼럼, 논문, 리포트 등에서 쓰인다.

・フランスの柔道人口は約80万人である。
・日本で武道が成立したのは、江戸時代になってからである。

146~147쪽 본문 중에서 「～である」가 쓰인 부분을 찾아봅시다.

> **한자어**

읽는 법이나 뜻을 확인하세요. 키보드나 스마트폰 등을 이용해 입력해 봅시다.

武道　柔道　～倍（4倍）　伝える　進出（する）　失う
ぶどう　じゅうどう　ばい　よんばい　つた　しんしゅつ　うしな

尊敬（する）　礼　精神
そんけい　れい　せいしん

◆「武道」、「柔道」처럼 뒤에 「道」가 붙는 말은 그 밖에 무엇이 있습니까?
　ぶどう　じゅうどう

⭐ Can-do를 체크하세요

Can-do 35 무도(武道) 등의 반에 수강 방법 등을 문의하는 메일을 쓸 수 있다.

1 무도(武道) 등 일본 관련 반이나 서클에 메일로 문의해 봅시다.

(1) 오른쪽의 광고지나 135쪽의 포스터 등을 보고 참가하고
싶은 반을 생각해 봅시다.
일본 요리(日本料理)나 다도(茶道), 서예(書道) 등
무도(武道) 이외의 반이라도 괜찮습니다.

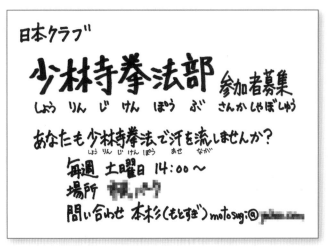

(2) 문의 메일을 써 봅시다. 메일에는 질문하고 싶은 것뿐 아니라 질문하려는 이유 또는 당신이 어떤 상황에 있는지도 함께 써
봅시다.

2 같은 반의 다른 사람이 쓴 메일을 읽어 봅시다. 문의를 받는 입장이 되어 생각해 봅시다.

教室の外へ

わたし だけの フレーズ

토픽(TOPIC)과 관련해 일본어로 말해 보고 싶은 것은 무엇입니까?
나에게만 필요한 일본어 표현을 메모해 봅시다.

（例）あまり痛くなくて、疲れない武道なら、やってみたいです。

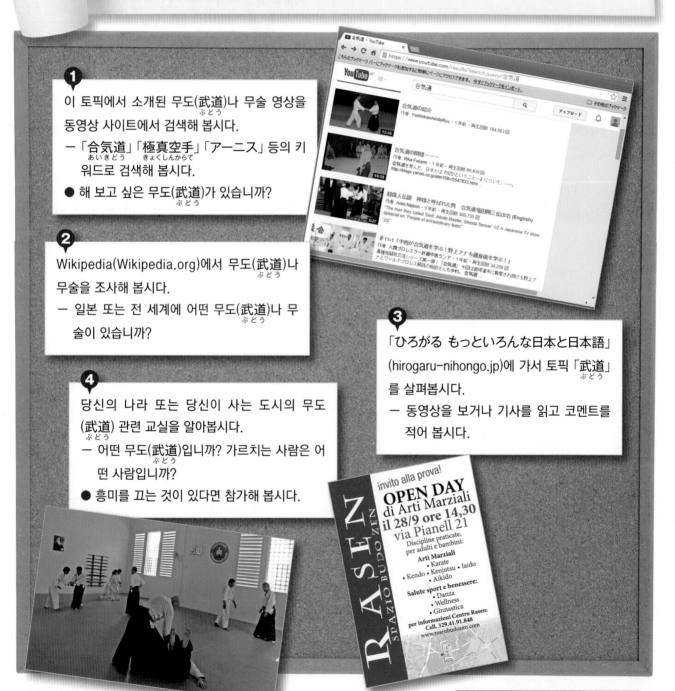

①
이 토픽에서 소개된 무도(武道)나 무술 영상을
동영상 사이트에서 검색해 봅시다.
ー「合気道」「極真空手」「アーニス」등의 키
워드로 검색해 봅시다.
● 해 보고 싶은 무도(武道)가 있습니까?

②
Wikipedia(Wikipedia.org)에서 무도(武道)나
무술을 조사해 봅시다.
ー 일본 또는 전 세계에 어떤 무도(武道)나 무
술이 있습니까?

③
「ひろがる もっといろんな日本と日本語」
(hirogaru-nihongo.jp)에 가서 토픽「武道」
를 살펴봅시다.
ー 동영상을 보거나 기사를 읽고 코멘트를
적어 봅시다.

④
당신의 나라 또는 당신이 사는 도시의 무도
(武道) 관련 교실을 알아봅시다.
ー 어떤 무도(武道)입니까? 가르치는 사람은 어
떤 사람입니까?
● 흥미를 끄는 것이 있다면 참가해 봅시다.

⭐ 일본어·일본 문화 관련 체험을 기록해 봅시다

便利な道具
べ ん り　　　ど う ぐ

● 갖고 싶은 도구나 전기제품이 있습니까?

● 그것은 왜입니까?

PART 1

聞いてわかる

スマホなしじゃどこにも行けない！

PART 2

会話する

電子辞書を買おうと思うんですけど
でんしじしょ

PART 3

長く話す

いいもの買ったんですよ

PART 4

読んでわかる

あなたがいちばん欲しいドラえもんの道具は？
ほ　　　　　　　　　　どうぐ

PART 5

書く
か

売ってください
う

◉ 準備

1 아래의 상품 광고를 보세요. 무슨 광고라고 생각합니까? a~f에서 고릅시다.

①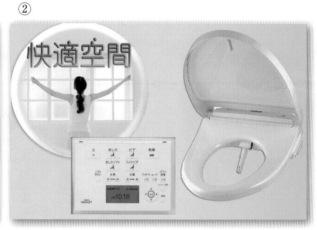

広がるミュージックライフ
水中に音楽を ｜ 完全防水型MP3プレーヤー
スイムチューンズ(R)

②

快適空間

③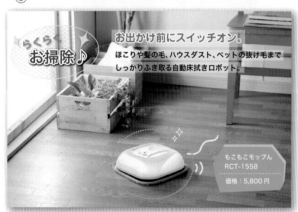

らくらくお掃除♪

お出かけ前にスイッチオン。
ほこりや髪の毛、ハウスダスト、ペットの抜け毛まで
しっかりふき取る自動床拭きロボット。

もこもこモップん
RCT-1558
価格：5,800円

④

滞在先でも毎日使える、体重計。
オートスライド式のディスプレイで収納もスマート。

ドリテック　ボディスケール
ノッテデール A5
2,280円（税別）

A5より小さい
コンパクトサイズ！

バックライト付き

⑤

羽根がないから、　　安心、安全

⑥

ドライブ＠地球

圧倒的な低燃費で
環境に優しいエコカー

---

a. 掃除をするロボット　　b. お湯でお尻を洗えるトイレ　　c. ハイブリッド自動車
　　（そうじ）　　　　　　　　　　　　（しり）（あら）　　　　　　　　　　　（じどうしゃ）
d. 持ち運びができる体重計　　e. 羽根がない扇風機　　f. 水の中で使える音楽プレーヤー
　（も）（はこ）　　（たいじゅうけい）　　（はね）（せんぷうき）

문화 당신의 나라에도 위와 같은 상품이 있습니까? 그것은 자주 사용됩니까?

2 ( ) 안에 들어갈 말을 a~e에서 고르세요. 8_02-06

> 最近使ってよかったものや、これから欲しいものってありますか？

最近、体重が気になるので、携帯体重計を買おうと思ってます。軽くて、（① b. デザイン ）がいいものが
たくさん出てますし。

掃除ロボットを使ってるんですが、いつも部屋がきれいで助かってます。ただ、ちょっと（② ）
が高いですね。

今度、家の車をハイブリッドにするつもりです。（③ ）のことをもっと考えるべきだと思うので…。

プレゼントに水中で使える音楽プレーヤーをもらったんですが、気に入ってます。プールで泳ぐときの
（④ ）です。

やっと、家のトイレをウォシュレット® にしました。一度使ったら、やめられません。海外でも、もっと
（⑤ ）すればいいのにって思いますね。

---

a. 値段　　b. デザイン　　c. 必需品　　d. 普及　　e. 環境
ねだん　　　　　　　　　　ひつじゅひん　　ふきゅう　　かんきょう

◆ 붉은색 글자의 표현에 주의합시다. (A) '지금부터 사려는 물건을 이야기하는 표현'은 어느 것입니까? (B) '이미 가지고
있는 물건을 이야기하는 표현'은 어느 것입니까?

3 일본의 전자 사전에는 다양한 기능이 있습니다. 당신이 중요하다고 생각하는 기능을 세 가지 체크해 보세요.

☐ 文字サイズが選べる
もじ
☐ 音声が聞ける
おんせい
☐ 動画が見られる
どうが
☐ 手書き入力できる
て が　にゅうりょく
☐ 音声入力できる
おんせいにゅうりょく
☐ メニューが多言語対応
たげんごたいおう
☐ フルカラー
☐ Wi-Fi に接続できる
ワイファイ　せつぞく

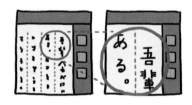

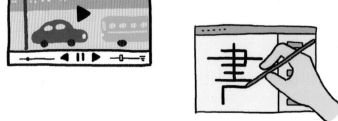

聞いてわかる　**Can-do 36**　도구와 관련된 이야기를 듣고 사용법의 차이 및 관련 코멘트를 이해할 수 있다.

● 당신은 스마트폰이나 휴대폰을 이용합니까? 어떤 기능을 자주 사용합니까?

ある国（日本以外の国）のレストランに集まって、
みんなで食事をしています。
井上さんが、一人だけ約束の時間に
遅れて来ました。

場所がわからなかったの？

④ 高橋

② リー

ごめん、
遅れちゃって。

やっと来たよ〜。

③ 吉村

① 井上

1 스마트폰 이용법과 관련해 네 명의 생각을
들어 봅시다.

(1) 스마트폰이 편리하다고 생각하는 사람에게는 ○표를,
없어도 된다고 생각하는 사람에게는 ×표를 하세요.　🔊 8_08-11

① 井上（　○　）　　② リー（　　　）　　③ 吉村（　　　）　　④ 高橋（　　　）

(2) 다시 한 번 들읍시다. 네 사람은 스마트폰이나 휴대폰의 어떤 사용법을 이야기하고 있습니까? a~h에서 고르세요.

🔊 8_08-11

① 井上（　c　）　　② リー（　　　）　　③ 吉村（　　　）　　④ 高橋（　　　）

a. 電話する

b. メッセージやメールを見る

c. 地図を見る

d. 写真を調べる

e. 電車の時間を調べる

f. 辞書を引く

g. 写真を撮る

h. レストランを調べる

(3) 다시 한 번 들읍시다. 네 사람은 스마트폰을 어떻게 생각합니까? (2)에서 선택한 것을 참고로 메모합시다.　🔊 8_08-11

◆ 알게 된 것을 다른 사람과 이야기합시다.

2 듣기 전략

대화에 참가하고 있음을 나타낸다.

(1) 이야기를 들으면서 어떤 맞장구를 쳤습니까? ①井上 씨, ②리ー 씨의 이야기를 다시 한 번 듣고, 맞장구로 사용된 말을 아
　　래의 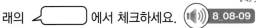 에서 체크하세요. 🔊 8_08-09

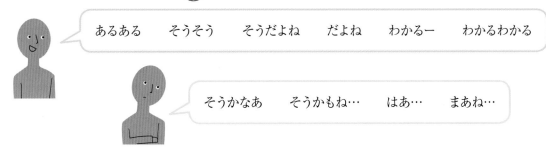

> あるある　　そうそう　　そうだよね　　だよね　　わかるー　　わかるわかる
>
> そうかなあ　　そうかもね…　　はあ…　　まあね…

　　◆ 위와 같은 맞장구는 누구와 이야기할 때 자주 사용합니까? 어떤 기분을 나타냅니까? 🔊 8_12-13

(2) 다시 한 번 ③吉村 씨, ④高橋 씨의 이야기를 들으세요. 일시 정지 부분에서 자유롭게 맞장구를 넣어 봅시다. 🔊 8_14-15

3 당신의 생각은 누구와 가깝습니까?

■ 네 사람의 이야기를 정리합시다. (　　) 안에 들어갈 말을 골라 알맞은 모양으로 바꾸세요. 🔊 8_16-19 CHECK!

（1）井上さんは、店まで Google Map を（①　見　）ながら来た。昔は地図を（②　　　　　）
　　もらったり、電話で道を聞きながら来たりしたが、今はスマホが

　　（③　　　　　）くれるから便利だ。

見る	案内する	描く

（2）リーさんは、ネット関係はパソコンよりもスマホのほうをよく使っている。スマホなら、メッセージも
　　メールもすぐ（④　　　　　）し、Google などで、なんでも
　　簡単に（⑤　　　　　）。

見る	調べる

（3）吉村さんの考えでは、スマホは辞書のアプリとカメラが便利だ。アプリなら重い辞書を
　　（⑥　　　　　）てもすむ。また、写真も手軽に
　　すぐ（⑦　　　　　）。

撮る	持ち歩く

（4）高橋さんは、スマホは必要だとは思っていない。携帯だけ（⑧　　　　　）電話もメールも
　　（⑨　　　　　）し、写真も撮れる。友達といっしょにいるのに、話も（⑩　　　　　）で
　　スマホばかり見ているのは変だ。

ある	する	できる

⭐ Can-do를 체크하세요

Can-do 37　갖고 싶은 상품과 관련해 기능이나 디자인 등의 희망 및 조건을 자세하게 말할 수 있다.

● 당신은 인터넷 쇼핑 사이트를 본 적이 있습니까?
　일본의 물건을 구매한 적이 있습니까?

フォンガロ（イタリア）
ローマの大学の日本学科の教授。日本
　　　　　　　　　がっか　きょうじゅ
語も教えている。専門は日本文学。
おし　　　　　　せんもん　　ぶんがく

フォンガロ教授が、研究室で良子さんに話しかけました。
　　　　　きょうじゅ　　けんきゅうしつ　りょうこ

良子（日本）
りょうこ
日本からの留学生。フォンガロ教授の
　　　　りゅうがくせい　　　　　　　きょうじゅ
研究室でアシスタントのアルバイトを
けんきゅうしつ
している。

1 두 사람의 대화를 들어 봅시다. 스크립트를 안 보고 다음의 사항에
주의하며 들어 봅시다. 🔊 8_21

　　① フォンガロ教授は、どうして電子辞書が欲しいと思いましたか。
　　　　　　　　きょうじゅ　　　　　　　でんしじしょ　ほ
　　② フォンガロ教授は、どんな電子辞書が欲しいと言いましたか。
　　　　　　　　きょうじゅ　　　　　　でんしじしょ　ほ

2 스크립트를 보면서 들읍시다. 🔊 8_21

（　　　）안에 들어갈 말을 써 넣으세요.

◆ 괄호 속 말의 뜻과 역할은 무엇일까요?

フォンガロ：良子さん、ちょっと聞いてもいいですか？
　　　　　りょうこ

良子　　　：あ、はい。

フォンガロ：今度、日本語の電子辞書を買おうと思うんですけど、何かいい辞書知りませんか？
　　　　　こんど　　　　　　でんしじしょ　　　　　　　　　　　　　　　じしょ

良子　　　：辞書、（①　　　　　　　　）んですか？ でも先生、スマホの無料アプリとかでも、いいのが
　　　　　じしょ　　　　　　　　　　　　　　　　　　　　　　むりょう
　　　　　　出てる（②　　　　　　　）けど。

フォンガロ：んー、それだと日本語は単語集みたいなのばかりなんですよ。僕も持ってるけど、あまり役に
　　　　　　　　　　　　　　たんごしゅう　　　　　　　　　　ぼく　も　　　　　　　　　やく
　　　　　　立たないから、もう少し本格的な日本語辞書が欲しいと思って。
　　　　　　　　　　　　　　　ほんかくてき　　　じしょ　ほ

良子　　　：そうですか。どんなのがいいんでしょうか？

フォンガロ：そうですねえ、単語集とか、会話集みたいなのじゃなくて、ちゃんとした辞書が欲しいんですよ。
　　　　　　　　　　　　たんごしゅう　　かいわしゅう　　　　　　　　　　　　　　じしょ　ほ
　　　　　　日本語学習者用の辞書が入ってる（③　　　　　　　）って、ないですかねえ？
　　　　　　　がくしゅうしゃよう　じしょ

良子　　　：うーん、そういうのは見たことないですね。日本語の辞書は基本的にはみんな、日本人向けだと
　　　　　　　　　　　　　　　　　　　　　　　　　　　　じしょ　きほんてき　　　　　　　　　　む
　　　　　　思いますよ。

フォンガロ：うーん、しょうがないか…。でもほら、読めない漢字があったときに、部首とか画数とかがわから
　　　　　　　　　　　　　　　　　　　　　　　　かんじ　　　　　　　ぶしゅ　　かくすう
　　　　　　なくても、手で書いて調べられるのがあったらいいんですが。
　　　　　　　　て　　　　しら

良子　　　：手書き入力ですね。今の電子辞書は、だいたい手書きに対応していますよ。
　　　　　てが　にゅうりょく　　　　　でんしじしょ　　　　　　てが　たいおう

フォンガロ：そうですか。それから、アクセントが調べられる辞書ってあるでしょうかね？「雨」と「飴」みたい
　　　　　　　　　　　　　　　　　　　　　しら　　　じしょ　　　　　　　　　　　　あめ　　あめ
　　　　　　な単語の読み方がわかる（④　　　　　　　）。アクセントを知らないと、自然な日本語が発音で
　　　　　　たんご　　　　　　　　　　　　　　　　　　　　　　　　　し　　　　　しぜん　　　　　はつおん
　　　　　　きないですからね。

良子 　　　：ちょっと待ってください。ネットで見てみますね。… あ、これならアクセント辞典、入ってますね。
音声も出る（⑤　　　　　　　　）よ。

フォンガロ：あるんですねえ。すごい。あとは、うーん、イタリア語と日本語の辞書も入ってるのがあれば
うれしいんですけど、そんなのはないですよね。

良子 　　　：調べてみますね。あ、ありますね。これ、イタリア語の辞書が
最初から入ってます。手書き入力もできるし、アクセント辞典も
入ってますし。

フォンガロ：おー、じゃあ、これにしようかな。どうもありがとう。

---

3 ▶ 대화에 도움이 되는 문법·문형

손윗사람이나 모르는 사람에게 정중하게 말한다.

　辞書、買われるんですか？ → ❶

직접 본 일이나 경험한 일을 토대로 판단하여 말한다.

　いいのが出てるようですけど。 → ❷ 　　音声も出るようですよ。 → ❷

자세하게 설명한다.

　日本語学習者用の辞書が入ってるのって、ないですかねえ？ → ❸
　単語の読み方がわかるやつ。 → ❸

희망을 말한다.

　手で書いて調べられるのがあったらいいんですが。 → 初級 2 16課
　イタリア語と日本語の辞書も入ってるのがあればうれしいんですけど。 → 初中級 トピック2

8

❶ | V（ら）れる：존경형 | 辞書、買われるんですか？

1グループ	2グループ	3グループ
V-ない＋れる	V-ます＋られる	
買う → 買われる	食べる → 食べられる	来る → 来られる
話す → 話される	見る → 見られる	する → される

*수동형(初級2：13課)과 같은 모양.

존경형을 사용한 표현으로 바꾸어 말해 봅시다. 8_22-25

① この本、先生も、もう（ 読まれました ）か？
　　　　＝お読みになりました

② 今日は先生、

何時に（　　　　　　　　　）か?

＝お帰りになります
かえ

③ 先週の学会、
がっかい

先生も（　　　　　　　　　）よね?

＝出席なさいました
しゅっせき

④ コーヒー、

先生も（　　　　　　　　　）か?

＝めしあがります

❷ │ ～ようだ │　いいのが出てるようですけど。

音声も出るようですよ。
おんせい

Nの　　　ナAな

イAい　　V（보통체）　│　＋ようだ

＊「～みたいだ」와 같은 뜻. 좀 더 격식 차린 말씨.

「～ようだ」를 사용해 말하세요. 🔊 8_26-30
CHECK!

① A：日本語とイタリア語の電子辞書って、あるでしょうかね?
　　　　　　　　　　でんしじしょ
　 B：いくつか（あります → あるようです）よ。

② A：いくらぐらいですか?

　 B：そうですねえ、30,000 円から 40,000 円（ぐらいです →　　　　　　　　　　）。

③ A：このモデルはどうでしょう?

　 B：それよりも、新しいモデルが（出ています →　　　　　　　　　　）よ。

④ A：ショップがいろいろあって迷いますね。
　　　　　　　　　　　　　　　　　まよ
　 B：でも、このショップがいちばん（安いです →　　　　　　　　　　）ね。

⑤ A：おかしいなあ、カード番号入れてもエラーになる。
　　　　　　　　　　　　　　ばんごう
　 B：このクレジットカードは（使えません →　　　　　　　　　　）ね。

❸ │ ～の │　日本語学習者用の辞書が入ってるのって、
　　　　　　　がくしゅうしゃよう　じしょ
　　　　　　ないですかねえ?

│ ～やつ │　単語の読み方がわかるやつ。
　　　　　　たんご

문장＋の／やつ

＊「～やつ」는 격식 차리지 않는 회화체 표현으로 자주 쓰인다.

어느 것이 좋다고 합니까? 듣고 고르세요. 🔊 8_31-34

① c　　　　② 　　　　③ 　　　　④

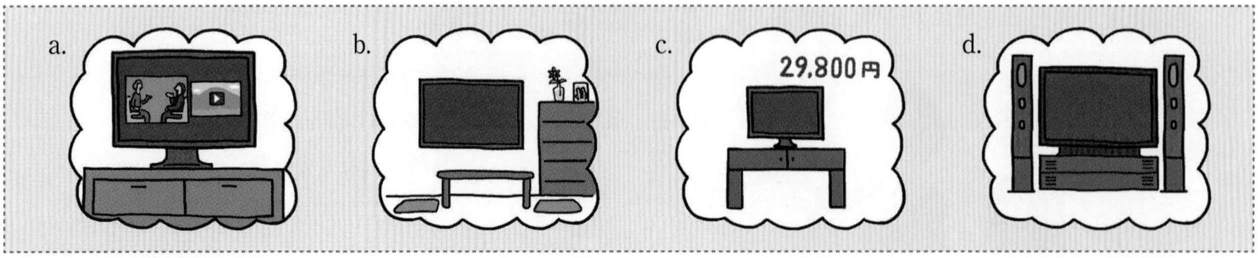

a.　　　　　　b.　　　　　　c. 29,800 円　　　d.

◆ 당신은 어느 것을 갖고 싶습니까? 일러스트를 보면서 말해 보세요.

4 말하기 전략

질문 또는 부탁하기 전에 도입말을 한다.

(1) 156쪽 대화의 스크립트를 보세요. フォンガロ 교수는 良子
りょうこ 씨에게 전자사전에 관해 질문할 때, 제일 먼저 뭐라고 말했습니까?

(2) 다른 표현도 들어 봅시다. 🔊 8_35

すみません、ちょっと質問してもいいですか?
しつもん
ちょっと質問なんですが…。
しつもん
ねえ、ちょっと聞いていい?

あのう、ちょっとお願いがあるんですが…。
ねが
ちょっと頼みたいことがあるんですけど…。
たの
ね、お願いしていいかな?
ねが

(3) 뭐라고 말할까요? 🔊 8_36-37 CHECK!

読めない漢字があったので、読み方を教えてほしいです。日本人に聞いて
かんじ おし
みましょう。そのとき、相手によってどんな表現を使うか、注意しましょう。
あいて ひょうげん ちゅうい

① 図書館で、知らない日本人に
としょかん し
② 仲がいい友達に
なか ともだち

발 음

8

악센트로 뜻을 구별하는 말

(1) 차이에 주의하며 들어 봅시다. 🔊 8_38-44

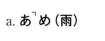 a. あ˥め(雨)　　　　　b. あめ˥ (飴)

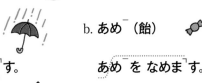 あ˥めが ふりま˥す。　　あめ˥ を なめま˥す。

a. は˥し(箸) 　　b. はし˥(橋) 　　c. はし˥ (端)

は˥しを つかいま˥す。　　はし˥を わたりま˥す。　　はし˥ を あるきま˥す。

a. きる˥ (着る) 　　b. き˥る(切る)

ふく˥を きる˥ 。　　ふく˥を き˥る。

일본어에는 악센트만으로 뜻을 구별하는 말이 많습니다. 차이에 주의합시다.

(2) 어느 쪽을 말한 것인지 발음을 듣고 고르세요. 그런 다음 반복해서 말해 봅시다. 🔊 8_45-46

あめです。　① b　　② 　　③ 　　④ 　　⑤ 　　⑥

はしです。　① a　　② 　　③ 　　④ 　　⑤ 　　⑥

(3) 차이에 주의하면서 위의 문장을 발음해 봅시다.

5 롤 플레이를 통해 회화 연습을 하세요.

(1) 롤 플레이에 앞서 다시 한 번 스크립트를 보고 생각해 봅시다. 어떤 전자사전을 갖고 싶냐는 良子 씨의 질문에
フォンガロ 교수는 어떤 순서로 조건을 말했는지 고르세요.

どんなのがいいんでしょうか？

A （　　　　）
　　　＋
B （　　　　）
　　　＋
C （　　　　）
　　　＋
D （　　　　）

ア．イタリア語と日本語の辞書　　イ．手書き入力ができる
ウ．アクセントが調べられる　　　エ．日本語学習者用の辞書

◆ 대화문에서 위의 A~D 에 해당하는 부분은 어디인지 표시해 봅시다. 각 부분에서는 어떤 표현을 사용했습니까?

(2) 카드를 보고 연습합시다.

① (a)의 장면에서 (例)에 이어지는 내용을 생각해 봅시다. 그때 (1)에서 본 표현을 사용해 봅시다.

(a) あなたは電子辞書が欲しいので、くわしい知り合いに相談します。どんなのが欲しいか、その人に自分の希望をできるだけくわしく言ってください。もう一人は、いろいろ教えてあげてください。

（例）A：電子辞書を買おうと思うんですけど、
　　　　　ちょっと聞いてもいいですか？
　　　 B：あ、いいですよ。電子辞書？
　　　　　どんなのがいいんでしょうか？
　　　　　……

◆ 대화 예를 들어 봅시다. 8_47

② (b)의 장면에서 (例)에 이어지는 내용을 생각해 봅시다.

(b) あなたは、日本の電気店に来ています。欲しい電気製品について、店の人に相談してください。もう一人は店の人になって、いろいろ応対してください。

（例）A：すみません、カメラが欲しいんですが。
　　　 B：どのようなものをおさがしでしょうか？
　　　　　……

◆ 대화 예를 들어 봅시다. 8_48

③ 그 밖에도 다양한 제품과 관련해 친구 또는
　 점원에게 상담해 봅시다.

⭐ Can-do를 체크하세요

PART 3 いいもの買ったんですよ

長く話す

Can-do 38 자기가 사용 중인 도구의 사용법이나 편리한 점을 설명할 수 있다.

● 최근에 구입 또는 사용한 것 중 좋았던 것이나 편리하다고 생각한 것이 있습니까?

オフィスの昼休みに、鳥山さんとステーシーさんが話しています。
　　　　　ひるやす　　とりやま

1 ▶ 두 사람의 대화를 들어 봅시다. 🔊 8_50

> 今朝、携帯が見つからなくて大変でしたよ。
> けさ　けいたい　　　　　　　　　たいへん

> そうですか。そう言えば、私、最近いいもの買ったんですよ。
> 　　　　　　　　　　　　　さいきん

> へー、いいものって何ですか?

> 探し物探知機です。日本で買ったんですが、便利ですよ。
> さが　ものたんちき　　　　　　　　　　　　　　べんり
> ・・。

鳥山
とりやま

ステーシー

> でも、ステーシーさんなら、親機の方をなくしそうですね。
> 　　　　　　　　　　　　　　　おやき　ほう

8

「探し物探知機」는 어떤 물건이라고 합니까?
　さが　ものたんちき

　① どんな機能のものですか。
　　　　　　きのう
　② どのように使っていますか。
　③ どうして、使おうと思ったのですか。
　④ 使う前と後で、何か変わったことがありますか。
　　　　まえ　あと　　　か

2 ▶ 다시 한 번 듣고 (　　)에 알맞은 말을 씁시다. 🔊 8_50

기능을 설명한다.

　・なくした物の場所を教えて(①　　　　　)んです。
　　　　　もの　ばしょ　おし
　・親機のボタンを(②　　　　　)、子機が「ピピピッ」って鳴って、どこにあるかわかるんです。
　　おやき　　　　　　　　　こき　　　　　　　　　　な

자기가 사용하는 방법을 말한다.

　・私は、財布とか、車の鍵とか、家の鍵とかに(③　　　　　)ます。
　　　　さいふ　　くるま　かぎ　　いえ　かぎ
　・たとえば、朝なんか、「あ、車の鍵がない」ってときは「ピピピッ」…みたいに(④　　　　　)ます。
　　　　　　あさ　　　　　　かぎ

왜 사용하게 되었는지를 말한다.

　・物をなくすことが(⑤　　　　　)、しょっちゅう、パニックになってたんですけど…
　　もの

사용 후 달라진 점을 말한다.

　・これを使う(⑥　　　　　)から、そういうことがなくなりました。

3　스크립트를 보면서 다시 한 번 들어 봅시다. 8_51

探し物探知機です。日本で買ったんですが、便利ですよ。

なくした物の場所を教えてくれるんです。

えっと、親機と子機があって、子機はコインぐらいの大きさなんですけど、それを鍵とか、なくしたら

困る物につけるんです。で、親機のボタンを押すと、子機が「ピピピッ」って鳴って、どこにあるか

わかるんです。私は、財布とか、車の鍵とか、家の鍵とかにつけてます。

たとえば、朝なんか、「あ、車の鍵がない」ってときは「ピピピッ」、「財布がない」ってときは

「ピピピッ」みたいに使ってます。

私、物をなくすことが多くて、しょっちゅう、パニックになってたんですけど、これを使うようになってから、

そういうことがなくなりました。

★

◆　스크립트의 ★ 부분을 따라 말해 봅시다. 처음에는 스크립트를 보면서 따라 하고, 다음에는 스크립트를 안 보고 따라

합시다. 8_52

4　아래 메모를 보면서 「探し物探知機」와 관련해 이야기합시다. 스크립트를 안 보고 자기의 말로 말해 주세요.

물건의 이름 : 探し物探知機

① 기능

　なくした物の場所を教えてくれる

　親機と子機

　子機… コインぐらいの大きさ

　　　　なくしたら困る物につける

　親機のボタンを押す

　→ 子機が「ピピピッ」と鳴る

　　　どこにあるかわかる

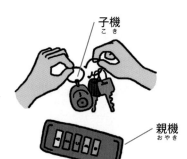

子機

親機

② 나만의 사용법

　子機 → 財布、車の鍵、家の鍵

　(例) 朝

　　　「車の鍵がない」 → ピピピッ

　　　「財布がない」 → ピピピッ

③ 사용하게 된 이유

　物をなくすことが多い

　→ しょっちゅうパニック

④ 사용 이후의 변화

　パニックになることがなくなった！

◆　말할 때 **2** 의 표현을 사용해 보았습니까?

5 당신이 구입 또는 사용한 것 중 좋았던 물건을 소개해 봅시다.

(1) 친구에게 추천하고 싶은 물건 하나를 골라 메모를 작성합시다. 적당한 것이 생각나지 않은 사람은 152쪽 또는 아래 사진
을 힌트로 참고하세요.

물건의 이름 :

① 기능

　　どんなものですか?

② 나만의 사용법

　　あなたはどのように使っていますか?

③ 사용하게 된 이유

　　どうして、使おうと思ったのですか?

④ 사용 이후의 변화

　　使う前と後で、どう変わりましたか?
　　　　あと　　　か

(2) 반 친구와 이야기합시다.

最近、いいもの買ったんですよ。
さいきん

へー、いいものって何ですか?

⭐ Can-do를 체크하세요

読んでわかる

PART 4 あなたがいちばん欲しいドラえもんの道具は？

Can-do **39** 인터넷이나 잡지 등의 랭킹 관련 기사를 읽고 조사 결과 또는 응답자의 목소리 등의 내용을 대강 이해할 수 있다.

● 꿈을 이루어 주는 도구가 있다면 당신은 어떤 도구를 갖고 싶습니까? 왜 그렇습니까?

（例：タイムマシン、歴史で勉強した古い時代に行ってみたいから）

1 인터넷 기사를 읽어 봅시다. 🔊 8_54

(1) 앙케트 결과 「ドラえもん」의 도구 중에서 인기 있는 것은 어떤 도구였습니까?

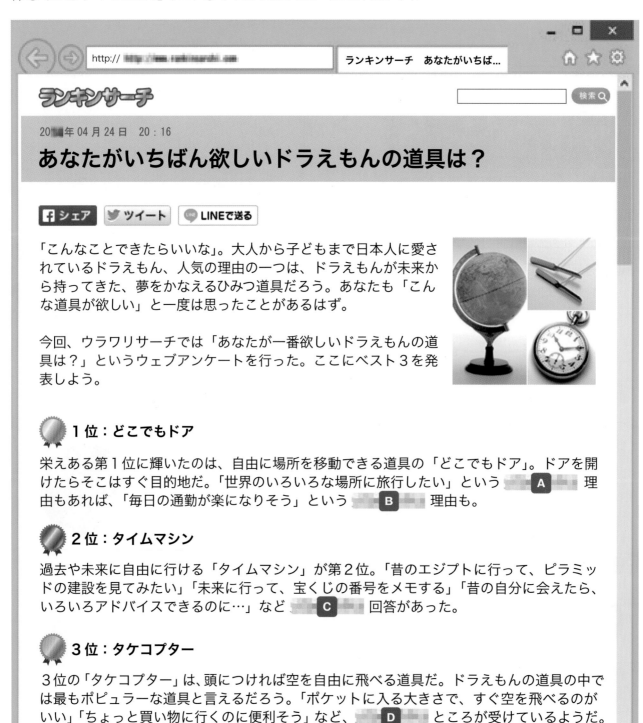

あなたがいちばん欲しいドラえもんの道具は？

20■■年04月24日　20：16

「こんなことできたらいいな」。大人から子どもまで日本人に愛されているドラえもん、人気の理由の一つは、ドラえもんが未来から持ってきた、夢をかなえるひみつ道具だろう。あなたも「こんな道具が欲しい」と一度は思ったことがあるはず。

今回、ウラワリサーチでは「あなたが一番欲しいドラえもんの道具は？」というウェブアンケートを行った。ここにベスト３を発表しよう。

🥇 1位：どこでもドア

栄えある第１位に輝いたのは、自由に場所を移動できる道具の「どこでもドア」。ドアを開けたらそこはすぐ目的地だ。「世界のいろいろな場所に旅行したい」という ■■ A ■■ 理由もあれば、「毎日の通勤が楽になりそう」という ■■ B ■■ 理由も。

🥈 2位：タイムマシン

過去や未来に自由に行ける「タイムマシン」が第２位。「昔のエジプトに行って、ピラミッドの建設を見てみたい」「未来に行って、宝くじの番号をメモする」「昔の自分に会えたら、いろいろアドバイスできるのに…」など ■■ C ■■ 回答があった。

🥉 3位：タケコプター

３位の「タケコプター」は、頭につければ空を自由に飛べる道具だ。ドラえもんの道具の中では最もポピュラーな道具と言えるだろう。「ポケットに入る大きさで、すぐ空を飛べるのがいい」「ちょっと買い物に行くのに便利そう」など、■■ D ■■ ところが受けているようだ。

このほか、「もしも世界が〜だったら」と電話に向かって言えば、その想像の世界が実現する「もしもボックス」、試験のときに使えば自動的に正解を書いてくれる「コンピューターペンシル」、日記に書いたことがその通りに現実になる「あらかじめ日記」など多様な回答が寄せられた。あなたなら、どの道具が欲しい？

（回答者：20代〜50代の男女300名）

(2) 베스트3의 도구를 선택한 사람은 그 도구로 무엇을 하고 싶다고 답했습니까?

1位 どこでもドア	・世界のいろいろな場所に旅行したい　　・毎日楽に通勤したい
2位 タイムマシン	
3位 タケコプター	

(3) A ~ D 에 들어갈 말을 아래의 ア~エ에서 고르세요.

ア. 夢のある　　イ. 手軽な　　ウ. 現実的な　　エ. さまざまな

(4) 다음과 같은 사람에게는 a~f 중 어느 도구가 도움이 될까요?

① 海のきれいな島に住んで、毎日都会に出勤したい。　　（　a　）
② 学校の宿題をすぐに終わらせたい。　　（　　）
③ 空から町の様子を見てみたい。　　（　　）
④ 100年後のオリンピックを見たい。　　（　　）
⑤ 魔法の使える世界に住みたい。　　（　　）
⑥ ずっと好きだった田中さんとデートしたい。　　（　　）

a. どこでもドア　　b. タイムマシン　　c. タケコプター
d. もしもボックス　　e. コンピューターペンシル　　f. あらかじめ日記

2　읽기 전략

설명하는 문장의 위치에 주목한다.

본문 중에서 위의 a.「どこでもドア」를 설명한 부분에 밑줄을 그으세요.

설명 부분은 앞과 뒤 어느 쪽에 있습니까?

　　a. <u>自由に場所を移動できる道具</u>の「どこでもドア」　　　　도구의 설명은 도구 이름 앞에 있다…

b~f의 도구를 설명한 부분에도 밑줄을 긋고 생각해 봅시다.

c는 설명이 뒤에 있지만, 그 이외에는 설명이 앞에 있구나.

설명하는 문장은 주로 앞에 있네. 읽을 때 주의해야겠다.

3 당신이라면 어느 도구를 갖고 싶습니까? 그 도구로 어떤 일을 하겠습니까?

4 읽기에 도움이 되는 문법·문형

단정하는 표현을 피한다.

❶ ～だろう

人気の理由の一つは、夢をかなえるひみつ道具だろう。
ドラえもんの道具の中では最もポピュラーな道具と言えるだろう。

*「～でしょう」의 보통체.

・今年最もヒットした商品は、掃除ロボットだろう。
・インターネットは人間の最大の発明と言えるだろう。

다양한 것들이 있음을 나타낸다.

❷ Nもあれば、Nも

夢のある理由もあれば、現実的な理由も（ある）。

・掃除ロボットには、大きなホールを掃除する大型のものもあれば、小さな部屋を掃除する小型のものもある。
・スマホには、（　　　　　　　　　　）としての使い方もあれば、（　　　　　　　　　　）としての使い方もある。

실제로는 그렇지 못한 것을 유감스럽게 생각하는 기분을 나타낸다.

❸ ～たら～のに

昔の自分に会えたら、いろいろアドバイスできるのに…

・数学が得意だったら、大学でロボットの研究をするのに。
・電子辞書を買うとき相談してくれたらよかったのに。
・お金があったら、（　　　　　　　　　　　　　　　　）のに。

상상한 것을 말한다.

❹ もしも～たら

「もしも世界が～だったら」

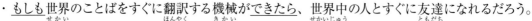

・もしも世界のことばをすぐに翻訳する機械ができたら、世界中の人とすぐに友達になれるだろう。
・もしも「どこでもドア」があったら、（　　　　　　　　　　　　　　）

한자어

읽는 법이나 뜻을 확인하세요. 키보드나 스마트폰 등을 이용해 입력해 봅시다.

未来　　夢　　移動（する）　　昔　　建設　　時代　　番号
みらい　ゆめ　いどう　　　　　むかし　けんせつ　じだい　ばんごう

第～位（第1位）　　向かう　　日記
だい　い　だい　い　　　　　む　　　にっき

◆ 号 記 向 처럼「口」가 들어간 한자를 본문에서 찾아봅시다.

 Can-do를 체크하세요

PART **5** 売ってください

書く

Can-do **40**　갖고 싶은 상품의 조건이나 특징을 일본인 커뮤니티 사이트 등의 게시판에 작성할 수 있다.

1　일본인 커뮤니티 사이트의「売ります・買います」게시판에
갖고 싶은 상품 관련 내용을 써 봅시다.

(1) 일본인 커뮤니티 사이트를 살펴봅시다.　8_56

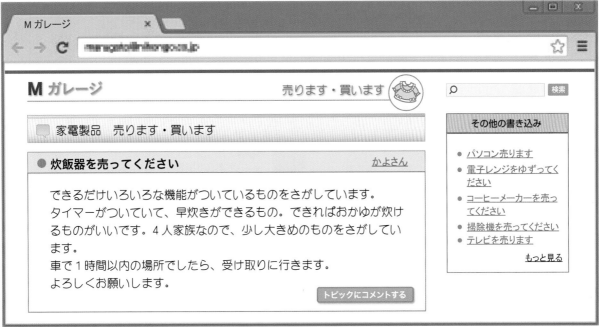

M ガレージ

managatollinlkongozu.jp

M ガレージ　　　　　　　売ります・買います　🔍　検索

　家電製品　売ります・買います

● 炊飯器を売ってください　　　　　　　　　　かよさん

できるだけいろいろな機能がついているものをさがしています。
タイマーがついていて、早炊きができるもの。できればおかゆが炊け
るものがいいです。4人家族なので、少し大きめのものをさがしてい
ます。
車で1時間以内の場所でしたら、受け取りに行きます。
よろしくお願いします。

トピックにコメントする

その他の書き込み

● パソコン売ります
● 電子レンジをゆずってく
　ださい
● コーヒーメーカーを売っ
　てください
● 掃除機を売ってください
● テレビを売ります

もっと見る

(2) 당신도 일본인으로부터 사고 싶은 물건을 하나 생각해 적어 봅시다.

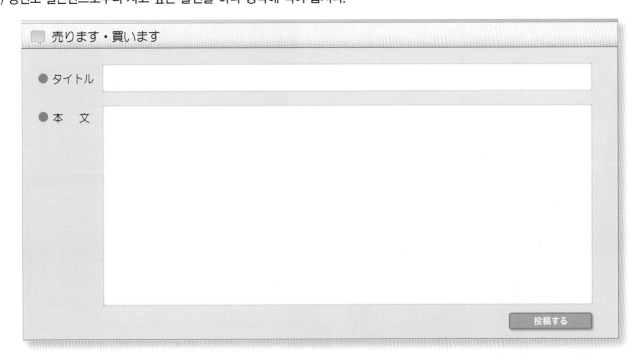

　売ります・買います

● タイトル

● 本　文

投稿する

2　반에서 다른 사람이 작성한 글을 서로 읽어 봅시다.
사거나 팔 수 있는 것이 있었습니까?

⭐ Can-do를 체크하세요

教室の外へ

わたしだけの フレーズ

토픽(TOPIC)과 관련해 일본어로 말해 보고 싶은 것은 무엇입니까?
나에게만 필요한 일본어 표현을 메모해 봅시다.

（例）英語のマニュアルは、ないでしょうか？
　　　えいご

---

❶

인터넷 쇼핑 사이트에서 전자사전을 검색해 봅시다.
－ 얼마입니까?
－ 인기 있는 제품은 어느 것입니까?
● 그 밖에 흥미를 끄는 상품을 알아봅시다.

❷

ドラえもん의 비밀 도구(秘密の道具)를 검색 사이트에서 알아봅시다.
　　　　　　　　どうぐ
－ 어떤 비밀 도구(秘密の道具)가 있습니까?
　　　　　　　どうぐ
　　당신의 마음에 드는 도구가 있었습니까?
● 소원을 이루어 주는 당신만의 비밀 도구를 생각해 보고, 반 친구들과 아이디어를 교환해 봅시다.

❸

당신 주변의 전자제품 매장에 가서 전자제품을 알아봅시다.
－ 어떤 일본 제품이 팔리고 있습니까?
－ 일본 제품의 카탈로그를 받아 살펴봅시다.
● 당신의 나라에서는 어떤 상품이 인기 있습니까? 그 이유는 무엇입니까?

★ 일본어·일본 문화 관련 체험을 기록해 봅시다

伝統的な祭り
でんとうてきまつ

● 매년 기대하는 축제나 행사가 있습니까?

● 그때 어떤 일을 합니까?

 聞いてわかる

PART 1
祭りは 7 日まで続きます
まつ　　なのか　　つづ

 会話する

PART 2
私も踊ってきました
わたし　おど

 長く話す

PART 3
祭りのいちばんの見どころは…
まつ　　　　　　　み

 読んでわかる

PART 4
はじめてのクリスマス

 書く

PART 5
祭りの体験
まつ　たいけん

1 일본에는 다양한 축제나 행사가 있습니다. 아래 포스터의 사진을 보고 어떤 축제인지 생각해 봅시다.
a~f에서 관계가 있다고 생각되는 것을 고릅시다.

①

②

③

④

⑤

⑥

a. みんなで踊って楽しむ　　b. 季節の植物を見て楽しむ　　c. きれいな飾りを見て楽しむ

d. 宗教に関係している　　e. 歴史や昔のできごとに関係している　　f. おいしいものを食べる

문화　당신의 나라에도 a~f 같은 축제나 행사가 있습니까?

2 ( ) 안에 들어갈 말을 a~f에서 고르세요. 🔊 9_02-06

「お祭り」に行きますか?

お祭り? 子どものころは、夏になると町内の夏祭りに行きました。浴衣を（① b. 着て ）みんなで盆踊りを（② ）のが楽しかったですね。

もちろんですよ。毎年、地元の祭りで、仲間と神輿を（③ ）のは私の年中行事です。

うちの子どもが大好きですよ。小さい子どもたちが山車を（④ ）のを見ると、自分の子どものころを思い出しますね。

家族で、近くの神社の縁日に行きます。屋台で焼きそばやかき氷を買って（⑤ ）のは本当に楽しいですね。

田舎が仙台なので、よく七夕祭りを（⑥ ）行ったものです。今でもテレビで見ると、なつかしいですね。

a. かつぐ　　b. 着て　　c. 食べる　　d. 踊る　　e. 見に　　f. ひく

◆ 붉은색 글자의 표현에 주의합시다. '옛날의 추억을 이야기하는 부분'에 해당하는 것은 어느 것입니까?

9

3 일본에는 다양한 축제 관련 의상이 있습니다. 사진을 보고 코멘트해 봅시다.

きれいですね

粋ですね

かっこいいですね

＜힌트＞

かっこいい　　かわいい　　色っぽい　　きれいな　　カラフルな　　粋な　　派手な　　変わっている

PART 1 祭りは7日まで続きます
まつ　　　なのか　　つづ

Can-do 41 TV나 인터넷의 행사 소개 관련 프로그램을 보고 어떤 축제 또는 행사인지 대강 이해할 수 있다.

> みなさん、こんにちは！

インターネットのニュースで、日本各地の祭り／行事を紹介しています。
かくち　まつ　ぎょうじ　しょうかい

● 어떤 축제 또는 행사입니까? 사진을 보고 자유롭게 이야기해 봅시다.

① 金沢百万石まつり　　② ほおずき市　　③ ねぶた祭り　　④ うらじゃ
かなざわひゃくまんごく　　　　　　　　いち　　　　　　　　まつ

1 어떤 축제 또는 행사인지 소개를 봅시다.

(1) 어디에서 언제 행해집니까? 장소는 a~d에서 고르세요. 🔊 9_08-11

① 金沢百万石まつり かなざわひゃくまんごく	② ほおずき市 いち
（ a ）6月最初の週末 さいしょ　しゅうまつ	（　　）
③ ねぶた祭り まつ	④ うらじゃ
（　　）	（　　）

a. 金沢（石川）
　かなざわ　いしかわ

b. 岡山
　おかやま

c. 青森
　あおもり

d. 浅草（東京）
　あさくさ　とうきょう

(2) 다시 한 번 들읍시다. 아래의 a~h는 어느 설명에 나옵니까? 또 그것은 ア~ク 중에서 어느 것입니까? 🔊 9_08-11

① 金沢百万石まつり（ c –ア, h –カ ）　② ほおずき市（　　　　　　　）
かなざわひゃくまんごく

③ ねぶた祭り　　（　　　　　　　）　④ うらじゃ　　（　　　　　　　）
まつ

ア. 百万石行列
　ひゃくまんごくぎょうれつ
イ. ハネト
ウ. 化粧
　けしょう
エ. お参り
　まい
オ. ねぶた
カ. 前田利家公
　まえだとしいえこう
キ. ほおずき
ク. 若者のグループ
　わかもの

a.
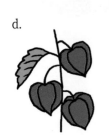

b.

c.

d.

e.

f.

g.

h.

(3) 다시 한 번 들읍시다. ①~④의 축제 또는 행사의 특징은 무엇입니까? (2)에서 고른 그림을 통해 알 수 있는 것을 메모합시다.

◆ 알게 된 것을 친구와 이야기합시다.

2 듣기 전략

문맥을 통해 말의 뜻을 추측한다.

(1) 리포터의 설명 중에 모르는 말('삐-' 하는 소리. ●● 부분)이 있었습니다. 무슨 뜻이라고 생각합니까? 앞뒤의 문장에 주의하면서 생각해 봅시다. 🔊 9_12-15

① この祭りは、金沢の基礎を作った武将、前田利家公が1583年の6月に金沢に●●したのを記念して…
② このほおずきを見ると、ああ夏が来たという感じになります。まさに、夏の●●ですね。
③ このねぶた祭り、東北三大祭りの一つとして知られる有名な祭りで、毎年300万人もの人が●●んです。
④ 「うらじゃ」は「うら」という鬼に●●お祭りで、実は、この「うら」は、ここ岡山に伝わる『桃太郎』の伝説のもとになっているんです。

①（ 来る？ 引っ越す？ ）　②（　　　　　　　）　③（　　　　　　　）　④（　　　　　　　）

(2) 이번에는 ●● 부분의 말로 말합니다. 뭐라고 했는지 메모합시다. 🔊 9_16-19

①（　入城　）　②（　　　　　　）　③（　　　　　　）　④（　　　　　　）

3 네 곳 중에서 어느 축제에 가 보고 싶습니까?

■ 네 곳의 축제 이야기를 정리합시다. (　) 안에 들어갈 말을 골라 알맞은 모양으로 바꾸세요. 🔊 9_20-23

（1）金沢百万石まつりは、戦後始まった祭りで、金沢の基礎を（①　作った　）武将、前田利家公を記念して行われる。祭りのメインのパレードは、侍などの行列が4kmも（②　　　　　）。主役に毎年、有名な俳優が（③　　　　　）のも楽しみの一つだ。

| 続く　選ぶ　作る |

（2）浅草の浅草寺では、7月に、ほおずき市が（④　　　　　）。この日にお参りすれば、四万六千日分のお参りと同じ効果があると（⑤　　　　　）。ほおずきを（⑥　　　　　）露店がたくさん並ぶ。

| 売る　言う　開く |

（3）青森のねぶた祭りは、東北三大祭りの一つとして（⑦　　　　　）いて、毎年多くの人が訪れる。祭りのメインは、ねぶたと（⑧　　　　　）人形型の山車だ。そしてハネトという踊り手が、「ラッセラー、ラッセラー」とかけ声を（⑨　　　　　）ながら踊る。

| 呼ぶ　かける　知る |

（4）岡山の「うらじゃ」の主役は若者達だ。パレードでは、さまざまなグループが、自分達で考えた衣装を（⑩　　　　　）、自分達で考えたオリジナルの踊りを（⑪　　　　　）。歴史は浅く、（⑫　　　　　）のは1994年だそうだ。

| 踊る　着る　始まる |

⭐ Can-do를 체크하세요

PART 2 私も踊ってきました

● 당신은 일본의 축제를 TV나 인터넷에서 보거나 실제로 보러 간 적이 있습니까?

ロナウドさんは、サンパウロの日本人街の居酒屋で友達と飲んでいました。そこで、知り合いの遠藤さんに会いました。

ロナウド（ブラジル）
サンパウロに住む若い会社員。日本文化センターで日本語を勉強している。

遠藤（日本）
日系ブラジル人の夫と結婚して、サンパウロに30年住んでいる。ロナウドさんとは日本文化センターのイベントで知り合った。

1 두 사람의 대화를 들어 봅시다. 스크립트를 안 보고 다음의 사항에 주의하며 들어 봅시다. 🔊 9_25

① ロナウドさんは、日本で何をしましたか。
② ロナウドさんは、阿波踊りの何が気に入りましたか。

2 스크립트를 보면서 들읍시다. 🔊 9_25

(1) 두 사람은 보통체와 정중체 중 어느 쪽을 사용해 말합니까?
또 왜 그렇습니까?

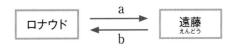

```
┌────────┐   a    ┌────────┐
│ ロナウド │ ────→ │  遠藤  │
│        │ ←──── │ えんどう │
└────────┘   b    └────────┘
```

(2) (　　) 안에 알맞은 말을 써 넣으세요.

◆ 괄호 속 말의 뜻과 역할은 무엇일까요?

遠藤　　：あら、ロナウドさん、久しぶりじゃない。元気？

ロナウド：あ、遠藤さん、お久しぶりです。実は日本に旅行に行ってて、昨日帰ってきた（①　　　　　　　　）
　　　　　なんですよ。

遠藤　　：そう。いいなあ。で、どうだった？ 日本は。

ロナウド：はい、すごく暑かったけど、とても楽しかったです。いろいろなところに行って、本当にいろいろな経験をしました。

遠藤　　：へー、たとえば？

ロナウド：日本料理もたくさん食べたし、温泉にも入りました。でもいちばんよかったのは、阿波踊りに行ったことですね。

遠藤　　：へー、阿波踊り。徳島まで行ったの？

ロナウド：もちろんですよ。リオのカーニバルに負けないぐらいすごい祭りって聞いて（②　　　　　　　　　）
　　　　　から、ぜひ一度行ってみたいと思ってたんです。

遠藤　　：そう。で、どうだった？

ロナウド：はい、とってもよかったです。プロのチームの踊りはレベルが高くて、ものすごくパワフル
　　　　　でした。でも、いちばんよかったのは、踊りのパレードに参加できたことです。

遠藤　　：へー、踊ってきたんだ。すごい。

ロナウド：リオだったら、チームに入らないとメイン会場で踊れないですよね。でも阿波踊りは、
　　　　　ちょっと踊りを教えてもらえば、誰でも自由に踊りに参加できるんです。はっぴも
　　　　　貸してくれるんです。

遠藤　　：へー。

ロナウド：踊っている（③　　　　　　　　　）、みんなが仲間って
　　　　　感じになって、すっごくいい雰囲気でした。

遠藤　　：「同じ阿呆なら踊らにゃ損、損」ね。

ロナウド：はい。街全体がお祭りの雰囲気で、みんな、あちこちでお酒を飲んで踊っていました。
　　　　　私も地元の知らない人から、たくさんお酒をごちそうになりました。いろいろな人と
　　　　　日本語で話ができて、本当に楽しくて、ものすごくいい経験でした。

遠藤　　：お祭りとお酒なんて、いかにもロナウドさんが好きそうだもんね。

3 대화에 도움이 되는 문법·문형

지금 막 끝낸 행위를 나타낸다.
　　昨日帰ってきたところなんです。 → **❶**

과거의 일보다 더 이전의 일을 나타낸다.
　　すごい祭りって聞いていました。 → **❷**

무언가가 계속되는 동안 어느새 변화한 것을 말한다.
　　踊っているうちに、みんなが仲間って感じになりました。 → **❸**

이유를 말한다.
　　日本料理もたくさん食べたし、温泉にも入りました。 → 初級2 6課

드러난 것만 보고 생각한 것을 말한다.
　　いかにもロナウドさんが好きそうだもんね。 → 初中級 トピック5

---

❶ | V たところだ | 昨日帰ってきたところなんです。

일본의 축제 장소에 와 있습니다. 「〜たところ」의 형태로 바꾸어 말해 봅시다. 🔊 9_26-30

① 遠藤　　：ごめんなさい、遅くなっちゃって。
　ロナウド：いえ、私も実はさっき（来ました → 来たところ）なんですよ。

② 店の人　：たい焼き、いかがですかー、たい焼き。

ちょうど今（焼けました →　　　　　　　　）だよー。

遠藤　　：じゃあ、たい焼き3つ。

③ ロナウド：さて、何を見に行きましょうか。

遠藤　　：今、2時だから、ちょうど太鼓が

（始まりました →　　　　　　　）ね。

④ ロナウド：ええと、お好み焼き一つください。

店の人　：ごめんねー、さっき、最後の一枚が

（売れました →　　　　　　　）なんだよ。

⑤ ロナウド：あれ、盆踊りはどこですか?

係の人　：ちょっと遅かったね。ちょうど（終わりました →　　　　　　　）だよ。

❷　| V ていた |　すごい祭りって聞いていました。

(1) 축제 관련 이야기를 하고 있습니다. 문장을 듣고 그림을 고르세요. 🔊 9_31-35

① a　　　　②　　　　③　　　　④　　　　⑤

(2) 그림을 보면서 아래에서 알맞은 말을 골라 「～ていた／ていました」의 형태로 바꾸어 말해 봅시다. 🔊 9_31-35 CHECK!

① 徳島に行くまえに、阿波踊りのサイトをいろいろ（ ア. 見ていた／見ていました ）から、場所はすぐわかりました。

② 市民広場に行くと、もうたくさんの人達が（　　　　　　）。

③ 私のサイズのはっぴはもう（　　　　　　）ので、少し小さいのを借りました。

④ 踊りのステップは、前にも少し（　　　　　　）ので、上手に踊れました。

⑤ 次の日の朝、公園に行ってみると、もう全部（　　　　　　）。

> ア. 見る　　イ. なくなる　　ウ. 片付けられる　　エ. 教わる　　オ. 集まる

❸　| V ているうちに |　踊っているうちに、みんなが仲間って感じになりました。

「～ているうちに」의 모양으로 바꾸세요. 그림을 보고 뒤에 이어질 문장을 아래에서 고르세요. 🔊 9_36-40 CHECK!

① 阿波踊りを（見ます → 見ているうちに ）、a. 私も踊りたくなってきました。

② みんなで（踊ります →　　　　　　　）、＿＿＿＿＿＿＿＿＿＿＿＿＿。

③ ホテルに帰ってメールを（書きます →　　　　　　　）、＿＿＿＿＿＿＿＿＿＿＿＿＿。

④ 日本を（旅行します →　　　　　　　　　　）、＿＿＿＿＿＿＿＿＿＿＿。

⑤ 日本で撮った写真を（見ます →　　　　　　　　　　）、＿＿＿＿＿＿＿＿＿＿＿。
　　　と　　しゃしん

a. 私も踊りたくなってきました 　　おど	b. また行きたくなりました
c. 日本語がだいぶ聞き取れるようになりました 　　　　　　　　　き　と	d. 気分がとてもハイになってきました 　　きぶん
e. いつのまにか眠ってしまいました 　　　　　　　ねむ	

① ② ③ ④ ⑤

◆ 다시 한 번 그림을 보면서 말해 봅시다.

4 말하기 전략

강조하기

(1) 174~175쪽 대화의 스크립트를 보세요. ロナウド 씨는 강조할 때 어떤 말을 사용했습니까?

① （　すごく　）暑かったけど、（　　　　　）楽しかったです。　② （　　　　　）いろいろな経験をしました。
　　　　　　　　　あつ　　　　　　　　　　　　　たの　　　　　　　　　　　　　　　　　　　　けいけん

③ （　　　　　）よかったです。　④ （　　　　　）パワフルでした。

◆ 그 밖에 스크립트에서 같은 표현을 찾아봅시다.

(2) 다양한 표현을 체크합시다. 🔊 9_41

　非常に／たいへん　　本当に／とても／すごく　　すごい／まじで／めちゃくちゃ／超～
　ひじょう　　　　　　ほんとう　　　　　　　　　　　　　　　　　　　　　　　　　　　ちょう

（フォーマルな表現）◄──────────────────────►（インフォーマルな表現）
　　　　　ひょうげん　　　　　　　　　　　　　　　　　　　　　　　　　　　　ひょうげん

발 음

강조에 따른 음의 변화

(1) 발음의 변화에 주의하며 들어 봅시다. 🔊 9_42-43

（例）**すごく → すっごく／すごーく／すんごく**　　　**とても → とっても → とーっても**

회화체에서 강조하여 말하고 싶을 때는 길게 끌어 발음하거나 「っ」 또는 「ん」이 추가되기도 합니다.

(2) 밑줄 친 부분을 강조해 말해 봅시다. 🔊 9_44-45
　　　　　　　　　　　　　　　　CHECK!

お祭りは <u>すごく</u> 楽しかったです！　　日本に行って、<u>とても</u> よかったです！
　　まつ　　　　　　たの

5 롤 플레이를 통해 회화 연습을 하세요.

(1) 롤 플레이에 앞서 다시 한 번 스크립트를 보고 생각해 봅시다. 대화 중에서 별표(★)는 ロナウド 씨가 경험한 阿波踊り
관련 이야기를 하는 부분입니다. A ~ C 에 해당하는 부분은 어디입니까? 표시해 봅시다.

A 自分がした体験を話している。
B ほかのものと比べながら説明している。
C 自分の感想やコメントを話している。

◆ 각 부분에서는 어떤 표현을 사용했습니까?

(2) 카드를 보고 연습합시다.

① (a)의 장면에서 (例)에 이어지는 내용을 생각해 봅시다.

(a) あなたは夏休みに、日本へ行って阿波踊りに参加しました。そのときのことを、友達に話しましょう。何をしたか、どう思ったか、様子がわかるように話してください。友達は、自分が興味のあることについて、質問やコメントをしてください。

(例) A：○○さん、日本はどうでしたか？
B：ええ、すごくよかったですよ。いろいろなところへ行って、いろいろな経験をしました。
A：何がいちばんよかったですか？
B：そうですね、いちばんは…阿波踊りですね。
……

◆ 대화 예를 들어 봅시다. 9_46

② (b)의 장면에서 (例)에 이어지는 내용을 생각해 봅시다.

(b) あなたは週末に、日本祭りに参加しました。そのときのことを、友達と話しましょう。

(例) A：最近、どこかに行きましたか？
B：ええ。実はこの前の日曜日、日本祭りに行ったんですよ。
A：へー、どうでしたか？
B：いやあ、大変でしたよ。
……

◆ 대화 예를 들어 봅시다. 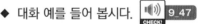 9_47

③ 자기가 참가한 축제나 이벤트의 경험을 친구와 자유롭게 이야기 나누어 봅시다.

★ Can-do를 체크하세요

PART **3** 祭りのいちばんの見どころは…

● 당신 나라의 축제나 행사 중에서 일본인이 보아 주었으면 하는 것이 있습니까?

日本とスペインの交流イベントの会場で、ボランティアの
こうりゅう　　　　　　　　かいじょう
スタッフがお客さんの質問に答えています。
　　　　　きゃく　しつもん　こた

1 두 사람의 대화를 들어 봅시다. 🔊 9_49

スペインに住んでいる間に、何か、お祭りを見に行きたいんですが、
　　　　　す　　　　　あいだ　　　　　　まつ
おすすめってありますか?

お客さん
きゃく

そうですねえ。いちばんのおすすめは…やっぱり、バレンシアの「火祭り」
　　　　　　　　　　　　　　　　　　　　　　　　　　　　　　ひまつ
ですね。火祭りは……………………………………………………………………。
　　ひまつ

そうですか。行ってみたいなあ。

ボランティア

「火祭り」를 어떻게 설명하고 있습니까?
ひまつ

① どんな祭りですか。　　② いつ、どこで行われますか。　　③ 祭りの見どころは、何ですか。
　　　　まつ　　　　　　　　　　　　　　　おこな　　　　　　　　　　まつ　　　み

2 다시 한 번 듣고 ( ) 안에 알맞은 말을 씁시다. 🔊 9_49

행사・축제를 간단히 소개한다.

　　　<名前>　　　　　　・いちばんの (①　　　　　　　) はバレンシアの「火祭り」です。
　　　　　　　　　　　　　　　　　　　　　　　　　　　　　　　　　ひまつ
　　　<どんな祭り>　　　・街のあちこちに飾った紙の人形に、火をつけて燃やす (②　　　　　　) です。
　　　　　　　まつ　　　　　まち　　　　　　かざ　　かみ　にんぎょう　　　　　　も
　　　<いつ・どこで>　　・バレンシアで、毎年 3月 15日 (③　　　　　) 19日 (④　　　　　) 行われています。
　　　　　　　　　　　　　　　　　　　まいとし　　　　　　　　　　　　　　　　　　　　　　おこな

볼 만한 것을 이야기한다.

　　　<おすすめのポイント>　・紙の人形は「ファジャ」って (⑤　　　　　　) んですけど…
　　　　　　　　　　　　　　かみ　にんぎょう
　　　　　　　　　　　　　　・祭りの間、バレンシアの通りや広場には、ファジャが (⑥　　　　　　) 並びます。
　　　　　　　　　　　　　　まつ　あいだ　　　　　　とお　ひろば　　　　　　　　　　　　　　　　なら
　　　　　　　　　　　　　　・祭りのいちばんの (⑦　　　　　　) は、3月 19日のサン・ホセの日の夜に、
　　　　　　　　　　　　　　まつ　　　　　　　　　　　　　　　　　　　　　　　　　　　　　　よる
　　　　　　　　　　　　　　ファジャに火がつけられて燃え上がるときですね。
　　　　　　　　　　　　　　　　　　　　　　　も　あ
　　　<印象を言う>　　　・街のあちこちが真っ赤になって、本当に (⑧　　　　　　) ですよ。
　　　　いんしょう　い　　　まち　　　　　ま　か　　　　　ほんとう
　　　　　　　　　　　　　　(美しい、すばらしい、ダイナミック、一度見たら忘れられない)
　　　　　　　　　　　　　　うつく　　　　　　　　　　　　　　　　　　いちど　み　わす

주의할 점을 말한다.

　　　(⑨　　　　　　)、観光客がたくさん来ますから、行くなら、早めに予約 (⑩　　　　　　) ですよ。
　　　　　　　　　かんこうきゃく　　　　　　　　　　　　　　はや　よやく

179

3 스크립트를 보면서 다시 한 번 들어 봅시다. 9_50

いちばんのおすすめは…やっぱり、バレンシアの「火祭り」ですね。

火祭りは、街のあちこちに飾った紙の人形に、火をつけて燃やす祭りです。この祭りは、バレンシアで、

えっと、毎年3月15日から19日にかけて行われています。

紙の人形は「ファジャ」っていうんですけど、大きいものから小さいものまで、いろいろあるんです。

いちばん大きいファジャは30メートル以上もあるんですよ。政治家とかスポーツ選手とかのファジャ

もあるんです。祭りの間、バレンシアの通りや広場には、ファジャが何百個も並びます。

えー、祭りのいちばんの見どころは、3月19日のサン・ホセの日の夜に、ファジャに火がつけられて

燃え上がるときですね。街のあちこちが真っ赤になって、本当に感動的ですよ。

このお祭りが終わると、春が来るって言われています。

ただ、観光客がたくさん来ますから、行くなら、早めに予約したほうがいいですよ。

◆ 스크립트의 ★ 부분을 따라 말해 봅시다. 처음에는 스크립트를 보면서 따라 하고, 다음에는 스크립트를 안 보고 따라
합시다. 9_51

4 아래 메모를 보면서 「火祭り」에 관해 이야기합시다. 스크립트를 안 보고 자기의 말로 말해 주세요.

축제나 행사의 이름 : バレンシアの「火祭り」

① 간단한 소개
・街に紙の人形を飾る、火をつけて燃やす
・バレンシア、3月15日-19日

② 볼거리
・紙の人形＝ファジャ
いろいろな大きさ…30メートル以上！
政治家、スポーツ選手など
祭りの間、通りや広場に何百個も並ぶ
・いちばんの見どころ

3月19日、サン・ホセの日の夜
ファジャに火をつける
→ 街が真っ赤、感動的！
・祭りが終わる…春が来る

③ 주의 사항
・観光客がたくさん
→ 早めに予約

◆ 말할 때 **2** 의 표현을 사용해 보았습니까?

5 당신 나라의 축제나 행사를 소개해 봅시다.

(1) 추천할 축제나 행사를 하나 골라 볼 만한 것을 잘 알 수 있도록 메모로 작성합시다.

소개하고 싶은 축제나 행사 :

---

① 간단한 소개

どんな祭りですか?
まつ
いつ、どこで行われますか?
おこな

---

② 볼거리

祭りや行事の見どころは何ですか? いちばん見てほしいのは何ですか?
まつ　　ぎょうじ
それについて、あなたはどんな印象を持っていますか?
いんしょう　も

9

---

③ 주의 사항

何か注意したほうがいいことがありますか?
ちゅうい

---

(2) 팸플릿이나 사진 등이 있으면 그것을 보면서 이야기합시다.

○○に住んでいる間に、お祭りを
す　　　　　あいだ　　　まつ
見に行きたいんですが…。

⭐ Can-do를 체크하세요

181

● 당신은 다른 나라나 지방의 축제 또는 행사에 참가한 적이 있습니까? 놀란 일이나 감명 받은 일이 있습니까?

1 미국인과 결혼한 일본인 여성이 쓴 블로그를 읽어 봅시다. 9_53

(1) 먼저 블로그 제목과 첫째 단락만 읽어 봅시다. 블로그를 작성한 사람은 「ダーリン」의 본가 크리스마스에 어떤 체험을 할 거라고 생각합니까?

(2) 전체를 읽읍시다. (1)에서 당신이 한 예상은 맞았습니까? 블로그를 쓴 사람은 「ダーリン」의 본가 크리스마스와 관련해 어떤 인상을 가졌습니까?

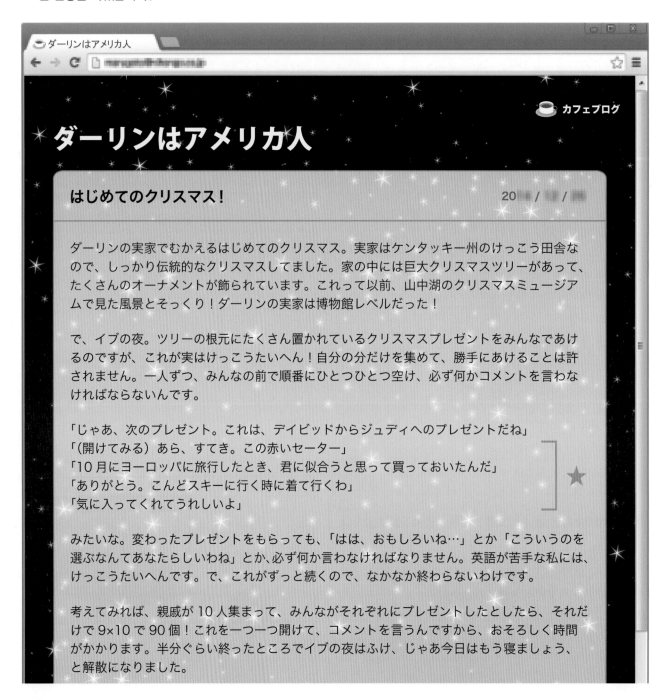

ダーリンはアメリカ人

カフェブログ

はじめてのクリスマス！

20■■ / ■■ / ■■

ダーリンの実家でむかえるはじめてのクリスマス。実家はケンタッキー州のけっこう田舎なので、しっかり伝統的なクリスマスしてました。家の中には巨大クリスマスツリーがあって、たくさんのオーナメントが飾られています。これって以前、山中湖のクリスマスミュージアムで見た風景とそっくり！ダーリンの実家は博物館レベルだった！

で、イブの夜。ツリーの根元にたくさん置かれているクリスマスプレゼントをみんなであけるのですが、これが実はけっこうたいへん！自分の分だけを集めて、勝手にあけることは許されません。一人ずつ、みんなの前で順番にひとつひとつ空け、必ず何かコメントを言わなければならないんです。

「じゃあ、次のプレゼント。これは、デイビッドからジュディへのプレゼントだね」
「(開けてみる) あら、すてき。この赤いセーター」
「10月にヨーロッパに旅行したとき、君に似合うと思って買っておいたんだ」
「ありがとう。こんどスキーに行く時に着て行くわ」
「気に入ってくれてうれしいよ」 ★

みたいな。変わったプレゼントをもらっても、「はは、おもしろいね…」とか「こういうのを選ぶなんてあなたらしいわね」とか、必ず何か言わなければなりません。英語が苦手な私には、けっこうたいへんです。で、これがずっと続くので、なかなか終わらないわけです。

考えてみれば、親戚が10人集まって、みんながそれぞれにプレゼントしたとしたら、それだけで9×10で90個！これを一つ一つ開けて、コメントを言うんですから、おそろしく時間がかかります。半分ぐらい終わったところでイブの夜はふけ、じゃあ今日はもう寝ましょう、と解散になりました。

そして次の日の朝、続きが始まるのですが、あれ、なんかプレゼント増えてない？と思ったら、「これは、サンタからのプレゼントだ」って…プレゼント10個以上増えてるし！！

というわけで、この「プレゼント交換マラソン」は果てしなく続いたのでした。

23　いいね！　コメントする

◀ 前のページへ　　　次のページへ ▶

(3) 크리스마스 선물 교환에는 규칙이 있었습니다. 어떤 규칙입니까?

(4) 다섯째 단락의 「9×10で90個！」는 구체적으로 무엇을 뜻합니까?

(5) 필자는 왜 「プレゼント交換マラソン」이라는 표현을 사용했습니까?

2 ▶ 읽기 전략

役割語에 주목한다.

(1) 본문의 ★ 부분의 대사는 각각 누가 하는 말인지 생각해 봅시다.

「あら、すてき。この赤いセーター」（ ① ）
「10月にヨーロッパに旅行したとき、君に似合うと思って買っておいたんだ」（ ② ）
「ありがとう。こんどスキーに行く時に着ていくわ」（ ③ ）
「気に入ってくれてうれしいよ」（ ④ ）

(2) 붉은색 글자는 여성적인 표현, 파란색 글자는 남성적인 표현입니다. 대사를 다시 한 번 살펴봅시다.

대사 중에는 등장인물의 역할이나 캐릭터(성별, 나이, 직업, 사회계층…)를 강조하기 위해 특별한 표현(실제로 쓰인다는 전제는 없음)을 사용합니다.

> ジュディの대사には女性的な表現、デイビットの대사には男性的な表現が쓰이네….

> 대사의 표현에 주목하면 어떤 사람이 말하고 있는지를 알 수도 있는 거구나!

◆ 다음 대사는 어떤 캐릭터를 연상시키는 표현이라고 생각합니까?

「おー、このセーター、すげーかっこいいじゃん」
「なかなかよいセーターじゃのう」
「あーら、すてきなセーターですこと」

3 ▶ 당신이 지금까지 받은 선물을 떠올려 봅시다. 기뻤던 것이나 별난 것이 있었습니까? 자유롭게 이야기해 봅시다.

4　읽기에 도움이 되는 문법・문형

당연한 결과로 그렇게 되었음을 나타낸다.

❶　～わけだ　　これがずっと続くので、なかなか終わらないわけです。

・昔、パレードを見るために、３時間も待ったことがあります。それで、結局、お祭りが嫌いになったわけです。
・花火大会は、いつも混んでいて見に行くのは大変です。なので、私は毎年家のテレビで見るわけです。

❷　というわけで、～　　……。というわけで、この「プレゼント交換マラソン」は果てしなく続いたのでした。

・この前の花火大会に、子どもを連れて行ったが、子どもが花火の音をこわがって、ずっと泣いていた。しかも……。……。というわけで、花火大会はぜんぜん楽しめずに終わった。

가정을 나타낸다.

❸　～たとしたら　　親戚が10人集まって、みんながそれぞれにプレゼントしたとしたら、……。

・100万円あったとしたら、何を買いますか。
・もしあなたがサンタクロースだったとしたら、何をしますか。

마지막으로 이야기를 정리한다.

❹　～のでした　　……。というわけで、この「プレゼント交換マラソン」は果てしなく続いたのでした。

・……。というわけで、二人は祭りから疲れて帰ってきたのでした。
・……。私の日本旅行はこうして終わったのでした。

한자어

읽는 법이나 뜻을 확인하세요. 키보드나 스마트폰 등을 이용해 입력해 봅시다.

～州（ケンタッキー州）　伝統的　　～湖（山中湖）　　風景　　根元
　しゅう　　　　しゅう　　でんとうてき　　こ　やまなかこ　　ふうけい　　ねもと

順番　　君　　親戚　　解散　　果てしない
じゅんばん　きみ　しんせき　かいさん　は

◆「～州」나「～湖」처럼 장소의 이름을 나타내는 말에는 이 밖에 무엇이 있습니까?
　しゅう　　こ

⭐ Can-do를 체크하세요

PART 5 祭りの体験

Can-do 45 축제나 행사에 참가한 경험과 감상을 소셜 네트워크에서 간단히 소개할 수 있다.

1 축제나 행사의 체험 또는 감상을 SNS에 써 봅시다.

(1) 다음 기록은 ロナウド 씨가 일본에 있는 동안 SNS에 올린 근황입니다. 읽어 봅시다. 9_55

Ronaldo Bayer
たった今・

＜日本旅行日記 その６＞
徳島で阿波踊りを踊りました！
阿波踊りは、だれでも参加できるって知っていましたか？
はっぴも貸してくれるし、踊り方も教えてくれるから、はじめて
でもだいじょうぶなんです。
というわけで、私も挑戦してみました。
みんなで踊っているうちに不思議なパワーが出てきて、もう最高
でした。楽しかった～。
いろいろな人と友だちになって、たくさん日本語で話すこともで
きたし、本当にいい経験でした。
阿波踊りは、プロの人の踊りを見るだけでも感動するんですが、
やっぱり一緒に踊らなきゃだめ！
踊るべきです。
いつかまた行きたいな～。

いいね！　コメント　シェア

(2) 당신도 축제나 행사의 체험 및 감상을
써 봅시다.

11:21

検索

投稿する

2 반의 다른 친구가 작성한 글을 읽고 코멘트합시다.  Can-do를 체크하세요

教室の外へ

わたしだけのフレーズ

토픽(TOPIC)과 관련해 일본어로 말해 보고 싶은 것은 무엇입니까?
나에게만 필요한 일본어 표현을 메모해 봅시다.

（例）一緒に撮った写真、Facebook に載せてもいいですか？

1

이 토픽에서 소개된 일본의 축제 영상을 동영상 사이트에서 살펴봅시다.

－「金沢百万石まつり」「ほおずき市」「ねぶた祭り」「うらじゃ」「阿波踊り」로 검색해 봅시다.

● 가 보고 싶은 축제가 있습니까?

2

자기 나라의 축제나 행사와 관련해 일본인의 감상을 살펴봅시다.

－ 일본인이 쓴 블로그나 SNS 등을 읽어 봅시다. 인터넷 블로그 검색에서「スペイン バレンシア 火祭り」등, 자기 나라의 축제와 관련된 키워드를 입력해 찾아봅시다.

－ 당신의 나라에 사는 일본인에게 당신 나라의 축제나 행사에 가서 참가한 경험이 있는지 물어 봅시다.

● 어떤 점이 재미있다고 생각했습니까?

3

당신 나라의「日本の祭り」를 알아봅시다.

－ 일본의 축제 관련 이벤트가 있습니까? 그것은 언제 어디에서 합니까?

－ 다른 나라의 축제나 이벤트도 있습니까?

★ 일본어·일본 문화 관련 체험을 기록해 봅시다

TOPIC 1　はじめての人と

PART 1　聞いてわかる　「みなさん、こんにちは」

1

🔊 1_10

司会：では、順番に自己紹介をお願いします。

① 山下：はじめまして、山下ガルシア友子と申します。こちらで結婚して、もう30年ぐらい、ここに住んでいます。えー、今は、旅行会社で働いています。大変なことも多いですが、人の世話をするのが好きなので、今の仕事は向いていると思います。趣味は絵を描くことで、週末は、たいてい近くの公園でスケッチをしています。性格は、わりと社交的だと思います。いろいろな人とお友達になりたいと思っていますので、よろしくお願いいたします。

A　：あのう、ちょっとわからなかったんですけど、性格は…何と言いましたか。

山下：性格は「しゃこうてき」、えっと、いろいろな人と話すのが好きです。

A　：あ、わかりました。ありがとうございます。

司会：では、次の方、お願いします。

🔊 1_11

② 木村：どうも。えー、なんか緊張しますね。ぼくは木村です。あー、木村健です。健は健康の健です。大学3年生なんですが、今は留学中で、こっちの語学学校で勉強してます。あ、趣味、趣味は…とくにないんですが、まあ、映画を見るのが好きかな。えー、あと、こっちにいる間に、いろんなところに旅行に行きたいと思ってます。いいところがあったら、教えてください。それぐらいです。よろしくお願いします。

司会：え～と、次の方は…。

🔊 1_12

③ 沢田：はじめまして。沢田のぶ子です。3か月前に、夫の仕事の関係で、家族でこちらに赴任して来ました。8歳の娘が一人います。えー、私も、日本では、仕事をしていたんですが、今は専業主婦をしています。こちらは日本と違って家が広いですから、掃除が大変です。それと、娘を日本人学校ではなくて、インターに入れているので、学校からもらってくるプリントを読むのに苦労してます。えー、私は、日本ではアマチュアオーケストラに入っていたので、こちらでもできればいいなと思ってます。こちらの生活は、まだよくわからないので、いろいろ教えてください。よろしくお願いします。

司会：では、最後の方、お願いします。

🔊 1_13

④ 松田：えー、みなさんこんにちは。松田利典と言います。日本では広告代理店に勤めていましたが、えー、定年退職したあと、こちらに来ました。日本では、毎日朝から晩まで働いていましたので、定年後は海外でゆっくりしたいと思って、来ました。現在は妻と二人暮らしで、えー、妻の方は、毎日、買い物とか、友達との食事会とか、いろいろなところに出かけて忙しくしています。まあ、私の方は家にいることが多いんですが…でも、こういう集まりなら、おもしろそうだなと思って、今回参加しました。どうぞよろしくお願いします。

B　：すみません。ちょっとわからなかったんですが、日本では、どこで働いていたと言いましたか。

松田：広告代理店です。えー、コマーシャルとかを作る会社です。

B　：あ、そうなんですか。ありがとうございます。

PART 2　会話する　「あのう、失礼ですが…」

3

❸ V はじめる

🔊 1_28

① A　：ズンさんは、どうして日本語を習いはじめたんですか？

ズン：私は大学を卒業してすぐ、日本の会社で働きはじめました。日本人と仕事をするんだから、日本語ができたほうがいいと思いました。

🔊 1_29

② B　：ナターリヤさんは、どんなきっかけで日本語を始めたんですか？

ナターリヤ：中学生ぐらいのころ日本のアニメを見はじめて、そのときから、高校に入ったら日本語を勉強したいと思ってました。

🔊 1_30

③ C　：ジョージさんは、どうして日本語を勉強しようと思ったんですか？

ジョージ：1年前から和太鼓を習いはじめたんですが、そのときから、日本語にも興味を持ちました。

🔊 1_31

④ D　：アニスさん、日本語を始めたきっかけは何ですか？

アニス：友達に、ここの日本語クラスに通うから、いっしょにやらない？って誘われて、それで私もこのクラスに通いはじめました。

ロールプレイ（例） 롤 플레이 (예)

🔊 1_42

A：あのう、すみません、日本の方ですよね？

B：はい、そうですが。

A：このお店には、よくいらっしゃるんですか？

B：そうですね、週に２回は来ますね。

A：そうなんですか。こちらに住んでいらっしゃるんですか？

B：ええ。こっちに来てから、もう５年ぐらいです。

A：そうですか。ここの料理、おいしいですよね。

B：そうですね。日本の料理がお好きなんですか？

A：はい、大好きです。

B：日本語は、どこで勉強したんですか？ 日本に住んでいらっしゃったんですか？

A：一度、旅行で行ったことがありますが、住んだことはありません。日本語は、国際交流基金のセンターで勉強しています。もう３年ぐらいになります。

B：そうですか。とてもお上手ですね。

A：いえ、まだまだです。ここでは、日本人と話すチャンスがほとんどありませんから。もしよろしければ、またここで会ったら、話し相手になってくださいませんか。

B：あ、はい、いいですよ。

A：それじゃあ、また会えたらよろしくお願いします。

TOPIC 2　おすすめの料理

PART 1　聞いてわかる　「ここは、とくに魚がうまい」

1

🔊 2_08

聞き手：日本料理の店なら、どこがおすすめですか？

① 男性A：そうだなあ、おいしい日本料理なら、「武蔵」がいちばんだと思うな。料理人が日本人で、日本と変わらない、本物の日本料理が食べられるからね。

聞き手：そうなんですか。

男性A：天ぷらもすき焼きもうまいけど、ここは、とくに魚がうまい。

聞き手：うまい？

男性A：ああ、おいしいってこと。魚がすごく新鮮で、日本の普通の店で食べるよりも、よっぽどうまい刺身が食べられるんじゃないかな。

女性D：そうですね。

男性A：それに、和服の店員さんのサービスも日本と同じくらい丁寧だし。ただ、けっこう高いんだよね。

女性C：あー。

女性D：ああ、そうそう。

🔊 2_09

② 男性B：安い店がいいなら、「OISHII」って名前のレストランがありますよ。バイキング方式なんです。

聞き手：バイキングって何ですか？

男性B：ああ、ビュッフェ、食べ放題で何を食べてもいいんです。だから、とにかく一度にいろいろなものをたくさん食べたいってときには、おすすめですよ。

聞き手：へー。

男性B：ただ、日本の日本料理とは、ちょっと違う感じなんですけどね。卵焼きはオムレツみたいだし、お寿司なんか、魚の寿司はほとんどなくて、チキンカツやアボカドの巻き寿司ばかり…。

男性A：ああ。

男性B：でも、味は悪くないですよ。

🔊 2_10

③ 女性C：そういえば、最近こっちでも日本のラーメンがはやってますよね。最近できた「たけみ」って店なんですけど、ここのラーメンは本物です。

聞き手：へー。

男性A：ああ、あれね。

女性C：日本の有名な店と比べても、負けないレベルだと思います。

聞き手：そうなんですか。

女性C：鶏や野菜から取っただしを使ってて…。

聞き手：だし？

女性C：ああ、スープのことですが、これがおいしいんですよ。

聞き手：へー。

女性C：値段がそんなに高くないのもいいですね。ただ、いつも混んでいて、とくに休みの日に行くと、すごい行列なんですよ。それが欠点ですね。

女性D：そうなのよね。

🔊 2_11

④ 女性D：意外に穴場だと思うのが、ベーカリー・マイ・ラブっていうパン屋さんね。

聞き手：パン？

女性D：パン屋って言ったら、あんまり日本料理って感じがしないかもしれないけど、でも、売っているのは全部日本風のパンだから、ぜひ行ってみて。日本のパンって、フワフワでやわらかいの。

女性C：そうですよね。

女性Ｄ：まあ、ちょっと高めなんだけどね。でも、あんパンとかメロンパンとか焼きそばパンとか、いろいろバラエティもあるし。

聞き手：へー、そうなんですか。

女性Ｄ：パンだけじゃなくて、お団子とかの和菓子も売ってるのよ。それに、お店の中に食べられるスペースがあって、ちょっとお茶するのにもいいかもね。

PART 2　会話する　「お好み焼き粉は…」

3

3 의문사 ＋ V 　ばいい

🔊 2_29

① Ａ：お好み焼き粉がないとき、どうすればいいですか？

　　Ｂ：小麦粉にだしを混ぜれば、だいじょうぶですよ。

🔊 2_30

② Ａ：このホットプレートは、どうやって使えばいいでしょうか？

　　Ｂ：コンセントをつないでから、ダイヤルを「中」のところに合わせてください。

🔊 2_31

③ Ａ：お好み焼きは、何分ぐらい焼けばいいでしょうか？

　　Ｂ：そうですね、4分ぐらい焼いたら裏返して、また4分ぐらい焼きます。

🔊 2_32

④ Ａ：ごちそうさまでした。お皿はどうすればいいですか？

　　Ｂ：紙ですから、台所のゴミ箱に捨ててください。

4

（3）

🔊 2_39

① Ａ：何でしたっけ、黒くて紙みたいで、おにぎりに使う…。

　　Ｂ：のり？

　　Ａ：はい。

🔊 2_40

② Ａ：何でしたっけ、お寿司につける、緑色の、ちょっと辛い…。

　　Ｂ：わさびのこと？

　　Ａ：あ、そうそう。

5

ロールプレイ（例）　롤 플레이 (예)

🔊 2_48

　　Ａ：お好み焼きには、何を買えばいいでしょうか。

Ｂ：そうですね、まずは、お好み焼き粉ですね。

Ａ：ええと、お好み焼き粉は、売ってないみたいですね。どうすればいいでしょうか。

Ｂ：じゃあ、小麦粉に、だしをまぜれば大丈夫ですよ。あとは、キャベツと、お肉と…。

Ａ：それは、うちにあります。卵もあるし…ほかに何か買う物ありますか？

Ｂ：あとはソースですね。

Ａ：どのソースがいいでしょうか。いろいろあるみたいですけど。

Ｂ：「おたふくソース」あるかな？　お好み焼き専用のソース。

Ａ：ちょっと、ないみたいですね。こっちのとんかつソースでもいいですか？

Ｂ：まあ、それでもいいですね。

Ａ：あと、あれはなんでしたっけ、茶色くて、上にかける、魚の…。

Ｂ：かつおぶし？　売ってますか？

Ａ：あ、あそこにあるみたいですね。

Ｂ：じゃあ、買いましょう。

TOPIC 3　私の好きな音楽

PART 1　聞いてわかる　「やっぱり演歌でしょう」

1

🔊 3_11

① 聞き手：清田さん。

　清田　：何？

　聞き手：あのう、私、日本の音楽を聞いてみたいんですが、何がいいでしょうか。

　清田　：そうですねえ、んー、いろいろありますが、たとえば「鼓童」って知ってますか？

　聞き手：いえ、聞いたことないですけど…。

　清田　：日本の有名な和太鼓集団です。

　聞き手：えっ？　わだいこ…。

　清田　：和太鼓集団。えっと、日本の太鼓のグループです。

　聞き手：へー。

　清田　：私はライブに2回行きましたけど、とてもよかったですよ。大勢で鳴らす太鼓は本当に迫力があって、それに、全員のリズムが機械のように正確にそろってて、きっと、すごく練習してるんでしょうね。

　聞き手：へー、そうなんですか。

② 聞き手：ねえ、さなえちゃん、好きな日本の歌手っている？ 私、
何か聞いてみたいと思って…。

さなえ：日本の歌手で？ んー、それなら、私、コブクロが好き。
知ってる？

聞き手：ううん、知らない。J-POP？

さなえ：うん。でもほら、J-POP って言っても、アイドル系
とかラップ系とか、いろいろあってね。その中でコブ
クロは、歌を聞かせる系？っていうのかな。

聞き手：へー、何それ？

さなえ：男性二人のグループなんだけど、二人ともすごい歌が
うまくて、歌のメロディーもきれいだし、それを完璧
に上下でハモるんだよね。

聞き手：えっ？ 上下でハモ…。

さなえ：上下でハモる…えっと、上と下のメロディーがハーモ
ニーになってて、きれいなんだ。

聞き手：ふーん。

さなえ：歌詞も、ちょっと難しいけど、なんか深い感じだし。
「桜」とか、「ここにしか咲かない花」とか、本気で
感動するから。聞いてみて。CD 貸すよ。

聞き手：うん。

③ 聞き手：上野さん、日本の音楽のおすすめって、何かあります
か？

上野　：おすすめですか。そうですね、まあ、日本を代表す
る音楽としては、X JAPAN を聞いてもらいたいです
ね。

聞き手：X JAPAN ですか。

上野　：ええ。昔のバンドって思うかもしれませんけど、今聞
いても全然古くないです。

聞き手：へー。

上野　：イメージ的にはいわゆるビジュアル系ですけど…。

聞き手：え？ ビジュ…。

上野　：ビジュアル系。衣装とか髪型とかが派手な感じのバン
ドで、でも、実は音楽もすごいんですよ。

聞き手：そうなんですか。

上野　：メロディーがきれいでわかりやすくて、でも、それと
いっしょにギターとかドラムとかが、すごい難しいこ
とを軽くやってるんです。

聞き手：へー。

上野　：おすすめは「Silent Jealousy」ですね。美しいメロ
ディーにからむ YOSHIKI のドラムが、かっこよすぎ
です。

聞き手：へー、そうなんですか。

④ 聞き手：私、日本の音楽に興味があるんですが、松本さんは
何が好きですか？

松本　：うーん、そうだなあ、やっぱり演歌でしょう。

聞き手：演歌ですか。

松本　：若い人はあまり聞かないみたいだけど、年を取ってく
ると、演歌が心にしみるんだよね。

聞き手：へー。

松本　：いちばん好きな歌手は、吉幾三かなあ。

聞き手：吉、幾三…ですか？

松本　：うん。「雪國」とか「酒よ」なんかがわりと有名かなあ。

聞き手：へー。

松本　：歌詞がさあ、典型的な演歌の世界って感じなんだよ
ね。

聞き手：へー。

松本　：男と女が別れたりとか、酒を飲みながら昔の夢を思
い出したりとか。メロディーが簡単だから、カラオケ
で歌う人が多いんだけど、実は難しいんだ。

聞き手：どうしてですか。

松本　：上手な人が歌わないと、単純でつまらなくなっちゃう
からね。

聞き手：へー、そうなんですか。

PART 2　会話する　「いい歌は古くならないんです」

3▶

④ V ことがある

① A：日本の音楽って、聞く？

B：うん、ときどきダウンロードして聞くことあるよ。

② A：今もピアノやってるの？

B：休みの日に、家で一人で弾くことがあるぐらいかな。

③ A：バンドをやってるんだって？

B：ええ、1年に2回ぐらいライブを開くこともあるんですよ。

④ A：オペラはお好きですか？

B：あまり好きじゃないんですが、モーツァルトだけは好きな
ので、見に行くことがあります。

⑤ A：この歌、学生のときにはやったんだけど、いい歌だよね。

B：うん、私も今でもカラオケで歌うことあるよ。

5

ロールプレイ（例）롤 플레이 (예)

🔊 3_49

A：今度の日曜日、カラオケパーティーするんですけど、来ませんか？

B：いいですねえ。ぜひ参加させてください。

A：ルーギーさんは、どんな歌を歌うんですか？

B：んー、私は、日本の歌はあまり知らないんですが、イギリスのロックが好きですね。

A：ロックですか。いいですね。たとえば？

B：そうですねえ、レッド・ツェッペリンとか、ディープ・パープルとか。

A：へー。私は、ロックだったら、やっぱりビートルズかな。

B：ああ、ビートルズもいいですよね。どの曲がいちばん好きですか？

A：私は、『Hey Jude』と『Let it be』が好きです。

B：いいですね。私も、カラオケではじめて歌った曲が、『Let it be』でした。

A：そうですか。じゃあパーティーでは、ビートルズをたくさん歌いましょうね。

TOPIC 4　温泉に行こう

PART 1　聞いてわかる　「今、私は温泉に来ています」

1

🔊 4_08

① こんにちはー！『日本まるごとお風呂旅』の時間です。今日、私は、長野県の地獄谷温泉に来ています。この地獄谷温泉、ある動物で有名なんです。それは…ほら、サルが温泉に入っているんです。かわいー。ここのお猿さん、海外では「スノーモンキー」という名前で世界的に知られているんですって。そしてこの露天風呂、なんとサル専用なんです。人間は入ることができません。気持ちよさそうですねー。人間は、この下の温泉旅館の露天風呂に入ることができますので、安心してください。でも冬の寒い日には、サルが人間用露天風呂に入りに来ることもあるそうです。運がよければ、お猿さんと混浴できるかもしれません。

🔊 4_09

② ふわー、やっと着いた！ バスを降りてから、山道を4時間半歩きましたよ。登山のあとに、やっとたどり着くことができるこの温泉は、北アルプスの白馬鑓温泉です。ここは、夏のシーズンだけの山小屋にある温泉です。それにしても、きつい道でした。もー死ぬかと思いました！ でも、これだけ苦労しても、

ここに来たい理由は、なんといってもこの露天風呂。標高2,100mにあるこのお風呂は、まさに雲の上の露天風呂です。もう、すごい眺めです。そして運がよければ、なんと、お風呂に入りながら、ご来光が見れるんだそうです。明日の朝、ぼくも早起きして、ご来光を見ようと思います。ぜったい晴れろよー。

🔊 4_10

③ 今日、ご紹介する温泉は、秋田県にある乳頭温泉郷の鶴の湯温泉。江戸時代から300年以上も続く、歴史のある温泉です。自然の中の広い露天風呂には、真っ白に濁ったお湯。このお湯、とても体にいいんですよ。旅館の古い建物は、江戸時代から残っているそうです。昔の雰囲気そのままですね。部屋の中には囲炉裏もあって、夕食はこの囲炉裏でいただきます。ここにいると、まるで江戸時代にタイムスリップしたような気になりますね。この「秘湯」の雰囲気を求める人で、週末は半年先まで予約がいっぱいだそうです。

🔊 4_11

④ はい、こちらは和歌山県、白浜温泉です。今、「崎の湯」という露天風呂に来ています。もう、目の前が、海、海、海です。オーシャンビューです。どうですか、この景色！ では、私も入ってみたいと思います。はー、幸せ。ほんと気持ちいい〜。天気もいいし。生きててよかった！ って感じです。ふー。さて、旅行の楽しみは旅館のお食事ですね。もちろんメインは海の幸！ 新鮮な魚に…ジャン！ 伊勢えびです。大きいですね〜。早速いただきます。んーー、甘い！ もう口の中で、こう、とろっと溶ける感じで、ああ、もう、幸せすぎ！

PART 2　会話する　「日本の旅館ははじめてです」

3

❸ V ていただけますか／いただけませんか

🔊 4_36

① A：すみません、部屋は和室にしていただけますか？

B：和室ですね、かしこまりました。

🔊 4_37

② A：すみません、コンセントのアダプターを貸していただけますか？

B：はい、少々お待ちください……こちらをお使いください。

🔊 4_38

③ A：すみません、隣の部屋の人がうるさいので、部屋を変えていただけませんか？

B：それでは、ほかのお部屋をご用意いたします。

🔊 4_39

④ A：すみません、生の魚が食べられないので、焼いていただけませんか？

B：はい、かしこまりました。

⑤ A：すみません、エアコンから変な音<ruby>（へん<rt></rt></ruby>がするので、ちょっと見<ruby>おと<rt></rt></ruby>に来ていただけませんか？

B：はい、すぐうかがいます。

❹ ～になります

🔊 4_41

① お部屋<ruby>へや<rt></rt></ruby>はこちらになります。

🔊 4_42

② お風呂<ruby>ふろ<rt></rt></ruby>は夜<ruby>よる<rt></rt></ruby>12時までになります。

🔊 4_43

③ こちらのお刺身<ruby>さしみ<rt></rt></ruby>は、順<ruby>じゅん<rt></rt></ruby>に、マグロ、タイ、ヒラメ、カンパチになります。

🔊 4_44

④ 朝食<ruby>ちょうしょく<rt></rt></ruby>は、2階<ruby>かい<rt></rt></ruby>のレストランで、朝<ruby>あさ<rt></rt></ruby>6時から10時までになります。

🔊 4_45

⑤ お会計<ruby>かいけい<rt></rt></ruby>、全部<ruby>ぜんぶ<rt></rt></ruby>で38,000円になります。

5

ロールプレイ（例）　롤 플레이 (예)

🔊 4_55

A：すみません、食事<ruby>しょくじ<rt></rt></ruby>のことについてお願<ruby>ねが<rt></rt></ruby>いがあるんですが。

B：はい、どのようなことでしょうか？

A：ええと、朝<ruby>あさ<rt></rt></ruby>ごはんなんですが、どんなメニューが出るんでしょうか。

B：朝<ruby>あさ<rt></rt></ruby>ごはんは和食<ruby>わしょく<rt></rt></ruby>になりますが。

A：そうですか。生<ruby>なま<rt></rt></ruby>の卵<ruby>たまご<rt></rt></ruby>は出ますか？

B：はい、お出ししています。

A：実<ruby>じつ<rt></rt></ruby>は、私は生<ruby>なま<rt></rt></ruby>の卵<ruby>たまご<rt></rt></ruby>やなっとうが苦手<ruby>にがて<rt></rt></ruby>なんですが…別<ruby>べつ<rt></rt></ruby>のメニューにしていただけませんか？

B：それでしたら、洋食<ruby>ようしょく<rt></rt></ruby>になさいますか？

A：洋食<ruby>ようしょく<rt></rt></ruby>ですか？それはどんなメニューですか？

B：パンと目玉焼<ruby>めだまや<rt></rt></ruby>きと、ハムのような、簡単<ruby>かんたん<rt></rt></ruby>なものでよければご用意<ruby>ようい<rt></rt></ruby>できますが。

A：そうですか。じゃあ、それでお願<ruby>ねが<rt></rt></ruby>いします。ありがとうございます。

B：かしこまりました。

TOPIC 5　最近<ruby>さいきん<rt></rt></ruby>どう？

PART 1　聞いてわかる　「ねえ、聞いて聞いて」

1

🔊 5_09

① 横田<ruby>よこた<rt></rt></ruby>：ね、聞いて聞いて。

聞き手：何？

横田：私、最近<ruby>さいきん<rt></rt></ruby>、ネコ飼<ruby>か<rt></rt></ruby>うことにしたんだ。

聞き手：ネコ？

横田：うん、この前、友達<ruby>ともだち<rt></rt></ruby>から電話があって、「仕事<ruby>しごと<rt></rt></ruby>で急<ruby>きゅう<rt></rt></ruby>に海外<ruby>かいがい<rt></rt></ruby>に引<ruby>ひ<rt></rt></ruby>っ越<ruby>こ<rt></rt></ruby>すことになって、それで、飼<ruby>か<rt></rt></ruby>ってるネコどうしよう」って相談<ruby>そうだん<rt></rt></ruby>されて。で、私がもらって来たの。

聞き手：へー。

横田：ちょうど3か月前に、うちで飼ってたモルモットが死<ruby>し<rt></rt></ruby>んじゃって、さびしかったから、ちょうどよかったよ。

聞き手：そうなんだ。

横田：そのネコ、まだ子どもで、すぐに慣<ruby>な<rt></rt></ruby>れて、

聞き手：うん。

横田：私のところにニャーって言いながら寄<ruby>よ<rt></rt></ruby>ってきて、超<ruby>ちょう<rt></rt></ruby>かわいいの。

聞き手：そう。

横田：ただね…。

聞き手：え？

横田：ソファの足のところをツメでガリガリひっかいたりして、「それはやめてー」って思うんだけど、でもまあ、かわいいから許<ruby>ゆる<rt></rt></ruby>す。

🔊 5_10

② 伊藤<ruby>いとう<rt></rt></ruby>：この前、ビザの更新<ruby>こうしん<rt></rt></ruby>に行ったんですけどね…。

聞き手：ああ、ビザですか。

伊藤：でも、お役所<ruby>やくしょ<rt></rt></ruby>って、どうしてこうなんでしょうね。

聞き手：えっ？

伊藤：最初<ruby>さいしょ<rt></rt></ruby>に行ったら「書類<ruby>しょるい<rt></rt></ruby>が足<ruby>た<rt></rt></ruby>りない」って言われて。「えっ、電話で聞いたときは、その書類<ruby>しょるい<rt></rt></ruby>はいらないって言われたんですけど」って言っても、「そんなの知らない、必要<ruby>ひつよう<rt></rt></ruby>なものは必要<ruby>ひつよう<rt></rt></ruby>だ」ってすごい頑固<ruby>がんこ<rt></rt></ruby>なんですよ。

聞き手：ああ、よくありますよね、そういうこと。

伊藤：しょうがないから、その書類<ruby>しょるい<rt></rt></ruby>を準備<ruby>じゅんび<rt></rt></ruby>して、別<ruby>べつ<rt></rt></ruby>の日に、また持<ruby>も<rt></rt></ruby>って行ったんですよ。そうしたら、今度<ruby>こんど<rt></rt></ruby>も…またほかの書類<ruby>しょるい<rt></rt></ruby>が足<ruby>た<rt></rt></ruby>りないって言われて。それなら、なんで前のときに言わないんだって思いますよね。

聞き手：本当<ruby>ほんとう<rt></rt></ruby>にそうですよね。

伊藤：結局<ruby>けっきょく<rt></rt></ruby>、何回<ruby>なんかい<rt></rt></ruby>も役所<ruby>やくしょ<rt></rt></ruby>に通<ruby>かよ<rt></rt></ruby>わされることになって、もう勘弁<ruby>かんべん<rt></rt></ruby>してって感じでしたよ。

聞き手：それはお疲れさまでした。

🔊 5_11

③ 竹内　：いやあ、この間さあ、車上荒らしにあっちゃったよ。

聞き手：車上荒らし？

竹内　：うん、日曜日、駅の地下の駐車場に車を止めたんだけどね。

聞き手：うん。

竹内　：そのとき、うっかりカメラをダッシュボードに置いてきちゃったんだよね。

聞き手：ああ、それはダメだよ。

竹内　：あとで、車に戻ってみたら、カメラがなくなってて。

聞き手：あーあ。

竹内　：それに、よく見たら、カーナビのあったところが、がらーんとした空間になってて。

聞き手：空間？

竹内　：そう、なんにもなくなってたんだよね。もう、やられた！って感じ。

聞き手：ひどいね。

2

🔊 5_17

③ 竹内：それにね、よく見たら、日本から持ってきたドラえもんのクッションまでなくなってたんだよね。ショックだったな。

🔊 5_18-21

④ 中川　：実はね、今度、娘が結婚することになったんです。

聞き手：へー、おめでとうございます！

中川　：まあ、おめでたいと言えばおめでたい話なんですけど…。その結婚相手というのが、17歳も年上で、バツイチの人で。

聞き手：へー。

中川　：聞いたときは、びっくりしました。なんで？って思いました。

聞き手：そうですか。

中川　：でもね、会ってみると…すてきな人でした。この前、その人がうちにあいさつに来たんですけどね、

聞き手：ええ。

中川　：やさしそうで、話がおもしろくて。ただ、主人は…うちの主人は、ちょっとショックだったみたいです。年が自分と近くて、「息子っていうより、友達みたいだ」って、笑ってました。

PART 2　会話する　「最近、仕事が忙しくて…」

3

② ～って

（1）

🔊 5_33

① あ、もしもし、昨日、生まれた。男の子。もう大変だった。

🔊 5_34

② 先生、この間の日本語能力試験、おかげさまで、やっと N1 に合格しました。ありがとうございました。

🔊 5_35

③ 今は、引っ越しの準備で大変なんです。ええ、仕事の関係で、急にタイに…。

🔊 5_36

④ ちょっと、いいですか。ここに書いてありますが、明日は、ビル全体の電気工事で、1日エレベーターが使えないので注意してください。

🔊 5_37

⑤ 突然ですが、実は、この店、今月末で閉めるんですよ。これまで長い間ありがとうございました。

③ V ことになる／V ことにする

🔊 5_43

① A：ねえ、最近どう？　彼氏とうまくいってる？

　　B：うーん、それがね、私たち…やっぱり合わなかったみたい。別れることにしたんだ。

　　A：え、そうなんだ…。

🔊 5_44

② A：そう、お子さんが。大変ね。

　　B：それで、今からぼくが病院に連れて行くことになったので、今日は1日休みを取らせてもらいます。すみません。

　　A：わかった。みんなに伝えておくから。

🔊 5_45

③ A：長谷川さん、来月帰国ですね。楽しみでしょう？

　　B：それがさ、子どもの学校の関係で、妻と子どもは、もう1年この国にいることになったんだ。おれ、日本で一人暮らしだよ。

　　A：そうなんですか。大変ですね。

🔊 5_46

④ A：おめでとう。結婚するんだって？　式はいつ？

　　B：ありがとう。でも私たち、結婚式はやらないことにしたんです。家族だけで簡単に食事して終わりにしようと思います。

A：そう。それもいいかもね。

(●) 5_47

⑤ A：山下さん、久しぶりですね。最近どうですか？

B：んー、実はこの間、お腹が痛くて救急車で運ばれちゃっ
て。胆石だって。それで来月入院することになったのよ。

A：ええ、それは大変ですね。お大事に。

(●) 5_48

⑥ A：課長、来月の出張は、タイ、ベトナム、インドネシアでし
たっけ？

B：いや、スケジュールの都合で、インドネシアには行かない
ことになったから。

A：わかりました。

5

ロールプレイ（例）　롤 플레이 (예)

(●) 5_58

A：斎藤さん、久しぶり。

B：おお、久しぶり。どう？ 最近。忙しい？

A：うん、とっても。そっちは？ 仕事はどう？

B：そうだね、けっこう忙しいよ。

A：そう。実は、今度、出張で日本に行くことになったんだ。

B：ほんと！ じゃあ、また会えるね。

A：うん。で、娘さんは元気？

B：娘は来年、中学生。でも勉強しないで、遊んでばかりい
るけどね。

A：中学生か、大きくなったね。最後に会ったのは、いつだっ
け？

B：もう5年ぐらい前だよね。うちが家族でジョンさんのとこ
ろに遊びに行ったとき。楽しかったな。

A：なつかしいね。そういえば、あのときいっしょに会ったマ
ルコさん、覚えてる？

B：うん。

A：彼、今度、日本人の女性と結婚するらしいよ。結婚したら、
東京に住むって。

B：へー、そうなんだ。

A：あ、ごめん。そろそろ、切らなくちゃ。

B：わかった。

A：じゃあ、日本に行くまえに連絡するね。

B：うん、待ってる。じゃあね。

PART 1　聞いてわかる　「すごく有名なマンガですよ」

1

(●) 6_03

① 聞き手　：あのう、すみません。日本の方ですよね。

だいすけ：あ、はい。そうですけど…。

ゆか　　：ええ。

聞き手　：私、日本のマンガを読んでみたいんですけど、何が
いいかわからなくて…。おすすめのマンガって、何
かありませんか？

だいすけ：うーん、おすすめですか。そうですね、人気がある
のは、たとえば、『デスノート』かな。ほら、これ
です。おもしろいですよ。

ゆか　　：ああ、『デスノート』、いいよね。

聞き手　：デスノート？ どんなマンガなんですか？

だいすけ：えっと、デスノートっていうのは死神のノートのこと
で、ノートに名前を書かれた人は死ぬっていう話な
んです。

聞き手　：へー。

だいすけ：主人公は月っていって、高校生なんですけど、この
ノートを使って、次々と人を殺すんです。

聞き手　：へー。こわい話なんですね。

だいすけ：えー、でもこわいだけじゃないんですよ。この月っ
てすごく頭がよくて、誰にも犯人だと思わせなくて。

聞き手　：へー。

だいすけ：けど、そこにすごく頭がいい探偵が出てきて、月が
犯人だと気づくんです。

聞き手　：え、探偵って、警察の人のことですか？

だいすけ：えー、まあ、そんなところかな。それで、その二人
の対決が本当にドキドキしておもしろいんですよ。

ゆか　　：あー、わかるー。

聞き手　：そうなんですか。

だいすけ：ゆかは？ おすすめ、何かある？

(●) 6_04

② ゆか　　：私のおすすめは…そうだなあ…『のだめカンタービ
レ』ってマンガ知ってますか？

聞き手　：あ、聞いたことあります。

ゆか　　：あれ、私すごい好きなんです。あった、あった。ほら、
これ。

聞き手　：へー、音楽のマンガなんですね。

ゆか　　：ええ。ピアニストの「のだめ」って女の子と、千秋
っていう、指揮者で才能があって、かっこいい男の

195

子との、まあラブコメですね。

聞き手　：指揮者って、オーケストラの？

ゆか　　：ええ、そうです。で、のだめのキャラクターが本当におもしろくて、すごいだらしなかったり、「ぎゃぼー」とか変な声を出したりして、とにかく笑えるんですよ。

だいすけ：そうそう。

聞き手　：へー、そんなにおもしろいんですか。

ゆか　　：ええ。でもそこに、のだめがピアニストとして成長していく話もあるし、千秋との恋がどうなるかっていう話もあるし、いろいろ楽しめるのがいいと思いますよ。

聞き手　：そうなんですか。

だいすけ：ドラマや映画にもなったよね。

ゆか　　：うん。マンガのまえに、先にそっちを見てもいいかもしれないですね。

🔊 6_05

③ リン　　：あのう、おもしろそうな話をしていますね。私たちも入っていいですか？

ゆか　　：もちろんです。

だいすけ：どうぞ、どうぞ。

リン　　：日本のマンガの入門なら…やっぱりおすすめは『ベルばら』だと思います。

だいすけ：ベルばらですか。

聞き手　：ベルばら？

リン　　：はい。『ベルサイユのばら』。わりと昔のマンガなんですけど、すごく有名なマンガですよ。

聞き手　：うーん、どんな話なんですか？

リン　　：フランス革命のときの話なんですけどね、ヒロインはオスカルっていって、本当は女なんだけど男として育てられた人で、超すてきなんです。

聞き手　：へー。

ゆか　　：オスカル、かっこいいですよね。

リン　　：ええ。オスカルは最初は、マリー・アントワネットを守る立場なんですけど…

聞き手　：マリー・アントワネット？

リン　　：あ、フランスの王妃だった人です。

聞き手　：王妃って、王様の娘でしたっけ？

リン　　：いいえ、王様の奥さん。で、えー、革命が進んでいく中で、オスカルは王様の側から国民の側につくんです。

聞き手　：へー。

リン　　：そういう歴史のドラマの中で、オスカルと幼なじみのアンドレとの恋愛があったりして、すごくドラマチ

ックで感動的なんですよ。

聞き手　：ふーん。

リン　　：ほら、ここにあります。1回は読んでみたらいいんじゃないですか。サイさんは？

🔊 6_06

④ サイ　　：うーん、日本のマンガの最高傑作は、やっぱり『鋼の錬金術師』じゃないですか。えーと、これこれ、このマンガ。

聞き手　：れんきん…？

サイ　　：錬金術。このマンガの中では、ある物を別の物に作り変える魔法、みたいな意味ですね。

聞き手　：ふーん。魔法の話なんですか？

サイ　　：まあ、一種のファンタジーなんですけど、主人公の兄弟が、この錬金術で、死んだ母親を生き返らせようとして、えー、でも失敗して、で、お兄さんは手を、弟は体全体を失っちゃうんです。それで、元の体に戻る方法をさがして、二人で世界を旅するっていう話です。

だいすけ：おもしろいですよね。

聞き手　：へー。

サイ　　：その世界の設定が、スケールが大きくて、ハマりますよ。それだけじゃなくて、実は「人の命の重さ」みたいな深いテーマがあるから、すごく考えさせられるんです。

だいすけ：そうですよね。

聞き手　：ふーん。

サイ　　：あと、絵もきれいで読みやすいから、おすすめです。

聞き手　：そうですか。

PART 2 会話する　「これはチョッパーの帽子です」

5

ロールプレイ（例）　롤 플레이 (예)

🔊 6_33

（1）

A：ねえねえ、イグデさんって、どんなマンガが好き？

B：そうだなあ、いろいろあるけど、たとえば『ワンピース』とか。

A：それ、どんな話？

B：知らないの？海賊が仲間といっしょに世界を冒険する話。

A：海賊の冒険の話？それ、どんなところがおもしろいの？

B：えっと、事件や戦いがいろいろあって、ドキドキするんだ。大変なことがいっぱいあるけど、みんなでがんばって、勝つんだ。みんなの友情がすごく感動的。

A：へー。

B：それに、いろいろなキャラクターが出てくるんだ。たとえ
　　ば、チョッパーとか、トナカイのキャラクターなんだけど、
　　かわいいんだ。

A：ふーん、じゃあ、一度読んでみようかなあ。

B：うん、読んだらきっと感動するはず。

A：じゃあ、今度、貸して。

🔊 6_34

（2）

A：ガンさんは、どんなマンガが好き？

B：んー、私、あんまりマンガ読まないんだけど。

A：え、どうして？

B：だって、マンガって子どもみたいじゃない？

A：そんなことないよ。今はいろいろなマンガがあるし。

B：そうかもしれないけど、マンガって何巻もあるから、お金
　　がかかるでしょ？

A：それなら、国際交流基金の図書館に行けばだいじょうぶ。
　　マンガも借りられるよー。

B：そうなの？

A：うん。マンガって、絵があってわかりやすいし、すごくおも
　　しろいよー。

B：そう？

TOPIC 7　武道に挑戦！

PART 1　聞いてわかる　「私は柔道をやってます」

1

🔊 7_09

① 聞き手：山内さん、私、日本の武道に興味があるんですけど…。
　　　　　山内さんは、何か武道をやってましたよね？

山内　：はい、私は柔道をやってます。

聞き手：柔道ですか。

山内　：ええ。駅のそばに道場があるので、そこに週に2回、
　　　　通ってます。

聞き手：ああ、知ってます。大きい道場ですよね。

山内　：ええ。道場には、子どもからお年寄りまで、たくさん
　　　　の人が来てますよ。ほとんどが現地の人で、日本人は
　　　　私と、あと二人ぐらいかな。

聞き手：へー、現地の人が多いんですね。柔道ってどうです
　　　　か？

山内　：そうですねえ、柔道のいいところは、努力したぶん

自分が強くなったことが感じられることですね。

聞き手：そうですか。

山内　：練習はけっこうハードですけど、たくさん汗をかいた
　　　　ら、そのあとのビールがすごくおいしいんですよ。

聞き手：そうなんですか。

🔊 7_10

② 聞き手：私、何か武道を習いたいと思って、いろいろな人に話
　　　　　を聞いてるんですけど、中込さんは、空手をやってる
　　　　　んでしたっけ？

中込　：はい、極真空手です。

聞き手：極真…ですか。何か普通の空手と違うんですか？

中込　：うーん、えっと、伝統的な空手の場合、相手の体に
　　　　突きや蹴りを当てないで、直前で止めるのが普通な
　　　　んですよ。

聞き手：あー。

中込　：でも、僕がやっている極真だと、フルコンタクトとい
　　　　って、実際に相手に当てるんです。

聞き手：えっ、当てるんですか？ 痛くないですか？

中込　：痛いですよ。でも相手の攻撃を受けて、痛みを感じる
　　　　ことで、体も精神も強くなっていくんです。

聞き手：そうですか。

中込　：最初は怖いと思うかもしれないけど、女性や子どもも
　　　　たくさん道場に来てますから、だいじょうぶですよ。

聞き手：そうなんですか。

中込　：先生は、日本で修行して来た人で、とってもいい人で
　　　　すよ。

聞き手：へー。

🔊 7_11

③ 聞き手：石井さん、何か武道をやってませんでしたっけ？

石井　：ええ、合気道をやってるけど。でも、どうして？

聞き手：私も何か武道を始めてみたいって思って。

石井　：そう。合気道は、いいわよ。私はもう30年ぐらいや
　　　　ってるかな。

聞き手：ずいぶん長く続けてるんですね。

石井　：ええ。合気道は試合がないので、自分のペースででき
　　　　るからでしょうね。勝ち負けがなくて、強いとか弱
　　　　いとか関係ないから、がんばって続けていれば、誰
　　　　でも上手になれるのよ。

聞き手：へー。

石井　：それと、合気道の技は、相手の力を利用するので、
　　　　体力や体の大きさは関係ないの。だから、女性にも
　　　　人気があるし、年を取っても長く続けられるから、い
　　　　いんじゃない？

聞き手：そうですか。

🔊 **7_12**

④ 聞き手：私、日本の武道を何かやってみたいって思ってるんで
すけど、篠崎さんは、剣道をやってましたよね？ ど
こでやってるんですか？

篠崎：日本クラブのサークルでやってます。でも、もちろん、
日本人だけじゃなくて、剣道に興味がある人なら、誰
でも歓迎ですよ。現地の人もけっこう来ています。

聞き手：へー。

篠崎：「サムライ」って感じがして、かっこいいと思う人が多
いんじゃないでしょうかね。

聞き手：ああ。

篠崎：でも、練習はすごく真剣ですよ。剣道は、とくに
集中力が大切なので、精神的に鍛えられますね。
あと、姿勢も良くなると思います。

聞き手：そうなんですか。

篠崎：防具とか竹刀とか、必要な道具が多いのがちょっと
大変ですけど、最初はクラブで貸してくれますよ。

聞き手：そうですか。

2

🔊 **7_16**

③ 石井：合気道は試合がないので、自分のペースでできるから
でしょうね。

聞き手：へー、試合がないんですか。

石井：そう。勝ち負けがなくて、強いとか弱いとか関係ない
から、がんばって続けていれば、誰でも上手になれ
るのよ。

聞き手：へー。

石井：それと、合気道の技は、相手の力を利用するので、
体力や体の大きさは関係ないの。

聞き手：小さい人でもだいじょうぶなんですね。

石井：ええ。だから、女性にも人気があるし、年を取っても
長く続けられるから、いいんじゃない？

**PART 2　会話する　「練習は何曜日にあるんでしょう
か？」**

3

❷ ことになっている

🔊 **7_28**

① A　：道着は、買わなければなりませんか？

大関：はい、みなさんに買ってもらうことになっています。

🔊 **7_29**

② B　：練習のお金は、クレジットカードで払えますか？

大関：いえ、銀行に振り込んでもらうことになっています。よ
ろしくお願いします。

🔊 **7_30**

③ C　：級を取るための試験は、どのレベルからあるんですか？

大関：初心者の方は、入ってから3か月後に、7級を受けるこ
とになっています。がんばってくださいね。

C　：はい、がんばります。

🔊 **7_31**

④ 大関：練習が終わったあとは、みんなで道場を掃除すること
になっています。

D　：トイレもですか？

大関：あ、トイレは清掃会社の人がやります。

5

ロールプレイ（例）　롤 플레이（예）

🔊 **7_44**

A：今日はありがとうございました。いくつか質問させていた
だきたいんですが。

B：はい、なんでも聞いてください。

A：あの…私、今まであまりスポーツをしたことがないんです
が、だいじょうぶでしょうか。

B：だいじょうぶですよ。子どももお年寄りも来てますから。

A：そうですか。えっと、大人のクラスは何曜日にあるんでし
ょうか。

B：初心者は、土曜日と日曜日の午前中ですよ。

A：そうですか。あのう、土曜日は仕事があって、ちょっと難
しいんですが…。

B：最初は、日曜日だけでいいですよ。自分のペースで続けて
ください。

A：はい。じゃあ、来週の日曜日から来たいと思います。

B：わかりました。

A：それから、毎月のお金はいくらでしょうか？

B：はい、月謝は50ドルです。毎月、最初の練習のときに払
ってもらうことになっています。

A：そうですか。ええと、クレジットカードでも払えるでしょう
か。

B：ああ、すみませんが、現金でお願いします。

A：わかりました。じゃあ、来週からよろしくお願いします。

PART 1　聞いてわかる　「スマホなしじゃどこにも行けない！」

1

🔊 8_08

① 井上　：ごめん、遅れちゃって。
　　いのうえ　　　　　　おく

　吉村　：やっと来たよ～。
　　よしむら　　　　き

　聞き手：場所がわからなかったの？
　　き　て　　ばしょ

　井上　：いや、それはだいじょうぶ。Google Map 見ながら
　　　　　来たから。
　　　　　き

　リー　：便利な世の中になったよね。
　　　　　べんり　よ　なか

　井上　：そうそう。昔は地図描いてもらったり、電話で道を聞
　　　　　　　　　むかし　ちず　か　　　　　　　　　　みち　き
　　　　　きながら来たりしたけど、今はスマホがちゃんと案内
　　　　　　　　　き　　　　　　　　いま　　　　　　　　　　あんない
　　　　　してくれるんだもんね。

　吉村　：そうだよね～。
　　よしむら

　井上　：もともと、おれってすごい方向音痴だから、どこか行
　　　　　　　　　　　　　　　　ほうこうおんち　　　　　　き
　　　　　きたいとき、全然違う方向に行っちゃうこともよくあ
　　　　　　　　　　ぜんぜんちが　ほうこう　い
　　　　　ったんだ。

　聞き手：へー。
　　き　て

　井上　：でも、スマホの地図なら、自分が今どこにいて、どっ
　　　　　　　　　　　ちず　　　じぶん　いま
　　　　　ちの方向に進んでいるかすぐわかるじゃん。すごい
　　　　　　　ほうこう　すす
　　　　　便利。もうスマホなしじゃどこにも行けない。必需品
　　　　　べんり　　　　　　　　　　　　　　　　　　ひつじゅひん
　　　　　って感じ。
　　　　　かん

　リー　：わかるわかる。

　吉村　：私もそうかも～。
　　よしむら　わたし

　高橋　：ま、とりあえず乾杯しよう。
　　たかはし　　　　　　かんぱい

　リー　：そうだね。乾杯！
　　　　　　　　かんぱい

　全員　：乾杯！
　　ぜんいん　かんぱい

🔊 8_09

② リー　：そう言えば、私も、ネット関係はほとんどスマホで見
　　　　　　　い　　わたし　　　　かんけい　　　　　　　　　み
　　　　　るから、家のパソコンを使う回数がすごく減ったか
　　　　　　　　いえ　　　　　　つか　かいすう　　　　へ
　　　　　も。仕事のレポートとか書いたりするのは、もちろん
　　　　　　　しごと　　　　　　　か
　　　　　パソコンだけど、ネット関係はスマホのほうが便利だ
　　　　　　　　　　　　　　かんけい　　　　　　　　べんり
　　　　　よね。

　吉村　：だよね。
　　よしむら

　リー　：メッセージやメールもすぐ見れるし、Google とかで
　　　　　ちょっと何か調べたりするときも、簡単に調べられる
　　　　　　　　なに　しら　　　　　　　　かんたん　しら
　　　　　し。

　高橋　：調べるって、何を？
　　たかはし　しら　　　　なに

　リー　：え、たとえばこの間、友達と話してて、「ドラゴンフ
　　　　　　　　　　　　あいだ　ともだち　はな
　　　　　ルーツってどんな果物だっけ」って話になって、写真
　　　　　　　　　　　　くだもの　　　　　　　　　　　　しゃしん
　　　　　調べたりとか。
　　　　　しら

　高橋　：はあ…。
　　たかはし

　井上　：くだらな～い。
　　いのうえ

　リー　：えー、でも、ほかにも、電車の時間を調べたりとか、
　　　　　　　　　　　　　　　でんしゃ　じかん　しら
　　　　　近くにいいレストランないかとか、いろいろできるで
　　　　　ちか
　　　　　しょ？

　聞き手：そうだよね。
　　き　て

　吉村　：そうそう。
　　よしむら

🔊 8_10

③ 吉村　：あとさ、意外に便利なのは、辞書とかのアプリじゃな
　　よしむら　　　　いがい　べんり　　　　じしょ
　　　　　い？ 私たちみたいに外国に住んでると、「あれ、この
　　　　　　　わたし　　　　　　　　　　す
　　　　　単語何だっけ」って、すぐ調べたいときがよくあるよね。
　　　　　たんごなん　　　　　　　　　しら

　井上　：あるある。
　　いのうえ

　吉村　：昔は辞書を持ち歩いてたけど、今はスマホの辞書アプ
　　よしむら　むかし　じしょ　も　ある　　　　　　　　　じしょ
　　　　　リで、すぐ調べられるからね。重い辞書を持ち歩かなく
　　　　　　　　　しら　　　　　　　　おも　じしょ　も　ある
　　　　　てすむのはありがたいな。

　井上　：そうそう。
　　いのうえ

　吉村　：あと、写真も撮れるから、旅行に行くとき、カメラもい
　　よしむら　　　しゃしん　と　　　　　りょこう　い
　　　　　らないしね。

　リー　：だよね。

　吉村　：手軽になんでも撮れるから、私なんか、ごはんのたびに
　　よしむら　てがる　　　　　と　　　　わたし
　　　　　その写真撮って、ネットにあげるくせついちゃった。
　　　　　　　しゃしんと

　井上　：わかるー。
　　いのうえ

🔊 8_11

④ 高橋　：なんか、みんなスマホなしじゃ生きていけないって感
　　たかはし　　　　　　　　　　　　　　　　い　　　　　　　かん
　　　　　じだよね。

　リー　：えー、高橋くんは違うの？
　　　　　　　たかはし　ちが

　高橋　：うん。僕もスマホにしたけど、別にスマホじゃなくて
　　たかはし　ぼく　　　　　　　　べつ
　　　　　もよかったって思うよ。

　聞き手：えー！ なんで？
　　き　て

　高橋　：携帯だけあれば十分じゃない？ 電話もメールもでき
　　たかはし　けいたい　　　　　じゅうぶん
　　　　　るし。一応、カメラだってついてるから、写真も撮ろ
　　　　　　　いちおう　　　　　　　　　　　　　　　しゃしん　と
　　　　　うと思えば、撮れるしね。
　　　　　　　おも　　　と

　吉村　：えー、それしか使ってないの？
　　よしむら

　高橋　：ていうかさ、みんな、実はそんなにたいした用もない
　　たかはし　　　　　　　　　じつ　　　　　　　　　よう
　　　　　のに、スマホ見てるんじゃないのかなあ。

　リー　：そうかなあ。

　高橋　：たとえば、友達と二人でいるのにお互い話もしない
　　たかはし　　　　　ともだち　ふたり　　　　　たが　はな
　　　　　で、スマホ見てる人たちいるよね。ああいうのって、
　　　　　なんか、変じゃない？
　　　　　　　　へん

　聞き手：そうかもね…。
　　き　て

　井上　：まあね…。
　　いのうえ

　高橋　：せっかく会ってるんだからさ、そういう時間を大切に
　　たかはし　　　　　あ　　　　　　　　　　　　じかん　たいせつ
　　　　　したいよね。

　井上　：じゃ、みんなで会えたこの時間に、もう一度乾杯。
　　いのうえ　　　　　　　　あ　　　　じかん　　　　いちどかんぱい

全員 ：乾杯！

A：そうですね。どうもありがとう。

（b）

A：すみません、カメラが欲しいんですが。

B：どのようなものをおさがしでしょうか？

A：ええと、旅行のときに持って行きたいので、小さくて軽いのがいいんですが…。

B：旅行で使われるんですね。

A：ええ。旅行のとき、よく風景を撮るんです。夜景もきれいに撮れればうれしいんですが。

B：じゃあ、こちらはいかがでしょうか。夜でも、きれいに写真が撮れますよ。

A：そうですか。それと、ときどき海とか山とかにも行くので、少しくらい濡れてもだいじょうぶなやつ、ありますか？

B：はい。これなら、防水加工がされていますよ。

A：へー、これ、よさそうですね。

PART 2　会話する 「電子辞書を買おうと思うんですけど」

3

③ 〜の／〜やつ

🔊 8_31

① テレビが欲しいんですが…。そうですねえ、小さくてもいいので、30,000 円ぐらいで買えるやつ、あるでしょうか？

🔊 8_32

② テレビを買いたいんですが…。映画が好きなので、DVD を見るとき、大きな画面で、映画館のような音で見られるやつだったらいいですね。

🔊 8_33

③ テレビを新しくしようと思うんですが、えっと、できるだけ大きなやつがいいんですけど、部屋が狭いので、壁に掛けられるようなのがあればいいんですけど…。

🔊 8_34

④ 新しいテレビをさがしています。できれば、インターネットにもつないで使えればいいなあと思ってるんですが、テレビもWEB も映せるのって、ありますか？

5

ロールプレイ（例）　롤 플레이 (예)

🔊 8_47

（a）

A：電子辞書を買おうと思うんですけど、ちょっと聞いてもいいですか？

B：あ、いいですよ。電子辞書？ どんなのがいいんですか？

A：漢字の読み方がわからないとき、調べられるのが欲しいんですが。

B：じゃあ、手書き入力ができるやつがいいですね。

A：手書き入力？

B：ペンで漢字が入力できるんです。すごく便利ですよ。

A：そうですか、いいですね。それから、音声が聞けたらいいんですけど…。発音がわからないときがあるので。

B：今の辞書なら、だいたい音声が聞けるようですよ。

A：へー、すごいですね。あと、あまり重くないやつ。日本語のクラスに持って行きたいので。

B：だいじょうぶ。軽いものもたくさんありますよ。

A：そうなんですか。

B：お店に行って、実際に見てみるのがいいと思いますよ。

TOPIC 9　伝統的な祭り

PART 1　聞いてわかる 「祭りは 7 日まで続きます」

1

🔊 9_08

① こんにちはー。今日は石川県金沢市の、金沢百万石まつりに来ています。この祭りは、金沢の基礎を作った武将、前田利家公が、1583 年の6月に金沢に入城したのを記念して、毎年6月最初の週末に行われています。でも、この祭りが始まったのは、戦後、1952 年からで、実はわりと新しい祭りなんです。それにしても、すごい人ですねー。皆さん祭りのメインイベント、百万石行列を見るために集まっているんです。このパレードは、音楽隊、獅子舞、加賀鳶、そして当時の衣装を着た侍など、いろいろな行列が、全部で4kmも続くんです。そして行列の主役、前田利家公の役に、毎年、有名な俳優さんが選ばれるのも楽しみの一つです。よろいを着て、馬にまたがった姿が人気を集めています。あ、パレードが来ましたね。

🔊 9_09

② みなさん、こんにちは。今、私は東京、浅草のほおずき市に来ています。今日と明日は、浅草寺は縁日。この日にお参りすれば、四万六千日分のお参りと同じ効果があるということで、大勢の人が集まっています。食べ物やおもちゃの屋台もたくさんありますよ。とってもにぎやかです。でもやっぱり、ほおずき市と言えば、ほおずきです。こちらに、ほおずきを売る露店がたくさん並んでいますね。私も一つ、買ってみたいと思います。すみません、いくらですか？（はい、2,500 円です）じゃ

あ、これを一つお願いします。……ということで、いちばん大きいのを買いました。ほおずきの赤がきれいですね。このほおずきを見ると、ああ夏が来たという感じになります。まさに夏の風物詩ですね。このほおずき市、今日と明日、7月9日、10日の二日間です。皆さんもどうぞお出かけください。

🔊 9_10

③ こんにちは、今日は青森からです。ここ青森市では、おととい8月2日からねぶた祭りが始まっています。このねぶた祭り、東北三大祭りの一つとして知られる有名な祭りで、毎年300万人もの人が訪れるんです。このお祭りのメインは、ねぶたと呼ばれる、この巨大な人形型の山車です。近くで見ると、本当に大きいですねえ。幅9m、高さ5mだそうです。夜の暗闇に光るねぶた、美しいですね。そして、ねぶたと言えば、踊り。ハネトと呼ばれる踊り手が、「ラッセラー、ラッセラー」のかけ声をかけながら、お囃子に乗って踊ります。このハネトなんですが、衣装をレンタルすれば、誰でも踊りに参加できるそうですよ。祭りは7日まで続きます。

🔊 9_11

④ みなさん、こんにちは。今日ご紹介するのは、岡山の「うらじゃ」というお祭りです。「うらじゃ」は「うら」という鬼にちなんだお祭りで、実は、この「うら」は、ここ岡山に伝わる『桃太郎』の伝説のもとになっているんです。毎年、8月の第一日曜日とその前日の土曜日に岡山市内で開かれるこのお祭り、主役は若者達です。パレードでは、若者のいろいろなグループが、自分達で考えた衣装を着て、自分達で考えたオリジナルの踊りを踊るんです。このとき、顔に鬼の化粧をするのが特徴になっています。このお祭り、歴史は意外に浅く、始まったのは1994年だそうです。若い人達のダンスが、とても元気ですね。盛り上がっています。

PART 2 会話する 「私も踊ってきました」

3

② V ていた

🔊 9_31

① 徳島に行くまえに、阿波踊りのサイトをいろいろ見ていたから、場所はすぐわかりました。

🔊 9_32

② 市民広場に行くと、もうたくさんの人達が集まっていました。

🔊 9_33

③ 私のサイズのはっぴはもうなくなっていたので、少し小さいのを借りました。

🔊 9_34

④ 踊りのステップは、前にも少し教わっていたので、上手に踊れました。

🔊 9_35

⑤ 次の日の朝、公園に行ってみると、もう全部片付けられていました。

5

ロールプレイ（例） 롤 플레이 (예)

🔊 9_46

（a）

A：カクさん、日本はどうでしたか？

B：ええ、すごくよかったですよ。いろいろなところ行って、いろいろな経験をしました。

A：何がいちばんよかったですか？

B：そうですねえ…、いちばんは…阿波踊りですね。

A：阿波踊り？ 徳島の？

B：はい、徳島まで行って、見てきました。

A：すごい。どんなところがよかったんですか？

B：そうですね、阿波踊りは、誰でも踊りに参加できるんですよ。私も踊ってきました。

A：へー。

B：観光客も、外国人も、みんな一緒に踊っているうちに、気分がすっごくハイになるんです。

A：へー、おもしろそうですね。すぐ踊れましたか？

B：はい、ステップはあまり難しくなかったし、DVDも見ていたので。でも、とても疲れました。

A：そうですか。よかったですね。

🔊 9_47

（b）

A：最近、どこかに行きましたか？

B：ええ。実はこの前の日曜日、日本祭りに行ったんですよ。

A：へー、どうでしたか？

B：いやあ、大変でしたよ。

A：へー、どうして？

B：とっても人が多くて…。花火もよく見えなかったし、たい焼き買うのもすごく待ったし…。

A：そうなんですか。どのくらい待ったんですか？

B：30分待ちましたよ。もうすごい行列で…。

A：大変でしたね。

B：ええ。一人で10個とか20個とか買う人もいて、なかなか前に進まないんですよ。

A：あー、いますよねー、そういう人。

해답

◆ TOPIC 1　はじめての人と

準備
じゅんび

1　①a　②d　③b　④c

2　①c　②b　③e　④a　⑤d

3　①b　②c　③d　④a　⑤f　⑥e

PART1. みなさん、こんにちは

1　（1）解答例
かいとうれい

	① 山下ガルシア友子 やました　　とも こ	② 木村健 きむらけん	③ 沢田のぶ子 さわ だ	④ 松田利典 まつ だ とし のり
職 業 しょくぎょう	旅行会社 りょこうがいしゃ	大学 3 年生	専 業主婦 せんぎょうしゅ ふ	ない（日本では広告代理店） こうこくだい り てん
この国に来た理由 り ゆう	結婚 けっこん	留 学 りゅうがく	夫の仕事 おっと　し ごと	定年退 職 ていねんたいしょく

（2）解答例
かいとうれい

趣味・興味 しゅ み　きょう み	絵を描く え　えが 公園でスケッチ こうえん	とくにない 映画を見る えい が	アマチュアオーケストラ （音楽）	―
希望・抱負 き ぼう　ほう ふ	いろいろな人と友達に ともだち なりたい	旅行に行きたい りょこう	アマチュアオーケストラ に入りたい	ゆっくりしたい

（3）解答例
かいとうれい

その他 た	人の世話をするのが好き せ わ 社交的 しゃこうてき	健康の健 けんこう　けん	娘（ 8 歳）　家が広くて むすめ　　さい　　いえ　ひろ 掃除が大変　インター そう じ　たいへん プリントを読むのが大変 たいへん	妻と二人暮らし　家にい つま　ふた り ぐ　　　いえ ることが多い　妻は買い おお　　つま　か 物や食事会で忙しい もの　しょくじかい　いそが

2　（1）

	① 山下 やました	④ 松田 まつ だ
わからなかったことば	社交的 しゃこうてき	広告代理店 こうこくだい り てん
意味 い み	いろいろな人と話すのが好き	コマーシャルとかを作る会社

（2）① 何と言いましたか　④ どこで働いていたと言いましたか
はたら

■ 4 人についてまとめましょう

① 住んでいる　　② 働いている　　③ している／する　　④ 勉強している　　⑤ 思っている　　⑥ 働いていた
す　　　　　　　　はたら　　　　　　　　　　　　　　　　　べんきょう　　　　　　　　　　　　　　はたら

⑦ している　　⑧ 入っていた　　⑨ 勤めていた　　⑩ 出かけている／出かける
つと

PART2. あのう、失礼ですが…
しつれい

1　解答例　① 去年の夏に、夫といっしょに、家族で東京から引っ越して来た。
かいとうれい　　きょねん　なつ　おっと　　　　　　　かぞく　とうきょう　ひ こ

② 高校で少し勉強した。そのあと、3 年前からシドニー日本文化センターで、また習いはじめた。
べんきょう　　　　　　　　　　　　　　　　　ぶん か　　　　　　　　なら

2 （1）① お話しになって　　② いらっしゃって　　③ なさって　　④ なさって　　⑤ はじめました

　　（2）① キャシー → 西山　　② キャシー → 西山　　③ キャシー → 西山　　④ 西山 → キャシー

3 ❶ ①a　　②d　　③e　　④b　　⑤c

　　❷ ① お帰りになります　　② お使いになりません　　③ お話しになる

　　❸ （1）①d　　②a　　③b　　④c

　　　　（2）① 働きはじめました　　② 見はじめました　　③ 習いはじめました　　④ 通いはじめました

4 はじめての人に話しかける

　　（1）「あのう、失礼ですが…」

お願いをする

　　（1）話し相手になってもらうこと　「もしよろしければ」

5 （1）A ウ　　B ア　　C イ　　D オ　　E エ

PART3. はじめまして、マイと申します

1 （1）解答例　① ３年前から　　② 日本のアニメを見たこと　　③ 日系企業で輸出関係の仕事　　④ 日本人の友達をたくさん作りたい
　　　　　　　⑤ 趣味は食べ歩き　　料理は食べるのも作るのも好き　　おしゃべりも大好き

　　（2）b → c → a → d

2 ① 参加するの　　② 始めたの　　③ きっかけ　　④ おかげ　　⑤ しています　　⑥ ようになりたい　　⑦ 作りたいと思った

　　⑧ 趣味　　⑨ 大好き

PART4. 気軽にフォローしてください

1 （2）解答例

	職業	趣味・興味・好きなこと	希望・抱負	その他
かおりん	主婦	娘の日本語力の維持 ケーキ作り、ズンバ 美術館めぐり	いろいろな人と 知り合う	ロンドン在住 ７歳の娘
小河原 寛	日本語教師	音楽（ラフマニノフ）	南の島に移住してのんびり 暮らす	専門は日本語音声教育 ベトナム語を学習中
ぶーちゃん	サラリーマン	温泉、日本酒、声楽、旅 日本語 外国の人と交流 『かもめ食堂』	―	てんびん座、Ｏ型 ネコを飼っている ボランティア教室で日本語を 教えている
Fu	大学院生 （カナダで日本語を 勉強している）	―	日本人や日本語を勉強して いる人と情報交換する	シンガポール出身 トロント在住 日本語でつぶやく

4 ❷ ①c　　②b　　③a

　　❸ ①a　　②c　　③b

準備
じゅんび

2 ① d　② e　③ c　④ a　⑤ f　⑥ b
3 ① d, g　② c　③ b　④ e　⑤ h　⑥ f　⑦ a

PART1. ここは、とくに魚がうまい

1 （1）① a, c, d　② h, f　③ b　④ e, g
　　（2）解答例
かいとうれい

	① 武蔵 むさし	② OISHII	③ たけみ	④ ベーカリー・マイ・ラブ
味 あじ	ア, カ	ウ	イ, オ	エ
値段 ねだん	けっこう高い	安い	そんなに高くない	ちょっと高め

　　（3）解答例
かいとうれい

その他の た 特徴 とくちょう	料理人が日本人 店員のサービスがいい てんいん	バイキング／ビュッフェで何 を食べてもいい 日本の日本料理とは少し違う ちが	いつも混んでいる（とくに こ 休みの日はすごい行列） ぎょうれつ	店の中に食べられるスペー スがある

2 （1）① おいしい　② ビュッフェ　食べ放題　何を食べてもいい　③ スープ
ほうだい
　　（2）① うまい　② バイキングって何ですか　③ だし

■ 4つの店の紹介をまとめましょう
しょうかい
　　① 変わらない　② よりも　③ 同じぐらい　④ とにかく　⑤ 違う　⑥ でも　⑦ 比べても　⑧ そんなに
か　　　　　　　　　　　　　　　　　　おな　　　　　　　　　　　　　　　　　　　ちが　　　　　　　　　　　　　くら
　　⑨ ただ　⑩ だけではなく　⑪それに

PART2. お好み焼き粉は…
こ　や　こ

1 解答例　① 粉末だし　かつおぶし　オタフクソース　② 貝を入れたお好み焼き
かいとうれい　　ふんまつ　　　　　　　　　　　　　　　　　　かい　　　　　　この　や
2 ① みたい　② ばいい　③ みたい　④ でしょうか
3 ❶ ① あるみたいです　② 日本製みたいです　③ 閉まるみたいです　④ 無理みたいです
にほんせい　　　　　　　　　し　　　　　　　　　　　　む り
　　❷ ① どれがいいでしょうか　② どちらがいいでしょうか　③ いるでしょうか　④ 足りるでしょうか
た
　　❸（1）① b　② a　③ a　④ a
　　　　（2）音声スクリプト参照
おんせい　　さんしょう
4 （1）「あれは…何でしたっけ、上にかける、茶色い、魚の…」
ちゃいろ
　　（3）解答例　① 何でしたっけ、黒くて紙みたいで、おにぎりに使う…
かいとうれい　　　　　　　　　　かみ
　　　　　　　　　　　② 何でしたっけ、お寿司につける、緑色のちょっと辛い…
す　し　　　　みどりいろ
5 （1）Ａ ユパカー「えーと、お好み焼き粉は…うーん、ないみたいですね。」 ～ ユパカー「きっと、日本のお好み焼きにも合うと思います。」
この　や　こ　　　　　　　　　　　　　　　　　　　　　　　　　　　　　　　　この　や　　あ
　　　　　Ｂ ユパカー「そうですねえ、貝はどうですか?」 ～ 高塚「じゃあ、パクチーやチリソースも買って行きましょう。」
かい　　　　　　　　　たかつか

PART3. ぜひ、めしあがってみてください

1 解答例　① 白くて、日本のうどんに似ている。　② 麺をゆでて、その上に、炒めた肉と野菜をのせる。パセリをかけて食べたりもする。
かいとうれい　　　　　　　　に　　　　　　　　　　　　　　　　めん　　　　　　　　　いた　　にく　やさい
　　　　　　　③ 肉からスープが出るので、とてもおいしい。　④ 中央アジアのほかの国にもあって、国によって、いろいろなバラエティがある。
にく　　　　　　　　　　　　　　　　　　　　　　ちゅうおう

2 ① 似ています　② ゆでて　③ 炒めた　④ かけて　⑤ によって
　　　　に　　　　　　　　　　　　　いた

PART4. じゃがいもを入れるのがポイント！

1 （3）a → e → h → g → b → d → c → f → i
　　（4）普通のソースにケチャップを少し混ぜる。
　　　　ふつう　　　　　　　　　　　　　　ま

4 **4** ① 冷ます　② 冷めたら
　　　　　　　　さ　　　　　さ
　　　5 a. おもて面が完全に固まるまえに裏返す　　b. おもて面が固まったあとで裏返す
　　　　　　　　めん　かんぜん　かた　　　　うらがえ　　　　　　　めん　かた　　　　　　　うらがえ

◆ TOPIC 3　私の好きな音楽
　　　　　　　わたし

準備
　　じゅんび

1 ①a　②c　③f　④b　⑤e　⑥d

2 ①a　②d　③b　④e　⑤c

3 解答例　① 明るい、にぎやか、テンポが速い、のりがいい…
　　かいとうれい　　　あか　　　　　　　　　　　はや
　　　　　　② 静か、ゆっくりしている、悲しい、さびしい、メロディーがきれい…　　③ 難しい、現代的…
　　　　　　　しず　　　　　　　　　　　かな　　　　　　　　　　　　　　　　　　　　　　むずか　げんだいてき

PART1. やっぱり演歌でしょう
　　　　　　　　えんか

1 （1）① イ、d　② エ、c　③ ウ、a　④ ア、b
　　（2）解答例
　　　　かいとうれい

	① 清田 きよた	② さなえ	③ 上野 うえの	④ 松本 まつもと
	メロディー	☑ メロディー	☑ メロディー	☑ メロディー
	□ 歌詞 かし	☑ 歌詞 かし	□ 歌詞 かし	☑ 歌詞 かし
	□ 歌のうまさ うた	☑ 歌のうまさ うた	□ 歌のうまさ うた	□ 歌のうまさ うた
	☑ 楽器の演奏 がっき　えんそう	□ 楽器の演奏 がっき　えんそう	☑ 楽器の演奏 がっき　えんそう	□ 楽器の演奏 がっき　えんそう
	迫力がある はくりょく リズムが正確 せいかく	歌がうまい うた メロディーとハーモニーがきれい 歌詞が難しいが深い かし　むずか　　ふか	メロディーがきれい、わかりやすい ギター、ドラムの演奏がすごい えんそう	典型的な演歌の世界 てんけいてき えんか せかい （男と女が別れる 　　　　わか 　昔の夢を思い出す） 　むかし ゆめ おも だ メロディーが簡単だけど歌うのは難しい かんたん　　うた　　むずか

2 （1）

	① 清田 きよた	② さなえ	③ 上野 うえの
ことば	和太鼓集団 わだいこしゅうだん	上下でハモる じょうげ	ビジュアル系 けい
意味 いみ	日本の太鼓のグループ たいこ	上と下のメロディーがハーモニーになってて、きれい	衣装とか髪型とかが派手な感じの いしょう　かみがた　　はで　かん バンド

　　（2）① わだいこ…　　② 上下でハモ…　　③ ビジュ…
　　　　　　　　　　　　　　じょうげ

■ 4人のおすすめの音楽の話をまとめましょう

① 有名　　② 迫力　　③ 正確　　④ うまい　　⑤ きれい　　⑥ 深い　　⑦ 古くない　　⑧ わかりやすい　　⑨ 難しい

⑩ 典型的　　⑪ 簡単　　⑫ 難しい

PART2. いい歌は古くならないんです

1 解答例　① カラオケが好きな人：ユディットさん、村上さん　　カラオケがあまり好きではない人：佐藤さん

② 日本に留学していたとき、よくカラオケに行った。ドリカムとか、中島みゆきとか、サザンとかをよく歌った。

2 （1）a. 丁寧体　　b. 普通体　　c. 丁寧体　　d. 普通体　　村上さんは上司だから。

（2）① させてください　　② ことがあります　　③ される　　④ せる

3 ❶ ① 手伝わせてください　　② 歌わせてください　　③ やり直させてください　　④ 考えさせてください　　⑤ 帰らせてください

❷ ① 払わされました　　② 聞かされました　　③ つき合わされました　　④ 待たされました　　⑤ 飲まされました

❸ ① 飲ませ　　② つき合わせ　　③ 待たせ　　④ 心配させ　　⑤ 満足させ

❹ ① a　　② d　　③ e　　④ b　　⑤ c

4 （1）「へー、そうなんですか。」（ちょっと、びっくりした気持ち）

（2）解答例　① 驚いている　　② 共感している（自分も同じという気持ち）

③ あまり関心がない　よく知らない　　④ とても驚いている

5 （1）Ａ　村上「ユディットさん、今度の土曜日の夜って、ひま？　〜　カラオケ好きだって言ってたよね。」

「佐藤さんも行くよね？」

Ｂ　ユディット「カラオケですか？ …」　〜　ユディット「…ときどきネットで見ることがあります。」

Ｃ　佐藤「えー、すみません、私、歌うのあんまり得意じゃないんですよ。　〜　いつも無理に歌わされるから。」

Ｄ　ユディット「そんなことしませんよ。　〜　みんなで飲んで話して、楽しみましょう。」

PART3. 彼女のすごいところは…

1 解答例　① うまい　　② 全部、自分で作っている　　③ 個性的　一度聞いたら忘れられない

④ まるで映画を見ているよう　ドキドキする　　⑤ 社会的な活動もしていて、すばらしい人

2 ① んです　　② も　　③ も　　④ ところ　　⑤ ところ　　⑥ 魅力　　⑦ まるで　　⑧ ようで

PART4. BEGIN のライブに行ってきました！

1 （1）満足した → それがわかるところ：解答例　すごく満足しました　　幸せな気分になりました　　ファンになってしまいました

（2）① 先週の土曜日　埼玉県国際センターホール　　② 小さな子ども　お年寄り　びっくり

③ じっくり聞かせる曲　うまい　沖縄曲　沖縄に来ている　　④ 優しかった　泣いた　幸せな

4 解答例　❶ ビートルズ　イエスタデイ

❸ モーツァルト　夢を見ている

❹ どんな曲をやる／お客さんたくさん来るの／おもしろい

◆ TOPIC 4　温泉に行こう

準備

2 ① f　　② c　　③ b　　④ d　　⑤ a　　⑥ e

PART1. 今、私は温泉に来ています

1 （2）

		① 地獄谷温泉 じごくたにおんせん	② 白馬鑓温泉 はくばやりおんせん	③ 鶴の湯温泉 つる ゆ おんせん	④ 白浜温泉 しらはまおんせん
温泉の特徴 おんせん とくちょう	スノーモンキー 人間用の風呂 にんげんよう ふろ	登山　夏　雲の上 とざん　なつ　くも	歴史　真っ白　昔　予約 れきし　ま しろ むかし よやく	海　食事 うみ　しょくじ

2 （1）解答例　① いっしょにお風呂に入る　② 朝、太陽が出る　③ 四角くて、火があって、料理をするところ
かいとうれい　　　　ふろ　　　　　　　　たいよう　　　　　　　しかく

　　　　　　　④ 魚やエビなどの料理

　　（2）① 混浴　② ご来光　③ 囲炉裏　④ 海の幸
　　　　　こんよく　　らいこう　　いろり　　うみ さち

■ 4つの温泉の紹介をまとめましょう
　おんせん しょうかい

　　① 知られて　② 分かれて　③ 入る　④ 歩か　⑤ 入り　⑥ 見る　⑦ 続く　⑧ 残って　⑨ 求める
　　　し　　　　わ　　　　　　　　　ある　　　　　　　　　　　　つづ　　のこ　　もと

　　⑩ 見える　⑪ 食べる

PART2. 日本の旅館ははじめてです
　　　　りょかん

1 （1）解答例　① 食事や部屋の相談をしたかったから（メールの返事がなかったから）
　　　かいとうれい　　しょくじ へ や そうだん　　　　　　　　　　へんじ

　　　　　　　　② すき焼きの代わりに湯豆腐を出してくれる　家族風呂に案内してくれる
　　　　　　　　　や　　か　　ゆどうふ　　　　　かぞくぶろ　あんない

2 （1）① 申します　② お調べいたします　③ いただけますか　④ になります　⑤ お出ししましょうか
　　　　　もう　　　　しら

　　　　⑥ いただけませんか　⑦ ご案内いたします
　　　　　　　　　　　あんない

　　（2）① ヨギ → 黒岩　② 黒岩 → ヨギ　⑤ 黒岩 → ヨギ　⑦ 黒岩 → ヨギ
　　　　　　　くろいわ　　くろいわ　　　　　くろいわ　　　　　くろいわ

3 **❶** ① a　② d　③ e　④ b　⑤ c

　　❷ ① ご説明します／ご説明いたします　② おとりかえします／おとりかえいたします　③ ご案内します／ご案内いたします
　　　　　せつめい　　せつめい　　　　　　　　　　　　　　　　　　　　　　　　あんない　　あんない

　　　　④ お渡しします／お渡しいたします　⑤ お送りします／お送りいたします
　　　　　わた　　　わた　　　　　　　　　　おく　　　おく

　　❸ ① d　② e　③ c　④ a　⑤ b

　　❹ ① e　② b　③ c　④ d　⑤ a

発音　（3）① b　② a　③ a　④ b　⑤ b　⑥ a

5 （1）A　1.「私たちは、牛肉と、豚肉が食べられないので、〜 作っていただけますか?」
　　　　　　　　　ぎゅうにく　ぶたにく
　　　　　　2.「湯豆腐は…ええと…あの…どんな料理ですか?」
　　　　　　　　ゆどうふ
　　　　　　3.「あ、ではそれでお願いします。」
　　　　　　　　　　　　　　　ねが

　　　　　B　1.「あと、お部屋なんですが 〜 お風呂が付いた部屋にしていただけませんか?」
　　　　　　　　　　へや　　　　　　　ふろ つ　へや
　　　　　　2.「私はいいんですけど、妻が、〜 書いてあったんですが…。」
　　　　　　　　　　　　　　　つま
　　　　　　3.「あ、それはよかった。では、そうします。ありがとうございました。」

PART3. いちばん行きたいのは…

1 ① 食事　浴衣　お風呂　② DVD　キャラクターグッズ　③ ライトアップ
　　しょくじ ゆかた ふろ

2 ① 行きたい　② 行ってみたい　③ 行かなくちゃ　④ 聞いた　⑤ そう　⑥ 言って（い）　⑦ あるそう　⑧ いちばん

　　⑨ 次
　　　つぎ

1 （2）解答例
かいとうれい

	① 交通の便 こうつう べん	② 部屋 へ や	③ お風呂 ふ ろ	④ 料理	⑤ 従業員の対応 じゅぎょういん たいおう	⑥ 値段 ね だん
アキコ	−	／	＋	＋	＋	／
T.H.	／	／	＋	−	−	−

2 （1）アキコ　＋：とても満足　Good　とてもおいしかった　気持ちがよかった　　−：あまり良くない
まんぞく　　　　　　　　　　　　　　き も　　　　　　　　　　　　　　　　　　　　　　　　よ

　　　　 T.H.　　　＋：よかった　　−：イマイチ　ちょっと気になりました、　長く待たされました　これはちょっと
き　　　　　　　　　　　　　ま

　　（2）① **B**　　② **A**

◆ TOPIC 5　最近どう?
さいきん

準備
じゅんび

1　①a　②b／h　③e　④b　⑤f　⑥g　⑦c　⑧d

2　①e　②c　③d　④b　⑤a　⑥g　⑦f　◆（b-d）（c-i）（e-h）（f-g）

3　①b　②e　③a　④c　⑤d

PART1. ねえ、聞いて聞いて

1　（2）①a　②b　③a

■ 4人のできごとをまとめましょう

　　① 最近　　② ちょうど　　③ すぐに　　④ 最初に　　⑤ 別の日に　　⑥ 結局　　⑦ この間　　⑧ そのとき　　⑨ あとで
さいきん　　　　　　　　　　　　　　　　　　さいしょ　　　　べつ　　　　　　けっきょく　　　あいだ

　　⑩ 今度　　⑪この前　　⑫ただ
こんど

PART2. 最近、仕事が忙しくて…
さいきん　しごと　いそが

1　解答例　① 出張でシンガポールに行くことになったから準備で忙しい　　② 今はしていない（でも、来年4月から働く予定）
かいとうれい　　しゅっちょう　　　　　　　　　　　　　　　じゅんび　いそが　　　　　　　　　　　　　　　　　　　　はたら　よてい

2　（1）a. 普通体　　b. 普通体　　友達同士だから
ふつうたい　　　ふつうたい　　ともだちどうし

　　（2）① らしい　　② って　　③ ことになった　　④ って　　⑤ ことにした　　⑥ って

3　❶　① a. 行くらしい　　② c. なったらしい　　③ b. 幸せらしい　　④ e. 見つからないらしい　　⑤ d. 卒業できなかったらしい
しあわ　　　　　　　　　　　　　　　　　　　　　　そつぎょう

　　❷　（1）①c　②b　③a　④e　⑤d

　　　　（2）解答例　a. タイに引っ越すって　　b. N1に合格したって　　c. 子ども生まれたって　　d. 今月末で店を閉めるって
かいとうれい　　　ひ　こ　　　　　　　　ごうかく　　　　　　　　　　　　　　　　　　　　　　まつ　　　し

　　　　　　　　　 e. エレベーター使えないって

　　❸　（1）①a　②e　③d　④b　⑤f　⑥c

　　　　（2）① ことにする　　② ことになる　　③ ことになる　　④ ことにする　　⑤ ことになる　　⑥ ことになる

　　❹　解答例　① 何年前だっけ?　　② いつだっけ?／何月何日だっけ?　　③ どこだっけ?／ウラン…何だっけ?
かいとうれい

　　　　　　　　 ④ 名前、何だっけ?

4　（1）① 雨の季節　　② 道が水でいっぱいになった
きせつ

　　（2）解答例　① 仕事の旅行　　② ニュース／できごと　　③ 入っちゃった
かいとうれい　　しごと　りょこう

5 （1）　Ａ　ツェツェグ「フランキーさんはどう？　最近。」

　　　　　　フランキー「ツェツェグさんは？　赤ちゃんは何歳になるんだっけ？」

　　　　Ｂ　フランキー「すごく忙しい。来週、〜　今はその準備で大変。」

　　　　　　ツェツェグ「1歳。　〜　この前、やっと歩けるようになったんだ。」「うん、それで、来年4月から、また働くことにした。」

　　　　Ｃ　フランキー「そういえば、タイのユバカーさんのところは、〜　Facebook に写真を載せてたよ。」

PART3. 最近、ヨガにはまってるんです

1　① ヨガ（ホットヨガ）　　　　　　　② うまくできなかった

　　　③ だんだんできるようになった　　　④ 夜ぐっすり眠れるようになって、体調もいい

2　①んです　②たら　③ように　④ように　⑤っていう

PART4. わが家の近況ですが…

1　（2）解答例　① あいかわらず家でテレビばかり見ている。出かけたがらない。

　　　　　　　　② コンサートや美術展に出かけて、一人で楽しんでいる。

　　　　　　　　③ 大学3年生。ワーキングホリデーでオーストラリアに行くための準備をしている。

　　　　　　　　④ 大学1年生。4月から東京で一人暮らしを始めた。

2　（1）Ａ ア　　Ｂ ウ　　Ｃ オ　　Ｄ エ　　Ｅ カ　　Ｆ イ

　　　（2）①ＡＢＦ　　②ＣＤＥ

4　解答例　❷① ゲーム／ドラマ／彼氏　　② 甘いもの／お菓子／カロリーの高いもの

　　　　　　❸ アメリカに留学し／外国人と英語で話し

◆ TOPIC 6　マンガを読もう

準備

1　①e　②b　③c　④f　⑤d　⑥a　⑦h　⑧g

2　（1）❶ チョッパー　　❷ ナミ　　❸ チョッパー

　　　（2）解答例　吹き出しの形がほかと違う。字が太い。「…」や「！！」が使われている。

　　　　　　　　　「うるさい」が「うるせェ」になっている。「うるせェなっ」とセリフにカタカナや「っ」が使われている。

　　　（3）①d　　②a　　③b　　④c

PART1. すごく有名なマンガですよ

1　（1）解答例

	① だいすけ	② ゆか	③ リン	④ サイ
タイトル	デスノート	のだめカンタービレ	ベルサイユのばら	鋼の錬金術師
登場 人物	ライト：高校生、犯人 　　　　頭がいい 探偵：頭がいい	のだめ：ピアニスト おもしろい、だらしない	オスカル：女だけど男として 育てられた すてき、かっこいい	兄弟 兄：手を失う 弟：体を失う

　　　（2）① 殺す　対決　　② ラブコメ　　③ 歴史　恋愛　　④ ファンタジー　さがし

（3）① だいすけ（c） ② ゆか（e, g） ③ リン（b, a） ④ サイ（h, d, f）

2 （1）解答例
かいとうれい

	① だいすけ	② ゆか	③ リン
ことば	探偵 たんてい	指揮者 しきしゃ	王妃 おうひ
意味 いみ	警察の人 けいさつ	オーケストラの（人）	王様の奥さん おおさま おく

（2）① 探偵って、警察の人のことですか　② 指揮者って、オーケストラの　③ 王妃って、王様の娘でしたっけ
　　　たんてい　けいさつ　　　　　　　　　しきしゃ　　　　　　　　　　　おうひ　おおさま むすめ

■ 4つのマンガのストーリーをまとめましょう

① 書かれた　② 死ぬ　③ 使って　④ 殺す　⑤ 恋をし　⑥ 成長して　⑦ 笑える　⑧ 育てられた　⑨ 進んで
　　か　　　　　し　　　　つか　　　ころ　　　こい　　　せいちょう　　　わら　　　　そだ　　　　　　す

⑩ あり／あって　⑪ 生き返らせ　⑫ 失った　⑬ 戻る　⑭ 考えさせられる
　　　　　　　　　　い　かえ　　　うしな　　　もど

PART2. これはチョッパーの帽子です
ぼうし

1 解答例　① あまり読まない　② おもしろいし、友達を大切にする話が感動的だから
かいとうれい　　　　　よ　　　　　　　　　　　　　ともだち　たいせつ　　　　　かんどうてき

2 ① つもり　② 冒険する話　③ 死ぬ場面　④ はず　⑤ つもり
　　　　　　ぼうけん　　　し　ばめん

3 ❶ ① 行くつもりです　② 読むつもりです　③ 見に行くつもりです　④ しないつもりです
　　　い　　　　　　　　　よ　　　　　　　　　み い

　　❷（1）解答例　① 未来から来たロボットのドラえもんが、ひみつ道具でのび太を助ける
　　　　かいとうれい　　みらい　き　　　　　　　　　　　　　　どうぐ　　　た　たす
　　　　　　　　　　　② 体が大きくてもてない高校生が、女子高生に恋をする
　　　　　　　　　　　　からだ　おお　　　　　　　こうこうせい　じょしこうせい　こい
　　　　　　　　　　　③ とても強いけどかっこよくないヒーローが活躍する
　　　　　　　　　　　　　　つよ　　　　　　　　　　　　　　　　かつやく

　　❸ ① a　② e　③ d　④ b　⑤ c

4 （1）「そうかもしれませんが、読み出したらすぐ夢中になって、すぐ読めると思います。」
　　　　　　　　　　　　　　　　よ だ　　　　　　　むちゅう　　　　　　　よ　　　おも

　　（3）解答例　たしかにそうかもしれませんが、絵があるから読みやすいんですよ。
　　　　かいとうれい　　　　　　　　　　　　　　え　　　　　　よ

5 （1）[A]「海賊が仲間といっしょに世界を冒険する話です。」
　　　　　　かいぞく　なかま　　　　　　せかい　ぼうけん
　　　　　　「『ワンピース』は、すごく友達を大切にする話なんです。　〜　最後は友達同士の友情が勝ちます。」
　　　　　　　　　　　　　　　　　ともだち　たいせつ　　　　　　　さいご　ともだちどうし　ゆうじょう　か
　　　　　　「チョッパーも、最初は友達がいませんでしたが、〜　大切さを知ります。」
　　　　　　　　　　　　　さいしょ　ともだち　　　　　　　　　　たいせつ　し

　　　　　[B]「すごくおもしろいです！」
　　　　　　「それが感動的なんです。」
　　　　　　　　　かんどうてき
　　　　　　「その先生が死ぬ場面は、本当に何回読んでも泣きます！」
　　　　　　　　せんせい　し　ばめん　ほんとう　なんかいよ　　　　な
　　　　　　「おもしろいだけじゃなくて、きっと感動するはずです。」
　　　　　　　　　　　　　　　　　　　　　　　　かんどう

　　　　　[C]「そうかもしれませんが、〜　すぐ読めると思います。」
　　　　　　　　　　　　　　　　　　　　　　よ　　おも

PART3. 酒飲みの大男の話です
さけの　　おおおとこ

1 a. 4　b. 1　c. 3　d. 2

2 ① 話　② ある日　③ 行って　④ すると　⑤ 最後は
　　はなし　　　ひ　　　い　　　　　　　　　さいご

PART4. マンガばかり読んでいて…

1 （1）解答例　高校1年生の娘について心配している
　　　　かいとうれい　こうこう　ねんせい　むすめ　　　しんぱい
　　　　　　　　　　マンガばかり読んでいて、読書をほとんどしない（文学作品を読まない）のが問題
　　　　　　　　　　　　　　　　よ　　　　　どくしょ　　　　　　　　　ぶんがくさくひん　よ　　　　　もんだい

　　（2）① 高校生　② 文学作品　浅い　③ 貧しく　④ マンガ版　⑤ まともな文章　⑥ 古い
　　　　　こうこうせい　ぶんがくさくひん　あさ　　まず　　　　　ばん　　　　　　ぶんしょう　　ふる

2 （2）① B　② D　③ C　④ A

4 解答例　❸ ごはんも食べ／誰とも話さ／部屋から出
　　かいとうれい　　　　　　た　　だれ　　はな　　へや　　で
　　　　　　　　❹「宿題をしなかったら、マンガを捨てる」と言ってみ
　　　　　　　　　しゅくだい　　　　　　　　　　す

準備
じゅんび

1▶ ①e　②b　③f　④c　⑤b　⑥d　⑦a

2▶ ①e　②c　③a　④d　⑤b　⑥f

PART1. 私は柔道をやってます
じゅうどう

1▶ （1）

① 山内 やまうち	② 中込 なかごめ	③ 石井 いしい	④ 篠崎 しのざき
（　柔道　） じゅうどう	（　空手　） からて	（　合気道　） あいきどう	（　剣道　） けんどう
☑現地の人　☑子ども げんち □女の人　☑お年寄り 　　　　　　としよ	□現地の人　☑子ども げんち ☑女の人　□お年寄り 　　　　　　としよ	□現地の人　□子ども げんち ☑女の人　☑お年寄り 　　　　　　としよ	☑現地の人　□子ども げんち □女の人　□お年寄り 　　　　　　としよ

（2）

① 努力　汗 どりょく　あせ	② 体　精神 からだ　せいしん	③ 自分のペース　勝ち負け　体 じぶん　　　　か　ま　からだ	④ 集中力　精神　姿勢 しゅうちゅうりょく　せいしん　しせい

（3）解答例
かいとうれい

① ・努力したら強くなる どりょく　つよ ・汗をかく → あせ 　ビールがおいしい	② ・痛みを感じる → いた　かん 　体、精神が強くなる 　からだ　せいしん　つよ	③ ・試合がない → しあい 　自分のペースでできる 　じぶん ・勝ち負けがない → 続け 　か　ま　　　　　　つづ 　れば誰でも上手になれる 　だれ　じょうず ・体の大きさは関係ない 　からだ　おお　　かんけい	④ ・集中力が大切 → しゅうちゅうりょく　たいせつ 　精神的に鍛えられる 　せいしんてき　きたえ ・姿勢が良くなる 　しせい　よ

2▶ （1）① 現地の人が多いんですね。　② 当てるんですか？
　　　　　　げんち　　　おお　　　　　　　　　あ
　　（2）解答例　a. へー、試合がないんですか。　　b. 小さい人でもだいじょうぶなんですね。
　　　　　かいとうれい　　　　　　しあい　　　　　　　　　　ちい

■ 4つの武道の話をまとめましょう
　　　ぶどう
　　（1）（か）（ら）　（ま）（で）　（に）　（が）
　　（2）（と）　（に）　（を）　（も）　（も）
　　（3）（の）（で）／（か）（ら）／（た）（め）　（で）　（で）（も）　（に）　（も）
　　（4）（の）（で）　（も）／（が）　（で）／（が）

PART2. 練習は何曜日にあるんでしょうか？
れんしゅう　なんようび

1▶ 解答例　① 練習のときに着る服のこと　練習する曜日のこと　② 習うことにした
　　かいとうれい　れんしゅう　　　き　ふく　　　れんしゅう　　ようび　　　なら

2▶ ① させていただきます　② ことになっています　③ んでしょうか　④ んでしょうか

3▶ ❶ ① 見学させていただきます　② 休ませていただきます　③ 読ませていただきます　④ 帰らせていただきます
　　　　けんがく　　　　　　　　　　　　　　　　　　　　　　　　　　　　　　かえ
　　　⑤ 考えさせていただき

　　❷ （1）① a　② d　③ b　④ c
　　　　（2）① ○　② ×　③ ○　④ ×

　　❸ ① a. あるんでしょうか　② b. ないんでしょうか　③ c. かかるんでしょうか　④ d. いないんでしょうか
　　　⑤ e. 分かれていないんでしょうか
　　　　　　わ

4 （1）「道着」練習のときに着る服　　「袴」黒いスカートのようなもの

　　（2）解答例　① 毎月払うお金　　② 着替えるときに使う部屋　　③ 頭にかぶるもの

5 （1）① Ａ 練習のときに着る服　　Ｂ 練習する曜日

　　　② Ａ 「はい、あの… 練習のときに着る服は、買わなければなりませんか?」→ ア

　　　　　「それから、黒いスカートのようなものを 〜 何か違いがあるんでしょうか?」→ ウ

　　　　　「そうですか。じゃあ最初は、〜 すごくかっこいいですね。」→ イ

　　　　Ｂ 「練習は、何曜日にあるんでしょうか?」→ ア

　　　　　「そうですか。水曜日はだいじょうぶですけど、〜 難しいんですが…。」→ イ

　　　　　「ほかの日に来てはいけませんか? できるだけたくさんやりたいので。」→ ウ

PART3. 子どものころ、学校で習いました

1 ① エスクリマ　カリ　　② フェンシング　　③ 素手、または棒やナイフを使う

　　④ ある　子どものころ学校で習った

2 ① という　　② 呼ばれる　　③ 似ている　　④ で　　⑤ 使う　　⑥ から　　⑦ 来ると　　⑧ なった　　⑨ なって（い）る

　　⑩ ころ

PART4. 海外に広まる日本の武道

1 （2）形が変わってしまうことが多い

　　（3）① 細かく体重別に分かれた　　　　　　　　← 「しかし柔道で最も大切なのは、上達すれば〜 理念のはずである。」

　　　　　② できるだけ多くのポイントをかせぐ競技になった　← 「本来、武道の大きな目的は、〜 何か別のものに変わってしまった
　　　　　　　　　　　　　　　　　　　　　　　　　　　　　　　　　　ということなのだ。」

　　　　　③ 青い柔道着が取り入れられた　　　　　← 「白い柔道着も「汚れのない心」を表す重要な意味があった。
　　　　　　　　　　　　　　　　　　　　　　　　　　　　〜 「柔道」ではなく「JUDO」なのである。」

　　　　　a. 体　　b. 体重　　c. 汚れのない心　　d. 心　　e. 成長　　f. 勝ち負け

　　（4）解答例　本来のものから形を変えて、世界に広まったものの例

　　（5）解答例　武道は世界に広まっていく中で、別のものになってしまった。これをどう考えるか、難しい問題だ。

4　解答例　❶　競技の数が増えて／政治の道具になって

　　　　　　❷　① 自分の事情を話す　　② 相手に対してアドバイスをする　　③ 社会的、または常識として当然という気持ちを表す

◆ TOPIC 8　便利な道具

準備

1 ① f　② b　③ a　④ d　⑤ e　⑥ c

2 ① b　② a　③ e　④ c　⑤ d

PART1. スマホなしじゃどこにも行けない!

1 （1）① ○　　② ○　　③ ○　　④ ×

　　（2）① c　　② b, d, e, h　　③ f, g　　④ a, b, g

（3）① 井上：スマホの地図 … どこにいて、どちらに進んでいるかわかる → 便利、必需品

② リー：ネット関係はスマホのほうが便利

メッセージやメール … すぐ見られる

Google とかで調べる（果物の写真、電車の時間、近くのいいレストランなど）… 簡単

③ 吉村：辞書アプリ → 重い辞書がいらない

スマホのカメラ → 旅行にカメラがいらない　写真を撮ってすぐにネットにあげられる

④ 高橋：電話もメールもできる　写真も撮れる → 携帯で十分

友達といっしょにいるときにスマホばかり見ているのは変だ

■ スマホについての 4 人の話をまとめましょう

① 見　　② 描いて　　③ 案内して　　④ 見れる／見られる　　⑤ 調べられる　　⑥ 持ち歩かなく　　⑦ 撮れる　　⑧ あれば

⑨ できる　　⑩ しない

PART2. 電子辞書を買おうと思うんですけど

1 解答例　① 今持っている辞書アプリがあまり役に立たないから

② 本格的な日本語辞書（ちゃんとした日本語辞書）：日本語学習者用の辞書が入っている　手で書いて調べられる

アクセントが調べられる　イタリア語と日本語の辞書が入っている

2 ① 買われる　　② ようです　　③ の　　④ やつ　　⑤ ようです

3 **❶** ① 読まれました　　② 帰られます　　③ 出席されました　　④ 飲まれます

❷ ① あるようです　　② ぐらいのようです　　③ 出ているようです　　④ 安いようです　　⑤ 使えないようです

❸ ① c　　② d　　③ b　　④ a

4 （1）「良子さん、ちょっと聞いてもいいですか？」

（3）解答例　① すみません、ちょっと質問してもいいですか？ この漢字の読み方を教えてほしいんですけど…。

② ね、ちょっと聞いていい？ この漢字、何て読むの？

発音 （2）あめです。　① b　② a　③ a　④ b　⑤ b　⑥ a

はしです。　① a　② c　③ b　④ c　⑤ a　⑥ b

5 （2）A エ　　B イ　　C ウ　　D ア

PART3. いいもの買ったんですよ

1 ① なくした物の場所を教えてくれる　　② 子機をなくしたら困る物（財布、車の鍵、家の鍵など）につけて使っている

③ 物をなくすことが多かったから　　④ 物をなくして、パニックになることがなくなった

2 ① くれる　　② 押すと　　③ つけて（い）　　④ 使って（い）　　⑤ 多くて　　⑥ ようになって

PART4. あなたがいちばん欲しいドラえもんの道具は？

1 （1）どこでもドア（自由に場所を移動できる）　タイムマシン（過去や未来に自由に行ける）　タケコプター（頭につければ空を飛べる）

（2）解答例

1位　どこでもドア	・世界のいろいろな場所に旅行したい
	・毎日楽に通勤したい
2位　タイムマシン	・昔のエジプトに行って、ピラミッドの建設を見てみたい
	・未来に行って、宝くじの番号をメモしたい
	・学生時代の自分に会って、いろいろアドバイスしたい
3位　タケコプター	・空を飛びたい
	・ちょっと買い物に行くのに使いたい

（3）**A** ア　**B** ウ　**C** エ　**D** イ

（4）解答例　①a　②e　③c　④b　⑤d　⑥f

4 解答例　**2** カメラ　音楽プレーヤー

　　　3 働かなくてもいい／もっといい車が買えた

　　　4 エベレストの頂上に行ってみたい

◆ TOPIC 9　伝統的な祭り

準備

1　①e　②c　③d　④a　⑤f　⑥b

2　①b　②d　③a　④f　⑤c　⑥e

PART1. お祭りは7日まで続きます

1　（1）

① 金沢百万石まつり	② ほおずき市	③ ねぶた祭り	④ うらじゃ
（a）6月最初の週末	（d）7月9日、10日	（c）8月2日から7日	（b）8月の第一日曜日と その前日の土曜日

（2）①c－ア,h－カ　②b－エ,d－キ　③a－オ,f－イ　④e－ク,g－ウ

（3）解答例

　　①金沢百万石まつり：百万石行列 … 祭りのメインイベント、昔の衣装を着た侍などの行列、4km

　　　　　　　　　　　前田利家公 … 行列の主役、馬に乗っている、有名な俳優 → 人気

　　②ほおずき市：お参り … 浅草寺の縁日、四万六千日分のお参りと同じ効果 → 大勢の人

　　　　　　　　ほおずき … 2,500円、店がたくさん、赤がきれい、夏が来た感じ

　　③ねぶた祭り：ねぶた … 人形型の山車、大きい（幅9m、高さ5m）、夜光って美しい

　　　　　　　　ハネト …「ラッセラー、ラッセラー」のかけ声、踊る、衣装をレンタル → 誰でも踊れる

　　④うらじゃ：若者のグループ … 自分達で考えた衣装、オリジナルの踊り

　　　　　　　化粧 … 顔に鬼の化粧

2　（1）解答例　①来る？ 引っ越す？　②シンボル？　③来る？ 出かける？　④関係している？ 関係のある？

　　（2）①入城　②風物詩　③訪れる　④ちなんだ

■ 4人の祭りの話をまとめましょう
    ① 作った   ② 続く   ③ 選ばれる   ④ 開かれる   ⑤ 言われている／言われる   ⑥ 売る／売っている   ⑦ 知られて

    ⑧ 呼ばれる   ⑨ かけ   ⑩ 着て   ⑪ 踊る   ⑫ 始まった

PART2. 私も踊ってきました

1 解答例 ① 日本料理をたくさん食べた 温泉に入った 阿波踊りに行った   ② 誰でも自由に踊りに参加できること

2 （1）a. 丁寧体 ロナウドさんのほうが年下だから

         b. 普通体 遠藤さんのほうが年上だから インフォーマルな場面だから フランクな性格だから

   （2）① ところ   ② いました   ③ うちに

3 **❶** ① 来たところ   ② 焼けたところ   ③ 始まったところ   ④ 売れたところ   ⑤ 終わったところ

   ❷（1）① a   ② e   ③ c   ④ b   ⑤ d

       （2）① ア. 見ていた／見ていました   ② オ. 集まっていました   ③ イ. なくなっていた／なくなっていました

            ④ エ. 教わっていた／教わっていました   ⑤ ウ. 片付けられていました

   ❸ ① 見ているうちに a   ② 踊っているうちに d   ③ 書いているうちに e   ④ 旅行しているうちに c

      ⑤ 見ているうちに b

4 （1）① すごく とても   ② 本当に   ③ とっても   ④ ものすごく

5 （1）「はい、とってもよかったです。　〜　踊りのパレードに参加できたことです。」→ C

     「リオだったら、〜　貸してくれるんです。」→ B

     「踊っているうちに、〜　仲間って感じになって」→ A

     「すっごくいい雰囲気でした。」→ C

     「街全体が　〜　日本語で話しができて」→ A

     「本当に楽しくて、ものすごくいい経験でした。」→ C

PART3. 祭りのいちばんの見どころは…

1 解答例 ① 街に飾った紙の人形に、火をつけて燃やす祭り   ② 3月15日から19日にかけてバレンシアで行われる

         ③ ファジャに火がつけられて燃え上がるとき

2 ① おすすめ   ② 祭り   ③ から   ④ にかけて   ⑤ いう   ⑥ 何百個も   ⑦ 見どころ   ⑧ 感動的   ⑨ ただ

  ⑩ したほうがいい

PART4. はじめてのクリスマス

1 解答例 （2）とても大変

        （3）プレゼントを開けるときは、一人ずつみんなの前で順番に一つ一つ開け、必ず何かコメントを言わなければならない

        （4）一人の人がもらうプレゼントの数が9個（自分以外の人からの分）×10人という意味

        （5）なかなか終わらなくて、大変だから

2 （1）① ジュディ   ② デイビット   ③ ジュディ   ④ デイビット

TOPIC 1 はじめての人と

★☆☆ : 조금 어려웠다   ★★☆ : 대체로 달성했다   ★★★ : 충분히 달성했다

---

1. みなさん、こんにちは

	년 월 일
	평가 ☆☆☆
	코멘트

 Can-do 01 다른 사람이 하는 자기소개를 듣고 프로필, 관심 대상, 희망 사항, 포부 등 핵심 내용을 파악할 수 있다.

• 네 명의 프로필을 대체로 알 수 있었습니까?

• 취미, 그리고 흥미를 가진 것, 희망, 포부를 알 수 있었습니까?

• 모르는 말이 있을 때 질문할 수 있었습니까?

---

2. あのう、失礼ですが…
しつれい

	년 월 일
	평가 ☆☆☆
	코멘트

 Can-do 02 모르는 사람에게 말을 걸어, 그 사람에게 궁금한 점을 묻거나 자기와 관련된 사항을 자세하게 말할 수 있다.

• 모르는 사람에게 정중하게 말을 걸 수 있었습니까?

• 정중하게 질문할 수 있었습니까?

• 자기에 대해 자세하게 이야기할 수 있었습니까?

---

3. はじめまして、マイと申します
もう

	년 월 일
	평가 ☆☆☆
	코멘트

 Can-do 03 현재의 자신을 알려 주는 프로필, 희망, 포부 등의 내용이 포함된 자기소개를 할 수 있다.

• 자기의 프로필, 희망, 포부를 말할 수 있었습니까?

• 간단한 자기 PR을 할 수 있었습니까?

• 자연스러운 흐름으로 이야기할 수 있었습니까?

---

4. 気軽にフォローしてください
きがる

	년 월 일
	평가 ☆☆☆
	코멘트

 Can-do 04 소셜 네트워크의 자기소개를 읽고 어떤 사람인지 대강 파악할 수 있다.

• 당신이 알고 싶은 정보를 얻을 수 있었습니까?

• 네 명이 어떤 사람인지 대강 알 수 있었습니까?

• 모르는 한자어의 뜻을 추측하면서 읽을 수 있었습니까?

---

5. プロフィールを書こう

	년 월 일
	평가 ☆☆☆
	코멘트

 Can-do 05 소셜 네트워크의 자기소개에 관심사나 희망, 포부 등과 관련된 내용을 작성할 수 있다.

• 자기가 흥미를 가진 것에 대해 적을 수 있었습니까?

• 자기의 희망이나 포부에 대해 적을 수 있었습니까?

• 정해진 글자 수 이내로 정리하여 작성할 수 있었습니까?

TOPIC 1　はじめての人と

わ　た　し
だ　け　の
フ　レ　ー　ズ

★ 일본어·일본 문화 관련 체험을 기록해 봅시다

일본어 · 일본 문화 체험 기록

토픽과 관련하여 수행한 일을 메모합시다. 남에게 소개할 수 있도록 사진이나 자료가 있다면 함께 파일로 만들어 둡시다.

1. 교실 안에서 다 함께 체험한 일

2. 교실 밖에서 「教室の外へ」를 참고로 수행한 일
　　　　　きょうしつ　そと

3. 그 이외에 스스로 수행한 일

TOPIC 2 おすすめの料理

⭐ Can-do를 체크하세요

★☆☆ : 조금 어려웠다   ★★☆ : 대체로 달성했다   ★★★ : 충분히 달성했다

---

1. ここは、とくに魚がうまい

 Can-do 06 레스토랑 등의 가게 소개를 듣고 맛이나 값 등의 중요한 정보를 이해할 수 있다.

- 어떤 종류의 가게인지 알았습니까?
- 가게의 특징(맛, 가격, 서비스 등)을 알았습니까?
- 모르는 말이 있을 때, 되물을 수 있었습니까?

년 월 일
평가 ☆☆☆
코멘트

---

2. お好み焼き粉は…

 Can-do 07 함께 쇼핑을 하면서 요리 재료와 관련해 무엇을 어디에서 사면 좋은지, 어떻게 사용하면 좋은지 등을 서로 이야기할 수 있다.

- 재료나 만드는 법에 대해 질문할 수 있었습니까?
- 재료나 만드는 법에 대해 아이디어를 서로 이야기할 수 있었습니까?
- 생각나지 않은 말이 있을 때, 질문할 수 있었습니까?

년 월 일
평가 ☆☆☆
코멘트

---

3. ぜひ、めしあがってみてください

 Can-do 08 자기 나라 요리의 재료 또는 만드는 법 등을 알기 쉽게 설명할 수 있다.

- 요리의 첫인상, 만드는 법, 맛 등에 대해 이야기할 수 있었습니까?
- 기타 정보를 덧붙여 이야기할 수 있었습니까?
- 이야기의 순서를 고려하며 이야기할 수 있었습니까?

년 월 일
평가 ☆☆☆
코멘트

---

4. じゃがいもを入れるのがポイント！

Can-do 09 요리의 레시피를 읽고 재료 또는 만드는 법, 주의점 등을 이해할 수 있다.

- 재료나 만드는 법의 순서를 이해할 수 있었습니까?
- 만드는 법의 주의 사항을 이해할 수 있었습니까?
- 아는 어구로부터 문장 전체의 의미를 추측하며 읽을 수 있었습니까?

년 월 일
평가 ☆☆☆
코멘트

5.「簡単すき焼き」の作り方

Can-do 10 친구에게 가르쳐 주기 위해 요리 만드는 법 메모를 쓸 수 있다.

- 요리의 재료를 적을 수 있었습니까?
- 요리 만드는 법을 적을 수 있었습니까?
- 구성을 생각하며 요리 메모를 작성할 수 있었습니까?

년 월 일
평가 ☆☆☆
코멘트

TOPIC 2 おすすめの料理

わたし だけの フレーズ

⭐ 일본어·일본 문화 관련 체험을 기록해 봅시다

일본어·일본 문화 체험 기록

토픽과 관련하여 수행한 일을 메모합시다. 남에게 소개할 수 있도록 사진이나 자료가 있다면 함께 파일로 만들어 둡시다.

1. 교실 안에서 다 함께 체험한 일

2. 교실 밖에서 「教室の外へ」를 참고로 수행한 일
   きょうしつ　そと

3. 그 이외에 스스로 수행한 일

TOPIC 3 私の好きな音楽

★☆☆ : 조금 어려웠다　★★☆ : 대체로 달성했다　★★★ : 충분히 달성했다

1. やっぱり演歌でしょう	년　월　일
Can-do 11 음악 이야기를 듣고 그 음악의 특징이나 매력을 대강 이해할 수 있다.	평가　☆☆☆ 코멘트
• 어떤 종류의 음악을 추천하고 있는지 알았습니까? • 어떤 점을 좋다고 말하는지 알았습니까? • 모르는 말이 있을 때, 되물을 수 있었습니까?	

2. いい歌は古くならないんです	년　월　일
Can-do 12 음악의 취향이나 경험을 친구와 이야기할 수 있다. 또 상대의 말에 간단한 코멘트가 가능하다.	평가　☆☆☆ 코멘트
• 친구가 가라오케에 함께 가도록 잘 권할 수 있었습니까? • 좋아하는 노래나 가라오케 경험에 대해 이야기할 수 있었습니까? • 상대방의 이야기를 듣고 맞장구를 치거나 코멘트를 할 수 있었습니까?	

3. 彼女のすごいところは…	년　월　일
Can-do 13 자기가 좋아하는 음악과 관련해 좋아하는 이유나 매력을 설명할 수 있다.	평가　☆☆☆ 코멘트
• 자기가 좋아하는 음악에 대해 간단히 소개할 수 있었습니까? • 매력을 몇 가지 이야기할 수 있었습니까? • 문장과 문장의 연결을 알 수 있도록 접속 표현을 사용해 말할 수 있었습니까?	

4. BEGIN のライブに行ってきました！	년　월　일
Can-do 14 콘서트의 감상 글이 실린 블로그를 읽고 어떤 콘서트였는지, 어떻게 느꼈는지 이해할 수 있다.	평가　☆☆☆ 코멘트
• 작성한 사람의 감상을 이해할 수 있었습니까? • 어떤 콘서트였는지 그 특징을 이해할 수 있었습니까? • 가타카나어의 뜻을 추측하면서 읽을 수 있었습니까?	

5. いっしょに行かない？	년　월　일
Can-do 15 친구에게 콘서트에 가자고 권하는 메일을 쓸 수 있다. 또 어떤 콘서트인지 간단하게 설명할 수 있다.	평가　☆☆☆ 코멘트
• 친구에게 콘서트에 가자고 권유할 수 있었습니까? • 어떤 콘서트인지 간단히 설명할 수 있었습니까?	

私の好きな音楽

わ た し
だ け の
フ レ ー ズ

⭐ 일본어·일본 문화 관련 체험을 기록해 봅시다

일본어 · 일본 문화 체험 기록

토픽과 관련하여 수행한 일을 메모합시다. 남에게 소개할 수 있도록 사진이나 자료가 있다면 함께 파일로 만들어 둡시다.

1. 교실 안에서 다 함께 체험한 일

2. 교실 밖에서 「教室の外へ」를 참고로 수행한 일
   きょうしつ　そと

3. 그 이외에 스스로 수행한 일

TOPIC 4 温泉に行こう
おんせん

★☆☆ : 조금 어려웠다　★★☆ : 대체로 달성했다　★★★ : 충분히 달성했다

---

1. 今、私は温泉に来ています
おんせん

 Can-do 16 TV 여행 프로그램의 현지 중계 리포트를 듣고 온천이나 여관의 특징 및 매력을 이해할 수 있다.

년　월　일
평가　☆☆☆
코멘트

• 네 온천의 차이를 대강 알 수 있었습니까?

• 각 온천의 특징을 이해할 수 있었습니까?

• 영상이나 사진으로부터 말의 뜻을 생각할 수 있었습니까?

---

2. 日本の旅館ははじめてです
りょかん

 Can-do 17 식사나 방과 관련해 호텔 또는 여관에 이유를 말하고 바꿀 수 있다.

년　월　일
평가　☆☆☆
코멘트

• 이유를 대고 희망을 전달하거나 부탁을 할 수 있었습니까?

• 정중한 말로 이야기할 수 있었습니까?

• 「ええと」, 「あのー」 등의 말을 능숙하게 사용할 수 있었습니까?

---

3. いちばん行きたいのは…

 Can-do 18 어디에 가고 싶은지, 거기에서 무엇을 하고 싶은지 등 여행 관련 희망이나 계획을 어느 정도 상세하게 이야기할 수 있다.

년　월　일
평가　☆☆☆
코멘트

• 어디에 가고 싶은지 이야기할 수 있었습니까?

• 거기에서 무엇을 하고 싶은지 어느 정도 자세하게 이야기할 수 있었습니까?

• 가고 싶은 곳의 순위를 알아들을 수 있게 이야기할 수 있었습니까?

---

4. とても満足しました
まんぞく

 Can-do 19 인터넷 여행 사이트에 적힌 호텔이나 여관의 평가 글을 읽고 좋은 점과 나쁜 점을 이해할 수 있다.

년　월　일
평가　☆☆☆
코멘트

• 자기가 알고 싶은 정보를 얻을 수 있었습니까?

• 좋은 점 나쁜 점을 이해할 수 있었습니까?

• 사용된 말로부터 작성한 사람의 기분을 알 수 있었습니까?

---

5. 食事についての問い合わせ
しょくじ　　　　　と　あ

 Can-do 20 숙박 예정인 호텔이나 여관에 메일로 질문 또는 희망 사항을 전달할 수 있다.

년　월　일
평가　☆☆☆
코멘트

• 물어보거나 희망을 전달할 수 있었습니까?

• 정중한 말을 사용해 기록할 수 있었습니까?

TOPIC 4 温泉に行こう
おんせん

わたし
だけの
フレーズ

⭐ 일본어·일본 문화 관련 체험을 기록해 봅시다

일본어·일본 문화 체험 기록

토픽과 관련하여 수행한 일을 메모합시다. 남에게 소개할 수 있도록 사진이나 자료가 있다면 함께 파일로 만들어 둡시다.

1. 교실 안에서 다 함께 체험한 일

2. 교실 밖에서 「教室の外へ」를 참고로 수행한 일
きょうしつ　そと

3. 그 이외에 스스로 수행한 일

 **TOPIC 5** 最近どう？
さいきん

 ⭐ Can-do를 체크하세요

★☆☆ : 조금 어려웠다　★★☆ : 대체로 달성했다　★★★ : 충분히 달성했다

---

1. ねえ、聞いて聞いて

 Can-do **21**　최근 있었던 일과 관련된 지인의 말을 듣고 무슨 일이 있었는지 대강 이해할 수 있다.

년　월　일
평가　☆☆☆
코멘트

• 네 명에게 무슨 일이 있었는지 대강 알 수 있었습니까?

• 이야기의 이어지는 내용을 예측하면서 들을 수 있었습니까?

---

2. 最近、仕事が忙しくて…
さいきん　しごと　いそが

 Can-do **22**　친구와 서로 근황을 이야기할 수 있다. 또한 공통되는 화제를 이야기할 수 있다.

년　월　일
평가　☆☆☆
코멘트

• 서로의 근황을 묻거나 이야기할 수 있었습니까?

• 다른 친구와 관련된 일 등 공통의 화제에 대해 이야기할 수 있었습니까?

• 친구 사이에 쓰는 말로 대화할 수 있었습니까?

---

3. 最近、ヨガにはまってるんです
さいきん

 Can-do **23**　자기의 근황이나 있었던 일과 관련해 무슨 일이 있었는지, 어땠는지를 어느 정도 자세하게 이야기할 수 있다.

년　월　일
평가　☆☆☆
코멘트

• 무슨 일이 있었는지 상대방이 알아들을 수 있게 이야기할 수 있었습니까?

• 근황이나 있었던 일을 자세하게 이야기할 수 있었습니까?

• 있었던 일을 순서대로 알 수 있게 이야기할 수 있었습니까?

---

4. わが家の近況ですが…
や　きんきょう

 Can-do **24**　지인이 보낸 편지를 읽고 지인의 근황과 관련된 대부분의 내용을 이해할 수 있다.

년　월　일
평가　☆☆☆
코멘트

• 가족 한 사람 한 사람의 근황을 대강 이해할 수 있었습니까?

• 편지의 구성(어느 부분에 무슨 내용이 적혀 있는지)을 알 수 있었습니까?

• 새로운 정보가 있는 부분에 주목하여 읽을 수 있었습니까?

---

5. お元気ですか
げんき

 Can-do **25**　지인에게 자기의 근황을 알리는 메일을 쓸 수 있다.

년　월　일
평가　☆☆☆
코멘트

• 상대방에게 어울리는 인사말을 사용할 수 있었습니까?

• 자신의 근황을 구체적이고 알기 쉽게 작성할 수 있었습니까?

• 구성을 생각하며 메일을 작성할 수 있었습니까?

TOPIC 5 最近どう?
さいきん

わたし
だけの
フレーズ

⭐ 일본어·일본 문화 관련 체험을 기록해 봅시다

일본어·일본 문화 체험 기록

토픽과 관련하여 수행한 일을 메모합시다. 남에게 소개할 수 있도록 사진이나 자료가 있다면 함께 파일로 만들어 둡시다.

1. 교실 안에서 다 함께 체험한 일

2. 교실 밖에서 「教室の外へ」를 참고로 수행한 일
   きょうしつ　そと

3. 그 이외에 스스로 수행한 일

TOPIC 6 マンガを読もう

 Can-do를 체크하세요

★☆☆ : 조금 어려웠다　★★☆ : 대체로 달성했다　★★★ : 충분히 달성했다

---

1. すごく有名なマンガですよ

 Can-do 26 만화 관련 소개를 듣고 어떤 스토리인지 어떤 점이 좋은지 이해할 수 있다.

- 등장인물이나 스토리를 대강 알 수 있었습니까?
- 각 만화의 어떤 점이 좋다고 말하는지 이해할 수 있었습니까?
- 모르는 말이 나왔을 때, 다른 사람에게 확인할 수 있었습니까?

| 년 월 일 |
| 평가 ☆☆☆ |
| 코멘트 |

---

2. これはチョッパーの帽子です

 Can-do 27 좋아하는 만화와 관련해 그 내용을 간단히 소개하거나 자신의 생각을 표현할 수 있다. 또 상대의 생각과 관련해 간단하게 코멘트할 수 있다.

- 좋아하는 만화의 내용을 간단하게 소개할 수 있었습니까?
- 그 이야기의 어떤 부분이 좋은지 등 감상을 이야기할 수 있었습니까?
- 남의 이야기를 듣고 코멘트를 할 수 있었습니까?

| 년 월 일 |
| 평가 ☆☆☆ |
| 코멘트 |

---

3. 酒飲みの大男の話です

 Can-do 28 좋아하는 만화와 관련해 어떤 스토리인지를 어느 정도 자세히 설명할 수 있다.

- 어떤 스토리인지 간단하게 정리하여 말할 수 있었습니까?
- 스토리의 일부를 구체적으로 이야기할 수 있었습니까?
- 스토리의 전개를 알기 쉽게 전달하기 위해 접속 표현을 사용할 수 있었습니까?

| 년 월 일 |
| 평가 ☆☆☆ |
| 코멘트 |

---

4. マンガばかり読んでいて…

 Can-do 29 인터넷 상담 사이트 등의 투고를 읽고 상담 내용과 관련 코멘트를 대강 이해할 수 있다.

- 투고자의 상담 사이트를 이해할 수 있었습니까?
- 코멘트를 적은 사람 각자의 생각을 이해할 수 있었습니까?

| 년 월 일 |
| 평가 ☆☆☆ |
| 코멘트 |

---

5. 「悩める母」さんへ

 Can-do 30 인터넷 상담 사이트 등의 투고와 관련해 자기의 코멘트를 간단하게 쓸 수 있다.

- 전하고 싶은 말의 핵심이 잘 드러나게 작성할 수 있었습니까?
- 자기의 생각이나 의견을 이유 또는 예를 들며 작성할 수 있었습니까?

| 년 월 일 |
| 평가 ☆☆☆ |
| 코멘트 |

TOPIC 6 マンガを読もう

わ た し
だ け の
フ レ ー ズ

⭐ 일본어·일본 문화 관련 체험을 기록해 봅시다

일본어·일본 문화 체험 기록

토픽과 관련하여 수행한 일을 메모합시다. 남에게 소개할 수 있도록 사진이나 자료가 있다면 함께 파일로 만들어 둡시다.

1. 교실 안에서 다 함께 체험한 일

2. 교실 밖에서 「教室の外へ」를 참고로 수행한 일
   きょうしつ　そと

3. 그 이외에 스스로 수행한 일

TOPIC 7 武道に挑戦！
ぶどう　ちょうせん

 Can-do를 체크하세요

★☆☆ : 조금 어려웠다　★★☆ : 대체로 달성했다　★★★ : 충분히 달성했다

---

1. 私は柔道をやってます
じゅうどう

 Can-do 31　무도(武道) 또는 스포츠의 설명을 듣고 매력이나 특징 등을 이해할 수 있다.
　　　　　　　　　　ぶどう

년　월　일
평가　☆☆☆
코멘트

• 네 사람이 각각 어떤 무도를 하는지 알 수 있었습니까?

• 각 무도의 어떤 점이 좋다고 말하는지 이해할 수 있었습니까?

• 중요하다고 생각한 정보를 확인하면서 들을 수 있었습니까?

---

2. 練習は何曜日にあるんでしょうか？
れんしゅう　なんようび

 Can-do 32　무도(武道) 교실 등의 수강 방법이나 규칙 등과 관련해 질문하고 또
　　　　　　　　　　ぶどう
그 설명을 듣고 이해할 수 있다.

년　월　일
평가　☆☆☆
코멘트

• 무도 교실 등의 수강 방법이나 규칙 등과 관련해 질문할 수 있었습니까?

• 질문에 대한 답을 듣고 질문을 더 하거나 코멘트를 할 수 있었습니까?

• 모르는 말이 있을 때, 다른 표현을 써서 설명할 수 있었습니까?

---

3. 子どものころ、学校で習いました
なら

 Can-do 33　자기 나라의 스포츠와 관련해 그 특징이나 하는 방법 등을 알기 쉽
게 설명할 수 있다.

년　월　일
평가　☆☆☆
코멘트

• 해당 스포츠의 특징, 하는 법, 역사 등을 간단하게 이야기할 수 있었습니까?

• 해당 스포츠가 현재 어떻게 운영되고 있는지 설명할 수 있었습니까?

---

4. 海外に広まる日本の武道
かいがい　ひろ　　　　ぶどう

 Can-do 34　무도(武道)나 스포츠에 관한 짧은 칼럼을 읽고 필자의 생각을 대강
　　　　　　　　　　ぶどう
이해할 수 있다.

년　월　일
평가　☆☆☆
코멘트

• 필자가 문제라고 생각한 점과 그 이유를 알 수 있었습니까?

• 필자가 무도에 대해 어떻게 생각하고 있는지 대강 이해할 수 있었습니까?

• 어디에 어떤 내용이 적혀 있는지 구성에 주의하면서 읽을 수 있었습니까?

---

5. クラスについての問い合わせ
と　あ

 Can-do 35　무도(武道) 등의 반에 수강 방법 등을 문의하는 메일을 쓸 수 있다.
　　　　　　　　　　ぶどう

년　월　일
평가　☆☆☆
코멘트

• 무도 등의 교실에 대해서 몇 가지 질문을 할 수 있었습니까?

• 왜 그것을 알고 싶은지 사정이나 이유를 작성할 수 있었습니까?

TOPIC 7 武道に挑戦！
ぶどう ちょうせん

わたし
だけの
フレーズ

★ 일본어·일본 문화 관련 체험을 기록해 봅시다

일본어 · 일본 문화 체험 기록

토픽과 관련하여 수행한 일을 메모합시다. 남에게 소개할 수 있도록 사진이나 자료가 있다면 함께 파일로 만들어 둡시다.

1. 교실 안에서 다 함께 체험한 일

2. 교실 밖에서「教室の外へ」를 참고로 수행한 일
   きょうしつ　そと

3. 그 이외에 스스로 수행한 일

 **TOPIC 8 便利な道具**
べんり　どうぐ

★☆☆ : 조금 어려웠다　　★★☆ : 대체로 달성했다　　★★★ : 충분히 달성했다

---

1. スマホなしじゃどこにも行けない!

 Can-do 36 도구와 관련된 이야기를 듣고 사용법의 차이 및 관련 코멘트를 이해할 수 있다.

- 네 사람이 스마트폰에 대해 어떻게 생각하는지 알았습니까?
- 네 사람 각자가 스마트폰을 어떻게 사용하고 있는지 알았습니까?
- 맞장구를 치면서 이야기를 들을 수 있었습니까?

년　　월　　일
평가　☆☆☆
코멘트

---

2. 電子辞書を買おうと思うんですけど
でんしじしょ

 Can-do 37 갖고 싶은 상품과 관련해 기능이나 디자인 등의 희망 및 조건을 자세하게 말할 수 있다.

- 자기가 갖고 싶은 상품과 관련해 희망이나 조건을 자세하게 말할 수 있었습니까?
- 친구나 가게 점원과의 상담을 통해 결정할 수 있었습니까?

년　　월　　일
평가　☆☆☆
코멘트

---

3. いいもの買ったんですよ

 Can-do 38 자기가 사용 중인 도구의 사용법이나 편리한 점을 설명할 수 있다.

- 그 도구의 기능을 설명할 수 있었습니까?
- 자기가 그것을 어떻게 사용하고 있는지 이야기할 수 있었습니까?
- 사용하기 전과 이후의 생활이 어떻게 바뀌었는지 이야기할 수 있었습니까?

년　　월　　일
평가　☆☆☆
코멘트

---

4. あなたがいちばん欲しいドラえもんの道具は?
ほ　　　　　　　　　　　　どうぐ

 Can-do 39 인터넷이나 잡지 등의 랭킹 관련 기사를 읽고 조사 결과 또는 응답자의 목소리 등의 내용을 대강 이해할 수 있다.

- 조사 결과를 이해할 수 있었습니까?
- 기사에서 설명된 도구가 어떤 도구인지 이해할 수 있었습니까?

년　　월　　일
평가　☆☆☆
코멘트

---

5. 売ってください
う

 Can-do 40 갖고 싶은 상품의 조건이나 특징을 일본인 커뮤니티 사이트 등의 게시판에 작성할 수 있다.

- 갖고 싶은 상품의 조건이나 특징 등을 설명할 수 있었습니까?
- 그 외에 필요한 사항을 작성할 수 있었습니까?

년　　월　　일
평가　☆☆☆
코멘트

TOPIC 8 便利な道具
べんり どうぐ

わたし
だけの
フレーズ

⭐ 일본어·일본 문화 관련 체험을 기록해 봅시다

일본어 · 일본 문화 체험 기록

토픽과 관련하여 수행한 일을 메모합시다. 남에게 소개할 수 있도록 사진이나 자료가 있다면 함께 파일로 만들어 둡시다.

1. 교실 안에서 다 함께 체험한 일

2. 교실 밖에서 「教室の外へ」를 참고로 수행한 일
   きょうしつ そと

3. 그 이외에 스스로 수행한 일

TOPIC 9 **伝統的な祭り**
でんとうてき　まつ

 ★ Can-do를 체크하세요

★☆☆：조금 어려웠다　　★★☆：대체로 달성했다　　★★★：충분히 달성했다

1. 祭りは 7 日まで続きます まつ　　なのか　　つづ	년　　월　　일
Can-do 41　TV나 인터넷의 행사 소개 관련 프로그램을 보고 어떤 축제 또는 행사인지 대강 이해할 수 있다. • 언제, 어디에서 거행되는 축제 또는 행사인지 알았습니까? • 축제나 행사의 내용이 무엇인지 이해할 수 있었습니까? • 문맥을 통해 말의 뜻을 추측할 수 있었습니까?	평가　☆☆☆ 코멘트

2. 私も踊ってきました おど	년　　월　　일
Can-do 42　축제나 행사 등의 체험 또는 감상을 어느 정도 자세하게 이야기할 수 있다. • 축제나 행사에 참가해 무엇을 했는지 자세하게 이야기할 수 있었습니까? • 축제나 행사에 참가해 어떻게 느꼈는지 감상이나 코멘트를 말할 수 있었습니까? • 강조하는 표현을 다양하게 활용할 수 있었습니까?	평가　☆☆☆ 코멘트

3. 祭りのいちばんの見どころは… まつ	년　　월　　일
Can-do 43　축제나 행사와 관련해 볼 만한 것이나 주의할 점을 간단히 설명할 수 있다. • 어떤 축제 또는 행사인지 간단하게 소개할 수 있었습니까? • 그 축제나 행사의 볼거리를 설명할 수 있었습니까? • 주의해야 할 사항 등의 코멘트를 추가할 수 있었습니까?	평가　☆☆☆ 코멘트

4. はじめてのクリスマス	년　　월　　일
Can-do 44　축제나 행사 관련 블로그를 읽고 체험이나 감상을 이해할 수 있다. • 필자가 어떤 행사를 체험했는지 이해할 수 있었습니까? • 필자가 행사와 관련해 어떤 감상을 가졌는지 이해할 수 있었습니까?	평가　☆☆☆ 코멘트

5. 祭りの体験 まつ　　たいけん	년　　월　　일
Can-do 45　축제나 행사에 참가한 경험과 감상을 소셜 네트워크에서 간단히 소개할 수 있다. • 언제, 어디에서, 어떤 체험을 했는지 글로 쓸 수 있었습니까? • 놀란 점이나 인상 깊게 남은 것을 설명할 수 있었습니까?	평가　☆☆☆ 코멘트

TOPIC 9 伝統的な祭り
でんとうてき　まつ

わ　た　し
だ　け　の
フ レ ー ズ

★ 일본어·일본 문화 관련 체험을 기록해 봅시다

일본어 · 일본 문화 체험 기록

토픽과 관련하여 수행한 일을 메모합시다. 남에게 소개할 수 있도록 사진이나 자료가 있다면 함께 파일로 만들어 둡시다.

1. 교실 안에서 다 함께 체험한 일

2. 교실 밖에서 「教室の外へ」를 참고로 수행한 일
   きょうしつ　そと

3. 그 이외에 스스로 수행한 일

【 協　力 】 （五十音順・敬称略）

アニソンライブ主催者 木﨑真彦

いすみ市役所

一般財団法人 日本太鼓協会

稲葉さゆり

ヴァズ株式会社

うらじゃ振興会

NPO法人ふれあい会

大江戸温泉物語

金山町役場

株式会社アップフロントプロモーション

株式会社アニメイト

株式会社アフロ

株式会社アミューズ

株式会社イーブックイニシアティブジャパン

株式会社イエローバード

株式会社オーム社

株式会社カカクコム

株式会社懸樋プロダクション

株式会社講談社

株式会社幸子プロモーション

株式会社潮騒の湯

株式会社ジャパンミュージックエージェンシー

株式会社集英社

株式会社小学館

株式会社スクウェア・エニックス

株式会社ソニー・ミュージックレーベルズ

株式会社ダイワエクシード

株式会社手塚プロダクション

株式会社徳間ジャパンコミュニケーションズ

株式会社ドリテック

株式会社白泉社

株式会社ホーム社

株式会社フジオフードシステム

株式会社ワーナーミュージックジャパン

河津町観光協会

紀尾井ホール（2017.4 より紀尾井ホール室内管弦楽団）

京都市観光協会

クックパッド株式会社

血液型判断 Ata' rimasse 　　http://www.furby.co.jp/

玄武館道場

茶英会

スリーアップ株式会社

セブ日本人会

セブ日本人商工会議所

仙台商工会議所

ダイソン株式会社

ダイナミック企画株式会社

東京俳優生活協同組合

徳島市観光協会

トヨタ自動車株式会社

日本政府観光局（JNTO）

白馬登山案内組合 登山ガイド 髙木律子

バランスボディ研究所

フォートラベル株式会社

フジ・アーニス・クラブ

ホットヨガスタジオ LAVA

山村順次

有限会社池田理代子プロダクション

有限会社インターライズ

吉沢順

和光太鼓

Association of Nihongo Teachers in the Visayas

DoReMiFa-YA

RASEN BUDO ZEN

Rock' n' Roll suicide

TOTO 株式会社

Twitter Japan 株式会社

p64　吉幾三　芸能生活40周年記念アルバムⅠ「なァ酒よ、ふるさとよ」
　　　徳間ジャパンコミュニケーションズ

p78　『マジンガーZ』© GO NAGAI ／ DYNAMIC PLANNING

p116　『ワンパンマン』© ONE・村田雄介／集英社

　　　『金田一少年の事件簿』© 金成陽三郎・さとうふみや／講談社

　　　『FAIRY TAIL』© 真島ヒロ／講談社

　　　『社長 島耕作』© 弘兼憲史／講談社

　　　『しゃにむにGO』© 羅川真理茂／白泉社

　　　『俺物語!!』© アルコ・川原和音／集英社

　　　『将太の寿司』© 寺沢大輔／講談社

　　　『できんボーイ』© 田村信／小学館

p117　『ONE PIECE』© 尾田栄一郎／集英社　16巻 P74

p118　『鋼の錬金術師』© Hiromu Arakawa/SQUARE ENIX

　　　『DEATH NOTE』© 大場つぐみ・小畑健／集英社

　　　『のだめカンタービレ』© 二ノ宮知子／講談社

　　　『ベルサイユのばら』© 池田理代子プロダクション／集英社

p121　『ONE PIECE』© 尾田栄一郎／集英社

p129　『こころ』© 吉崎凪／ホーム社

　　　『火の鳥』© 手塚プロダクション

　　　『マンガでわかる 相対性理論』オーム社

 마루고토 – 일본어와 일본 문화 (중급1)

초판발행	2019년 3월 5일
1판 5쇄	2024년 4월 20일

편저자	THE JAPAN FOUNDATION(独立行政法人国際交流基金)
집필	磯村一弘, 藤長かおる, 久保田美子, 伊藤由希子
책임 편집	조은형, 김성은, 오은정, 무라야마 도시오(村山俊夫)
펴낸이	엄태상
콘텐츠 제작	김선웅, 장형진
마케팅	이승욱, 왕성석, 노원준, 조성민, 이선민
경영기획	조성근, 최성훈, 김다미, 최수진, 오희연
물류	정종진, 윤덕현, 신승진, 구윤주

펴낸곳	시사일본어사(시사북스)
주소	서울시 종로구 자하문로 300 시사빌딩
주문 및 교재 문의	1588-1582
팩스	0502-989-9592
홈페이지	www.sisabooks.com
이메일	book_japanese@sisadream.com
등록일자	1977년 12월 24일
등록번호	제300-2014-92호

ISBN 978-89-402-9255-6 13730